细读

秦亡汉兴

晏建怀◎著

北京联合出版公司
Beijing United Publishing Co.,Ltd.

图书在版编目（CIP）数据

细读秦亡汉兴 / 晏建怀著 . -- 北京：北京联合出版公司，2023.4
ISBN 978-7-5596-6598-0

Ⅰ . ①细… Ⅱ . ①晏… Ⅲ . ①中国历史—秦汉时代—通俗读物 Ⅳ . ① K232.09

中国国家版本馆 CIP 数据核字 (2023) 第 011595 号

细读秦亡汉兴

项目策划：斯坦威图书
作　　者：晏建怀
出 品 人：赵红仕
总 策 划：李佳铌
策划编辑：余　晟
责任编辑：夏应鹏
封面设计：异一设计 QQ:164085572
内文排版：北京天艺华彩图文制作有限公司

北京联合出版公司出版
（北京市西城区德外大街 83 号楼 9 层　100088）
河北鹏润印刷有限公司　新华书店经销
字数 216 千字　880 毫米 ×1230 毫米　1/32　9 印张
2023 年 4 月第 1 版　2023 年 4 月第 1 次印刷
ISBN 978-7-5596-6598-0
定价：59.00 元

前　言

　　天下兴，有兴之缘由；天下亡，有亡之道理。古人云"得人心者得天下"，但得人心之前，须先得人才，得人才是得人心的前提，更是得天下的保证，或可以说："得人才者得天下。"

　　秦王嬴政下"逐客令"，李斯上书谏阻即止；嫪毐作乱，嬴政震怒之下迁母太后赵姬于雍地，齐人茅焦一句"大王有迁母太后之名，恐诸侯闻之，由此倍秦"的劝诫，令嬴政马上收回成命，迎归赵姬；一介布衣尉缭献计于秦，嬴政不仅纡尊降贵，以平等之礼相待，而且与尉缭"同衣同食"。不仅听从他"赂六国豪臣"之计，还将他越次提拔为最高军事长官。要想到这个时候，嬴政才不过一个刚刚二十出头的小伙子，为得一人才，获一良策，"少恩而虎狼心"的他，礼贤下士是如此甘心情愿，其识见何其高远，其心胸何其开阔！正因为这种对人才的极度渴望、极度重视和超常规拔擢，六国之才尽为秦用，加上嬴政"奋六世之余烈，振长策而御宇内"，内修法度，外斗诸侯，乃有"战国扰攘，秦兼天下"。

　　刘邦横挑项羽，亡楚于垓下，得意之余，曾在洛阳南宫向群臣抛出这样一个问题："吾所以有天下者何？项氏之所以失天下者何？"高起、王陵认为刘邦得之于"与天下同利，人人归心"，项羽失之于"妒贤嫉能，人心背离"，将原因归纳为"人心"。刘邦却不这么认

I

为，他说："运筹帷幄之中，决胜千里之外，我不如张良。镇守国家，供给粮饷，我不如萧何。统百万大军，逢战必胜，凡攻必取，我不如韩信。此三杰，我皆不如，但我能用好他们，这就是我得天下的原因。项羽连最亲近的'亚父'范增都不能用，因而失天下。"可见，在"得天下，失天下"这个命题中，刘邦认为关键在"人才"，而非"人心"。

事实也是如此。刘邦起于乡野，人单力薄，最后夺取天下，靠的就是"一个好汉三个帮"，他深谙此道，且身体力行。在用人上，刘邦坚持五湖四海，从谏如流。他的手下：张良是贵族，韩信是平民，陈平是游士，萧何是官差，灌婴是布贩，樊哙是狗屠，彭越是强盗，娄敬是车夫……可谓三教九流，形形色色，刘邦皆一视同仁，按功行赏，各尽所长。

在用人上，刘邦非但身体力行，甚至为得一人才而克己违心。举事之初，雍齿"窝里反"，刘邦险遭不测，后来雍齿再来投靠，刘邦既往不咎。刘邦深恶儒生，凡儒生来访，常把他们的帽子摘下"溲溺其中"，往里面撒尿。对谈，动不动爆粗口，"竖儒"成了口头禅，鄙视之心毕现。但当儒生郦食其谒见，提出"合义兵，诛无道"之策，正躺在床上由俩侍女服侍洗脚的他，立刻一跃而起，穿戴整齐，待之如贵宾，虚心请教，言听计从，与当初"同衣同食"重用尉缭的嬴政何其相似乃尔！士为知己者用，这些人感恩刘邦，忠于刘邦，紧跟刘邦，聚是一团火，散是满天星，患难与共，赤胆相随，遂有"秦室亡，汉室兴"。

然而，光有人才便躺平无忧了吗？非也。正如郦食其所言："马上得之，宁可以马上治之乎？"如果说攻城略地、争雄逐鹿过程中人才是根本，那么四海归一后的休养生息，平治天下，人心便是关键了。

这一点，胡亥是极为典型的反例。他上位以后，在招贤纳士、开疆拓土上没有学到父亲赢政半点，但在严刑酷罚上有过之而无不及，立刻露出了凶残的一面。胡亥窃取帝位，做贼心虚，为消除兄弟姐妹间的猜疑，竟将兄弟十二人、姐妹十人锻炼成狱，屠杀殆尽，加上之前被他矫诏逼死的兄长扶苏，胡亥双手，血淋淋沾满了亲人的鲜血。

对朝中文武百官，胡亥亦来了一次重新洗牌，他的理由是，老的知根底、摆资历、难掌控，因此贬的贬、杀的杀，从战功赫赫的蒙恬兄弟，到功劳卓著的左相李斯、右相冯去疾、将军冯劫，秦始皇时的勋旧，除宦官赵高外，鞠治无遗，连坐者不计其数。

亲人大臣尚且如此，何况普天下的匹夫匹妇？更视如微尘草芥了。秦始皇晚年，本来就因折腾暴敛而天怨人怒了，胡亥上位后非但未及时扶颠持危，施以修复民心的德政，反将父亲暴政中最残酷的部分变本加厉。对于曾惹众怨、犯众怒的秦始皇陵、阿房宫等劳民伤财工程，他征夫越多，督责越严，因之家破人亡者不知凡几；为满足穷奢极欲的"耳目之好，心志之乐"，他将更加沉重的赋役强加在本已苦难深重的百姓头上，横征无度，敲骨吸髓，伴以严刑酷法，并以"税民深者为明吏""杀人众者为忠臣"这种荒唐到恬不知耻的宣传去蛊惑人，终导致"刑者相半于道，而死人日成积于市"，饿殍载道，死亡枕藉的惨状。从此，众叛亲离，人心尽失，随着一声"戍卒叫"，江山万里，毁于一旦。

秦始皇若地下有知，恐怕做梦都不会想到，他殚精竭虑建立起来、企望二世三世传之万世的偌大帝国，短短十五年便土崩瓦解，二世而亡。这种结果既在意料之外，亦在情理之中，"失人心者失天下"这一古训，真乃亘古亘今颠扑不破的真理！

从赢政的"大一统"，到胡亥的"大撒把"，曾经辉煌于世的大秦帝国轰然坍塌。旋即，诸侯蜂起，你死我活，楚汉拉锯，争雄天下，大家纷纷你方唱罢我登场，昨日还是大富大贵的王侯，今日即沦为身陷囹圄的囚徒，或横陈疆场的尸首；昨日还是出身卑贱的草莽，今日一跃成为振臂一呼、应者云集的枭雄。无论是出身于贵胄还是起步于草莽，个个如红眼的赌徒，将身家性命做最后的孤注一掷。这些人中，有的一战成王侯，有的一夜成新鬼，但无论结局如何，他们皆是那个时代的人杰或枭雄，如繁星点点，至今还在历史的万古长空中熠熠闪烁。

晏建怀

壬寅春于株洲渌口

目 录

1. 秦始皇的龙袍为什么是黑色的

嬴政十三岁当上秦王,二十二岁开始亲政。亲政以后,他大权独揽,雷厉风行,加快了统一全国的步伐,仅仅用了十年时间,便悉数消灭了韩、赵、魏、楚、燕、齐六国,一统天下了。

统一以后,如何管理这么一个广袤的国家,成了秦王嬴政的当务之急。凡事得讲规矩,而立规矩,得有所依据,因嬴政深受"阴阳五行学说"影响,于是他按照"阴阳五行学说"来构建他的新体系和新规章。

开始,秦王嬴政并未想透彻,先朝堂公议,向大臣们征求意见道:"我以绵薄之力,渺渺之身,兴兵征伐暴乱,最后终于获得成功,全赖先祖神灵,六国国王受到了应有的惩罚。如今天下平定,四海归一,倘不更改名号,则无法彰显千秋功业,并传之于后代,请大家商议一下帝号。"

命令一下,丞相王绾、御史大夫冯劫、廷尉李斯立刻察古观今,通宵达旦地研究,翌日即向嬴政上奏说:"从前五帝虽拥有土地千里,外面还划分有侯服、夷服地区,不过,诸侯有的朝见,有的不朝见,天子鞭长莫及,亦只能听之任之。现在,秦王您兴正义之师,四方讨贼,终于底定天下,在全国设郡置县,法令归于一统,这是空前的功业,也是五帝无法比的。我们以为,古有天皇、地皇、泰皇,泰皇最尊贵,我们冒死献上尊号,秦王称为'泰皇',制令称'制书',命令称'诏书',泰皇自称'朕'。不知可否?"

秦王左思右想后说:"尊号嘛,去掉'泰'字,留下'皇'字,采用上古'帝'的尊号,称为'皇帝'。至于其他,就按你们商议的办。"从此,秦王嬴政成了皇帝。

后来,嬴政又下令说:"我听说上古有号而没有谥,中古有号,死后根据生前品行事迹冠以相适应的谥号。这样做,如同儿子议论父亲、臣子议论君主,这种做法极是不妥。今后,废除谥法,我称始皇帝,后代就从我这儿开始,称二世、三世,直到万世,永远相传,无穷无尽。"理想很丰满,现实很骨感,这是后话。

秦始皇又按照水、火、木、金、土五行相生相克、终始循环的原理进行推求,认为周朝占有火德,按照五行相克之理,秦朝要取代周朝,就必须取周朝的火德所抵不过的水德。于是,他把黄河改名为"德水",以此来表示水德的伊始。又改一年的开始为十月初一这一天。在装饰礼节方面,凡衣服、符节和旗帜,都统一取与水相似的黑色,连他的龙袍也是黑色的,所以他一出巡,往往黑压压一片,威武吓人。

因水主北方,终数为六,秦始皇议定以六为纪数,符节为六寸,执法官的官帽为六寸,车宽为六尺,一步为六尺,一辆车驾六匹马。因水德为阴,阴道主杀,所以他确定施万民于严刑峻法,宁可错杀三千,不可遗漏一个,苛政猛于虎。他把全国分为三十六郡,郡下置县,郡有郡守,县有县令。他给老百姓确定了一个特别暧昧的称呼,叫"黔首",这是因为黔字从黑从今,秦始皇尚黑色,平民只得以黑巾裹头,故名。

至此,一个统一的秦朝就初步形成了。以前秦国不准老百姓聚集议论,或窃窃私语,更不准三人以上一同宴饮。不过,值此振奋人心的时刻,当然需要普天同庆,所以,秦始皇特许天下黔首聚饮,以表示欢庆。黔首们端起酒杯,不禁老泪纵横,纷纷感叹:始皇他老人家真是爱民如子,亲朋好友们终于可以在一起喝个一醉方休了!

2. 秦始皇第一次东巡

秦始皇二十八年（前219年），即称帝后的第三年，秦始皇开始了第一次东巡。

为方便出巡，秦始皇做了足够的准备。前一年，他不顾大战初歇，民力凋敝，征发数十万人修筑以咸阳（今陕西咸阳市东北）为中心、通往各地的驰道。全国共修通九条主要驰道，分别是从今高陵通绥德的上郡道，过黄河通山西的临晋道，越函谷关通河南、河北、山东的东方道，走今商洛通东南的武关道，过秦岭通四川的栈道，出今陇县通宁夏、甘肃的西方道，沿今淳化通九原的直道等。驰道宽处达五十步（约六十九米），道旁遍植青松，隔三丈植一棵，笔直宽阔，堪称我国历史上最早的高速公路。

东巡的大致路线是，由咸阳出发，沿黄河以南的驰道东向，经三川郡（治今河南洛阳市东北，辖今河南灵宝市以东，黄河以南的伊、洛河流域和北汝河上游地区）、颍川郡（治今河南禹州市，辖今河南登封、宝丰等市县以东，鄢陵、郾城等县区以西，新密市以南，叶县、舞阳县以北地区）、砀郡（治今河南商丘市南，辖今河南开封市祥符区、通许县以东，永城市以北，山东曹县、嘉祥县以南和安徽亳州市、砀山县等地区）、东郡（治今河南濮阳市西南，辖今河南滑县、濮阳市、清丰县、南乐县以东，山东东阿、梁山县以西，北起山东聊城市、莘县，南抵山东郓城县、东明县及河南延津县中部）、薛郡（治今山东曲阜市，辖今大汶河下游及其支流小汶河以南，大运河以东，蒙山、抱犊崮以西，枣庄市和鱼台县以北地区）、济北郡（治今山东泰安市东南，辖今山东东北部及河北沧州、黄骅市及海兴、盐山县等地），先后登邹峄山、泰山、梁父山，进行了一系列盛况空前的封禅活动，嗣后沿渤海东行，经临淄郡（治今山东淄博市临淄区北，辖今山东淄博、博兴、高青、利津、寿光、广饶、昌乐、滨州、青州、临朐等市县）入胶东郡（治今山东平度市东南，辖今山东胶莱河以东地区），过黄县（在今山东龙口市东）、腄县（在今山东烟台市福山区）、成山，登芝罘岛，转西南沿海岸线至琅邪郡（治今山东青岛市黄岛区琅邪台西北，辖今山东半岛东南部），登琅邪山，再折向西，经东海郡（治今山东郯城县北，辖今山东费县、临沂市及江苏连云港市赣榆区以南，山东枣庄市、江苏邳州市以东，江苏宿迁、灌南以北）过彭城县（治今江苏徐州市），由泗水郡（先治今安徽濉溪县西北，秦末移治今江苏沛县，辖今安徽、江苏淮河以北，江苏宿迁、泗洪等市县以西，安徽萧县、涡阳、凤台等县以东）渡淮河，进入衡山郡（治今湖北黄冈市西北，辖境相当于今河南信阳市、湖北红安、黄冈市以东，安徽霍山、怀宁县以西地区，南抵长江，北至淮河），入洞庭湖，至湘山祠，由长沙郡（治今湖南长沙市，辖今洞庭湖以南湖南大部、江西西部和广西、广东北部沿边地区）渡江北上，沿南郡（治今湖北荆州市荆州区，辖今湖北襄樊市以南，荆门、洪湖市以西，长江、清江河流域以北，西至重庆巫山）、南阳郡（治今河南南阳市，辖今河南熊耳山以南叶县、内乡县，湖北大洪山以北广水市、十堰市郧阳区间地）向西北而行，过武关（今陕西丹凤县东南），再回京都咸阳。

一人登天，鸡犬不宁，历代帝王喜欢折腾者甚众，秦始皇更是如此。他这次东巡历时半年多，千里迢迢，兴师动众，可谓出尽了风头。他先到泰山封禅，树碑立传，又安排术士徐市征三千童男童女，出海寻长生不老药。

当他登上琅邪山头，双手插腰，举目四望，正要慨叹几句之时，看到一古台遗址，遂问左右："此台何人所建？"左右报告说，此台为越王勾践所筑。勾践称霸时，曾于琅邪山修筑一高台，号召秦、晋、齐、楚诸雄在台上歃血为盟，共辅周室，迄今已有数百年，如今人去台空，徒留叹息。

秦始皇听后，暗忖道："一个僻处东南的小小越王尚能筑台主盟，宣威示强，逞争霸之勇，朕如今纵横天下，包举宇内，其盖世之功谁人能及？"于是，晓谕左右，即刻削平旧台，重建新台，新台之高，必须数倍于前。命令下去后，不久得到汇报说，工程巨大，非半年不能告竣，请始皇宽限时日。秦始皇一听不高兴了，睥睨道："修筑这么一个小工程，还要半年，难道把人等老？朕暂时不走，留此督工，赶快增加人马，日夜赶工。"

尽管是个劳民伤财的重复建设，但建了这么一个大工程，当然要勒石为记，吹捧吹捧，于是立琅邪石碑，其中有这样几句："六合之内，皇帝之土。西涉流沙，南尽北户。东有东海，北过大夏。人迹所至，无不臣者。功盖五帝，泽及牛马。莫不受德，各安其宇。"偌大的台子，偌大的口气，其内心之膨胀可见一斑。

数月之后，秦始皇由水路乘船到达洞庭湖，准备上湘山一游。谁知，船过洞庭时，狂风骤起，巨浪滔天，船在风浪中飘摇，几次险些翻沉，吓得秦始皇六神无主，魂飞魄散。幸亏皇帝的船与普通的船不一样，它更坚固，船工技艺更精湛，最后终于驶近了岸边。

上得岸来，秦始皇惊魂未定，怒火中烧，他没好气地问身边人，湘山祠中供奉何神？回答说湘君。秦始皇一把无名怒火撒向了湘君，他怒道："皇帝出巡，百神开道，什么湘君，也敢来惊扰？！"马上下令，伐木烧山。左右只得安排地方官，征三千刑徒，开到君山，把山上所有树木统统砍掉，然后一把火将湘君栖身之所烧个精光。

不难看出，拿神出气，也是秦始皇的一大本事。

3. 行刺秦皇

秦始皇一生遇到过三次著名的行刺事件：一是秦始皇二十年（前227年）荆轲"图穷匕见"的秦宫搏杀，二是秦始皇二十六年（前221年）高渐离的"筑击"，三是秦始皇二十八年（前219年）张良策划的博浪沙"椎击"。其实，秦始皇一生遇刺不止这三次，大大小小遇到过多次，不过，这三次最有名，也是差点要了他老命、最让他魂飞魄散的刺杀行动。这里说说张良的博浪沙"椎击"。

张良，字子房，原韩国贵族。祖父张开地在韩昭侯、韩宣惠王、韩襄哀王时期官至丞相。父亲张平，亦为韩釐王、韩悼惠王时期的丞相。张良因韩国灭亡而生家仇国恨，立志刺杀秦始皇。他散尽家财，广募天下高手。然而，秦皇凶暴，寻常武士只求自保，怎敢太岁头上动土？张良立志数年，夙愿难了，不得已，决定托名游学，寻访天下英雄。

张良听说淮阳仓海君豪爽，门客众多，英雄好汉不乏其人，因此上门拜见。仓海君对秦始皇暴政深恶痛绝，闻听张良志向，深有同感，立即为张良招募到一个大力士，因史无具体姓名，姑且称其无名英雄。张良试了一下无名英雄的身手，果然力大无穷，又征询其意见，对方表示万死不辞。于是，张良秘密铸成一个大铁椎，重达一百二十斤，交与英雄，辞别仓海君，慷慨就道。

秦始皇二十九年（前218年），秦始皇厌倦了咸阳宫殿里百无聊赖的生活，决定开始他当皇帝后的第三次出巡，也是第二次东巡。车队出咸阳，迤逦向东，只见旌旗蔽日，甲乘如云，真个威风。

秦始皇东巡的消息，终于被张良探知，他获悉秦始皇东巡必经三川郡阳武县（治今河南原阳县东南），遂携无名英雄一起，经过反复侦察和仔细推敲，最后选择在阳武县博浪沙下手。为什么选择博浪沙呢？因为博浪沙的地理位置优越，驰道建筑高厚，两旁低洼，两侧青松掩翳，便于藏身，易于下手。而且北面是黄河，南面是官渡河，芦苇丛生，得手后也容易逃跑。

这天，张良与无名英雄一起，早早埋伏。两人屏气凝神，等到秦始皇车队一到，无名英雄纵身跃起，把那一百二十斤的铁椎猛地击向秦始皇的马车，马车应声而碎。张良和英雄见击中车子，以为得手，兴奋之余，逃命要紧，赶快分头奔窜，转瞬就没入芦苇丛中，不见了踪影。

然而，张良高兴得太早了。秦始皇的马车是用六匹马拉的"天子六驾"，大臣的是"四驾"，秦始皇因多次受到行刺，故准备了多辆"天子六驾"，是为副车，以此掩人耳目，确保安全。无名英雄这次所击，误中副车，刺杀失败。

秦始皇听到一声巨响，大惊失色，定神以后，才知刺客行刺，不禁恼羞成怒，喝令四外搜捕，但终于没找到刺客踪迹。又令当地官吏就近搜查，害得百姓鸡犬不宁，依然一无所获。秦始皇更是下令全国，开展为期十天的刺客大搜捕集中行动，结果刺客的毛发也没见着。秦始皇无法，最终不了了之。于是，复上车驾，继续东巡，再至海上，重登芝罘岛，又刻石立碑，歌功颂德自我吹捧一番，回去了。

作为"汉初三杰"之一的张良，他既是满腹经纶的帝王师，又是侠肝义胆的英雄汉，不但当时闻名天下，后世也拥趸无数，多少人赞其忠勇，叹其刺秦功败垂成。北宋大才子苏舜钦读《汉书》至此，便有由衷一叹。据宋朝人龚明之《中吴纪闻》记载，苏舜钦好读书，也好饮酒。年轻时，寄居岳父杜衍家，每夜读书，必饮酒一斗。杜衍是当朝宰相，也饱读诗书。他爱婿如子，却对苏舜钦每晚饮酒多达一斗深为不解，安排子弟暗中观察，一探究竟。某晚，苏舜钦端坐案前，研读《汉书》，当他读到"良与客狙击秦皇帝，误中副车"时，连连拍手，大声叹息道："可惜没有击中。"于是，倒满一大杯酒，一饮而尽。杜衍听到子弟报告后，哈哈大笑道："有这等下酒物，一斗不多啊！"

从此，"汉书下酒"遂成典故，影响了很多后来的读书人，也培养了很多"读书种子"。这种无心插柳的功德，恐怕是张良行刺秦皇时没有料到的。

4. 张良之忍

苏东坡在《留侯论》中评价张良说"忍小忿而就大谋"，意思是张良在小事上能忍，终于做出了天大的成就。而这"忍小忿"，指的就是张良得太公兵书那件事儿。

张良刺杀秦始皇失败之后，隐姓埋名，四处逃窜，后来逃到了距博浪沙数百里之遥、濒临东海的下邳县（治今江苏睢宁县西北古邳镇东三里），终于因秦始皇西归咸阳而逃脱了追捕。

张良见风声没那么紧了，便放胆出来闲逛。一天，他在一座桥上欣赏风景时，看到一位白发苍苍的老翁，摇摇晃晃慢慢悠悠上得桥来。老翁走到张良身边，碰巧掉落了一只鞋子，他看了张良一眼说："孩子，你帮我把鞋子捡起来吧。"

张良一听，颇不高兴，你我素昧平生，为何任意指使，叫我捡鞋？张良很不情愿，可是，他端详老翁，见他身着毛布衣，手持竹杖，差不多耄耋高龄，想必因为体力衰弱，步履艰难，自己无法穿好鞋子吧。所以，张良忍住不快，捡起鞋子，递给了老翁。谁知，老翁把脚一伸，又说："你帮我穿上吧。"张良这个气呀。但俗话说，忍得一时之气，解得百日之忧，何苦自寻烦恼？便又忍了。好人做到底，他单膝跪地，帮老翁把鞋子穿上。老翁见张良给自己把鞋子穿上了，拈须一笑，扬长而去。

这情形也太奇怪了！张良不免诧异起来，远远地跟在老翁身后，看看他到底是何方神圣。他跟着老翁走了一里多路，老人发现了，转过身来，等张良近身后，他微笑着对张良说："孺子可教也！五日后拂晓时分，你在这儿等我。"张良毕竟是个聪明人，他已猜到老翁有些来历，赶紧说"好"。

五日已到，张良遵照前诺，早早起床，草草洗漱，就往预约地点赶。不想当他赶到时，老翁早已端坐于那儿等待多时。老翁见他迟到，怒道："小子同老人家有约，本该早到，为何姗姗来迟？你今天先回去，再过五日来吧。"张良不敢争辩，乖乖回去。

五日后，张良不敢贪睡，鸡叫便起，到那一看，老翁又先到了，张良又只得扫兴而归。再过五日，张良再不敢睡下，入夜不久，即披星戴月而往。这次，老翁终于未能先到。张良耐心等待，好久，薄雾冥冥中，老翁终于策杖而来。老翁见张良早到，大喜，连说："孺子可教，孺子可教。"说着便从袖中拿出一本书，塞给张良，并说："你读好了此书，将来可成为帝王师。"说完，飘然而去。

张良回到住处，就灯一看，惊喜交集，你道老翁给他的是一本什么书？对了，就是那本失传许久的《太公兵法》，乃是姜子牙文韬武略一生智慧的结晶。

张良得书，关键在忍，一忍、再忍、三忍，大事谨慎，小节不拘，退一步海阔天空，终于得到了老翁的信任和赏识。后来，张良就凭着这本《太公兵法》，辅佐刘邦成就千秋帝业。所以，帝王师张良是怎样炼成的？就一个字，忍！

5. 历代帝王都喜欢干的一件事

秦始皇自从驱匈奴、定塞北、征南蛮、服岭南之后，内心那个高兴啊。人一高兴，就需要人吹捧，于是，置酒咸阳宫，大宴群臣。秦始皇摆宴，估计也和建长城、修驰道一样，规模宏大，因为酒席中单是博士就有七十人。七十博士一起献酒祝寿词，恭贺秦皇，马屁烘烘。

博士仆射（官名。博士之长）周青臣，见皇帝兴致盎然，便出班阿谀道："以前，咱秦地不过千里，仰仗陛下的神圣，裁平海内，放逐蛮夷，日月所照，莫不宾服，如今分郡置县，外轻内重，战斗不生，人人乐业，将来千秋万世，传将下去，万事无忧。臣想从古到今，帝王虽多，但像陛下的威德，实是见所未见，闻所未闻。"

此话一出，正中始皇下怀。偏偏一个好不晓事的腐儒博士淳于越，该拍时不知拍，站起身来说："臣闻殷周两朝，传代久远，少则数百年，多则千余年，皆因开国以后，大封子弟功臣，为国之辅佐。今陛下拥有海内，子弟却还是平民百姓，一旦出现田常、六卿等夺权篡位的祸端，朝中却亲藩无人，谁能救援呢？总之，事不师古，终难持久，今周青臣但知谀媚，加重陛下的过失，实非忠臣！还请陛下详察。"

皇帝一听，如同一盆凉水浇下，脸马上就拉了下来，很不高兴。丞相李斯深知皇帝心思（否则也当不上丞相），见有人敢唱反调，马上启奏说："五帝的制度并非一代一代重复，夏、商、周三朝制度亦非一代一代因袭，治道无常，贵在通时合变。今陛下手创大业，建万世之功，岂腐儒所能知晓！且淳于越所言，系三代故事，更不足法，当时诸侯并争，广招游学，所以百姓并起，异议沸腾。今天下已定，法令出自陛下一人，百姓安分守己，为农的尽力务农，为工的尽心务工，为士的更应学习法令，自知避禁。但这些儒生不思通今，反想学古，非议当世，蛊惑民心，如何使得？愿陛下勿为所疑！"

听了李斯这一番有理有据的话语，秦始皇终于转怒为喜，马上端起酒杯，连干三大杯，才酒终筵散。

这个时候的李斯，已经由廷尉提拔为丞相。他本是佐秦始皇创立郡县、废除封建的提议者与落实人，深得秦始皇信任，如今改革六七年了，并无不妥，淳于越却跳出来反对，无异于搅局。

李斯越想越气，回家后，连夜写成奏折，翌日上朝就呈到皇帝手上，李斯在奏折中说："古者，天下散乱，莫之能一，是以诸侯并作，语皆道古以害今，饰虚言以乱实，人善其所私学，以非上之所建立。今皇帝并有天下，别黑白而定一尊。私学而相与非法教，人闻令下，则各以其学议之。入则心非，出则巷议，夸主以为名，异取以为高，率群下以造谤。如此弗禁，则主势降乎上，党与成乎下。禁之便！臣请史官非秦记皆烧之；非博士官所职，天下敢有藏诗书百家语者，悉诣守尉杂烧之；有敢偶语诗书者弃市；以古非今者族；吏见知不举者与同罪。令下三十日不烧，黥为城旦（刺面成文为'黥'，'城旦'系发边筑城，每旦必与劳役，为秦制四岁刑）。所不去者，医药卜筮种树之书。若欲有学法令，以吏为师。"（司马迁《史记·秦始皇本纪》）

李斯的建议是，把全天下不是秦国的典籍全部焚毁，除博士官署所掌管的之外，天下敢有收藏《诗》《书》、诸子百家著作的，全都送到地方官那里去烧掉。有敢在一块儿谈论《诗》《书》的处以死刑示众，借古非今的满门抄斩。官吏如果知道而不举报，以同罪论处。命令下达三十天仍不烧书的，处以脸上刺字的黥刑，附以城旦之刑，强制筑城四年，发配边疆，白天防寇，晚上筑城。所不取缔的，仅只医药、占卜、种植之类的书。如果想要掌握法令，可以到法官、法吏那里学习。

李斯的建议看似有理，实则荒谬，但秦始皇喜欢。为什么呢？因为在李斯的理论中，正因为"今皇帝并有天下"的功绩，所以"别黑白而定一尊"后的一切都是正确的、最佳的，甚至是永恒的，凡妨碍这种正确与永恒的思想及言论的载体，都在取缔和消灭之列。

这种绝对认同和永远正确，可以说完全违背了社会发展和进步的规律，但因这是揣摩了秦始皇的心理后的迎合献媚，如同秦始皇内心深处梦寐以求的代言，所以他一看李斯的奏折，便大喜过望。于是，通令全国，凡《诗》《书》等百家之书，尽行烧毁，先烧咸阳的，依次烧向各郡县。无论是繁华都市，还是偏远乡村，全国烧书，全民烧书，不烧书就烧人，要命还是要书？

"天下思想一统，唯吾皇万岁！"哪个皇帝不喜欢？伴随着杀气和血腥，秦始皇终于得到百官匍匐、万民战栗、唯我独尊的无限满足。

然而，当那焚书的烈焰烧过都市、燃过乡村，战国时代"百家争鸣"那被视为天经地义的自由空气荡涤净尽，中华文化非但遭受一次空前洗劫，影响最坏的是暴君秦始皇开了一个后来者可以效仿的恶例。从此，焚书上演不断，劫难连绵，给中华文明带来了一次又一次深重的灾难。

6. 游方术士改变了中国读书人的命运

秦始皇除了喜欢大兴土木，到处巡游之外，还梦想成仙，企求长生不老。秦始皇尽管口头上希望江山传之"二世三世至于万世"，但心底的执念是：自己作为"始皇"亦为"终皇"的永生永世。

一些游方术士对秦始皇的心思洞若观火，卢生就是其中之一。

卢生是燕人，学儒半瓶醋，便退而求其次，转向修仙学道，希望剑走偏锋，寻个锦绣前程。秦始皇三十二年（前215年），始皇东游碣石，欲求仙道。卢生得知，径直前往求见，凭其伶牙俐齿，竟忽悠得秦始皇心旌飘摇，信以为真，命他带领一支队伍到东海求仙。谁知"黄鹤一去不复返"，卢生好些日子不见踪影，直叫秦始皇望眼欲穿。

后来，卢生终于回来，向皇帝说曾到何处，曾去何宫，夸耀一通，然后取出一本书呈上，说成仙之药虽未得到，但得到了一本仙书。秦始皇一看，满纸荒唐言，令人费解，唯一句"亡秦者胡也"看清了，惊心之余，思忖："胡"是指胡人（古代对北方及西域各族人民的泛称）？吓得他赶快征集一支三十万人的军队，千里奔袭，北击匈奴，弄得许多人因此而家破人亡。

不过，秦始皇虽然堪称暴君，但他绝不是蠢人。你忽悠他一时可以，时间一长，他就会明白，你就会有人头落地的危险。目前，对秦始皇来说，无论求仙之术抑或长生之药，仍是水中月、镜中花，没有一样东西落地，卢生到底心虚。因此，他与好友韩人侯生商量说："秦始皇脾气暴躁，杀人不眨眼，虽有博士七千，不过摆设而已。我虽然是皇帝面前的红人，但仙药不到，终有一天会露馅，到时不但富贵尽失，人头也将不保，你我不如早早离去，免得后悔。"侯生一听，深有同感，于是二人就找了个机会，开溜了。随着二人的逃跑，那些他们说秦始皇的坏话不久就在京城传开了。

几日过去，秦始皇不见卢生来见，派人一问，逃了，还传了一大堆谣言，不由得雷霆震怒，心想我花钱花力花心思，让你们这些术士安享锦衣玉食、富贵荣华，结果反被欺骗，还说坏话大不敬。术士如此，儒生可知，其中必有妖言惑众之徒。

秦始皇一怒，人家的人头就摇摇欲坠。他安排御史，传讯咸阳诸生数百人，问是否信谣、传谣，都说没有，忠心可鉴。不承认？有承认的法子——大刑侍候。儒生们被拖出来，打得皮开肉绽、哭爹喊娘，只得屈打成招。接着，一个个签字画押，共四百六十多人。然后五花大绑，推出宫外，在山边上找了个深谷，把他们赶入谷中，土石齐下，霎时就将谷填满了。

秦始皇坑了咸阳儒生四百余人，还不解恨，他又想出一个毒招。他下了一道诏书，要求各地官员广征名儒，送到咸阳供朝廷录用。这还不是天大的好消息？广大儒生，踊跃报名，不过几月，各地陆续选拔至京的博学鸿儒达到七百名，他们或通经，或擅文，均是各地的顶尖人才。入朝后，秦始皇都把他们封为郎官，他们纷纷弹冠相庆。

是年冬天，秦始皇把这些人全部召至宫中，说听骊山守吏报告，马谷那个地方长出了瓜果。这般寒冷之季，也能开花结果？秦始皇便问这些儒生这是怎么回事。众生有人说吉，有人言凶，你一言，他一语，也道不出个所以然来。秦始皇说，那就去看看吧。于是，在卫兵的组织下，众生一齐赶往马谷，谁知刚一进谷，忽听巨响，土石铺天盖地而来，立刻死伤大半。幸运的赶紧往谷口逃去，谷口却被木石堵塞。到这时，儒生们才知道中了秦始皇的诡计，人人魂不附体，个个哭爹喊娘，可惜七百读书人，全部葬身谷底，一个不留。

从此，对付读书人和异己者，便有了故事可循，而且技艺到后来越来越娴熟。于是，读书人越来越不敢发出自己的声音了，百事莫辩，噤若寒蝉。

7. 历史有时也是太监缔造的

赵高本是秦国宗室的远亲，做了太监后，在咸阳宫一干就是二十余年，后任中车府令（官名。战国末秦置。掌王室车马政令），兼管符玺令事。

赵高位高权重，却生性狡诈，在朝野的口碑很差。不过，他善于察言观色，懂得始皇帝的脾气，加上博闻强记，秦律令倒背如流，始皇帝批阅奏章偶遇典章疑问处，还叫他来解解惑呢。不独此也，始皇还让赵高做皇子胡亥的老师，教其狱法，可见信任至极。

秦始皇三十七年（前210年）十月，秦始皇开始了一生中最后一次出巡，随行者除丞相李斯外，还有赵高和胡亥。这次出巡，他从咸阳出发，由南阳郡到南郡，至云梦（泛指春秋战国时楚王的游猎区。大致包括整个江汉平原及东、西、北三面一部分丘陵山蛮，南则限于江北），然后浮江而下，过丹阳县（治今安徽当涂县东北），入钱唐县（治今浙江杭州市灵隐山麓），上会稽山祭祀大禹陵，经吴县（治今江苏苏州市旧城区），北至琅邪。

其实，始皇帝这次出巡，主要目的是到琅邪找方士徐市索要长生不老药，谁知徐市去海上求仙一去不回，始皇帝只得怅然西归。然而，刚过黄河，抵达平原津（黄河下游重要渡口。在今山东平原县西南），他便觉得身体不适，吃不下，睡不好，时冷时热，精神恍惚，而且日渐严重，眼看病危。这可急坏了丞相李斯，日夜守护，安排医药，生怕闪失。当西归的队伍到达沙丘（殷离宫别馆名。在今河北广宗县西北大平台）时，始皇帝几乎只有出气没有进气，眼看要死。但始皇帝一生最忌讳的字就是一个"死"字，人之将死，后事还没交代一句，李斯说也不是，不说也不是，急如热锅上的蚂蚁。

最后，始皇帝终于觉得人还是斗不过天，他始皇帝也好，终皇帝也好，总归有此一日。于是召来李斯、赵高，口述遗诏后，命他们交给皇长子扶苏，召扶苏速回咸阳，处理后事，继承大统。遗诏刚刚拟完，始皇帝就一命呜呼了。李斯吓坏了，哆哆嗦嗦、战战兢兢忙于后事，赵高灵机一动，把遗诏藏在了自己袖中。

李斯生怕有变，嘱咐秘不发丧，一面将始皇帝棺殓装置于车中，一面催促赵高发出遗诏，召扶苏速归京都，然后一班人继续往咸阳赶。赵高支支吾吾，却把遗诏藏匿不发。他私下对胡亥说："皇上驾崩，没听说如何分封诸位皇子，独给扶苏一书，扶苏一到，便继位为帝，你作为皇子上无兵权、下无寸土，深可忧虑。"胡亥说："父皇既有遗命，自当遵守，无须妄想。"赵高说："如今皇帝驾崩，天下大权，就在你、我和李丞相三人手中，你有何想法，当早做打算。"胡亥不高兴地说："废兄，作为弟是不义，违父，作为子是不孝，我不能妄行。"赵高笑道："臣闻汤武弑主，天下称义。卫辄拒父，国人皆服。所谓大行不顾小谨，盛德不矜小让，机不可失，时不再来，此时不做打算，到时候必悔。"然后还说了一大堆给胡亥心理上减压的话，竟然把胡亥说动心了。最后，胡亥问："李丞相会支持？"赵高见胡亥已许，爽快地说："李丞相包在我身上。"

赵高找到李斯说："丞相啊，今日皇帝驾崩，外人不知，他的遗嘱，只你我知晓，江山传给何子，全凭你我，你难道没有什么想法吗？"李斯一听，立时胆战心惊，说："你怎么说出如此乱国之语？"赵高不慌不忙地说："丞相不必惊恐，我且问丞相五事：论才可及蒙恬否？

论功可及蒙恬否？论谋可及蒙恬否？论人心无怨可及蒙恬否？论与扶苏的关系可及蒙恬否？"李斯老实回答说："皆不及。"赵高趁热打铁道："既不及，倘扶苏继位，必用蒙恬为相，于你不利。倘你我扶助胡亥继位，我们有翊戴之功，丞相不会易主，何不共图大事？"李斯开始还是不敢，但经不起赵高软磨硬泡，终被说服，同意改书换主。

于是，三人合谋，先改遗诏，立胡亥为太子。另拟假诏送给扶苏和将军蒙恬，书曰："朕巡天下，祷祠名山诸神以延寿命。今扶苏与将军蒙恬将师数十万以屯边，十有余年矣，不能进而前，士卒多耗，无尺寸之功，乃反数上书直言诽谤我所为，以不得罢归为太子，日夜怨望。扶苏为人子不孝，其赐剑以自裁！将军恬与扶苏居外，不匡正，宜知其谋。为人臣不忠，其赐死，以兵属裨将王离。"（司马迁《史记·李斯列传》）

书就，赵高派出心腹，送达上郡（治今陕西榆林市东南，辖今陕西富县以北，榆林、米脂、子长等州县，延安市以西，内蒙古乌审旗一带）扶苏手中。扶苏接书，欲辩无门，泪如雨下，心灰意冷之际，拔剑自刎。后来，蒙恬也自杀身亡。回京以后，胡亥在赵高、李斯的张罗下，终于登上了皇位，成为秦二世。

若无赵高，秦二世或许是扶苏而非胡亥了。就这一点来说，历史有时也是太监缔造的。

8. 残暴的皇帝

秦二世胡亥阴谋夺取帝位后，在开疆拓土上没有学到始皇帝一丝一毫，但在严刑酷法上有过之而无不及，他不但对老百姓残暴，就连对自己的兄弟姐妹，也痛下毒手，毫不留情。

胡亥的皇帝宝座，是夺他兄长扶苏的，当时因始皇帝去世，闹哄哄的，关注的人不那么多。随着时间的推移，他的兄弟姐妹听到一些传闻，难免交头接耳，叽叽喳喳。皇帝耳目众多，不久胡亥听到一些风声，到底心中有鬼，有些担忧，便找来心腹赵高说："朕继位后，大臣不服尚好说，如今诸公子也在猜疑，万一与我争夺皇位，如何是好？"

其实，精明如赵高者，对此又何尝不知？他等待的就是二世请他拿主意这个话。他让胡亥屏退左右，一字一顿地说："臣早就想向陛下说了，目前朝中大臣，多数累世功勋，尊贵数代，臣起于微贱，蒙陛下厚爱，超次提拔，位居高位，但大臣们貌合神离，口服心不服，时有叛乱之心，倘不及时防范，捕获囚杀，臣死事小，陛下帝位不保则兹事体大。陛下要防患未然，必须斩草除根，把宗室勋旧所有威胁，一齐斩除，另起用一批新进，他们自然感恩图报，无不忠于陛下，如此，才能高枕无忧。"一番话说到二世的心坎里，他连连点头称善。

不过几日，胡亥便安排时任郎中令（官名。秦始置，为郎中长官，掌宫廷戍卫，侍从皇帝左右，参与谋议，职甚亲重）赵高，带领他的专案组人员，构陷公子十二人，公主十人，加上一些旧臣近侍，统统下狱。始皇帝的那些儿女，平日里过惯了衣来伸手饭来张口的日子，那些旧臣近侍也是锦衣玉食，如今一朝入狱，皆是呼天抢地，大喊冤屈。但皇帝既有命，赵高才不管他们是谁的子女、谁的近臣，一顿暴打，立刻屈打成招，无中生有了许多罪名来。有些人本来已经认罪，赵高仍不罢手，继续追问有无其他同谋，结果又有一批人被栽赃陷害，一起扯进了案子。

赵高将案情报告胡亥，胡亥一听，还得了，这么多阴谋叛乱之徒，批准立斩。这十二位自家兄弟，马上横尸市曹，成了铡刀下的冤魂，一起陪死的大臣不知多少。还有那十个公主，二世亲自审问，连骂带吓，棍鞭俱下，可怜那些娇小姐，平时哪见过这样的阵势，早就吓死一半，加上棍棒相加，顿时皮开肉绽，香消玉殒。

第一批宗室杀掉之后，胡亥就开始筹划杀第二批。公子将闾等兄弟三人，为人忠厚，行事谨慎，一时找不到杀他们的借口，胡亥就暂时将这三个哥哥囚禁内宫，慢慢议定他们的罪状。不过，姐妹都可打死的人，还会怜惜几位哥哥吗？还会在乎什么罪名吗？欲加之罪，何患无辞？胡亥派出使者，对将闾三人说："你们不守臣节，罪当处死，赶快伏法。"将闾说："我平时入侍，未曾失礼，随班廊庙，未曾失节，受命应对，未曾失辞，怎么说我不守臣节呢？"使者才不管那么多，说："我只是奉命行事，不敢他议。"将闾大喊了三声"苍天"，然后就与其他二兄弟一起，拔剑自杀了。第二批杀掉后，又杀第三批、第四批，兄弟姐妹差不多杀尽了。

胡亥还有一位兄弟公子高，他听到兄弟姐妹惨死的消息后，本想出逃，又担心满门抄斩，于是想到以自己殉葬父亲始皇帝这一理由，来保全一家老小。为此，他上书胡亥说："先帝无恙时，臣入则赐食，出则乘舆。御府之衣，臣得赐之；中厩之宝马，臣得赐之。臣当从死而不能，为人子不孝，为人臣不忠。不忠者无名以立于世，臣请从死，愿葬骊山之足。唯上幸哀怜之。"（司马迁《史记·李斯列传》）

胡亥一看，不禁大喜，他正为留着这一位不知如何是好，既然送上门来，焉有拒绝之理？当即批准了公子高的"请求"，甚至格外开恩地说，他孝心可嘉，死后赐钱十万，用于丧葬之费。随后，公子高也服毒自杀了。

始皇帝共有子女三四十人，最后都被胡亥赶尽杀绝，而且都没收了家产，牵连了家人，只有公子高"孝心可嘉"，虽然牺牲了自己，却保全了老小一家，也算此中特例。

9.借鬼举事

胡亥当国，一方面残杀兄弟姐妹，消除威胁，另一方面又大兴土木，续建阿房宫，再加上广加赋税，其剥削手段比始皇帝更残忍，老百姓处于水深火热之中。当时，陈胜住阳城县（治今河南登封市东南告成），家贫无产，受雇于富家做了一个雇农，虽说一贫如洗，却志向远大。

秦二世元年（前209年）七月（秦和西汉初使用颛顼历，以十月为岁首），胡亥下令征发闾左之民（秦代居住于里门之左的贫民）戍边渔阳县（治今北京密云区西南）。按照要求，这次在阳城等地征调九百人，陈胜和阳夏县（治今河南太康县）人吴广因高大健壮，被任命为屯长，作为戍卒头领，并派两名军官，监督押解。

于是，大队人马开赴渔阳。这天，到达大泽乡（在今安徽宿州市东南），尚距渔阳千里之遥，不巧连天大雨，寸步难行，只得暂时驻扎，等待雨过天晴。然而老天爷不开眼，雨非但不停歇，反而越下越大，九百戍卒，进也不是，退亦不能，怨声四起。陈、吴二人虽非故交，但如今既同舟，则须共济，陈胜与吴广密谋说："渔阳路途遥远，没数月不能抵达，然期限将到，无法如期，按律当斩，可惜了这九百乡亲兄弟，白白送死。"吴广说："不如逃走。"陈胜说："天下都是秦地，逃即是死，不如另图大事。"吴广说："你我无权无势，也无名目，凭何举事？"陈胜说："天下苦秦久矣，只是无人起头，我听说胡亥杀兄篡位，朝野敢怒不敢言，久闻公子扶苏有贤名，不若假托扶苏举事，必然成功。"

二人一拍即合。

旦日，士卒买鱼做菜，却在剖鱼时发现鱼腹内藏有帛书，展开一看，竟然写着"陈胜王"三字。大家争相传阅，连连称奇。当夜，大家正在谈论着"鱼腹藏书"怪事之时，又突然听到狐嗥之声传来，时大时小，时远时近。大家静下来仔细聆听，声音隐约可辨，一为"大楚兴"，一为"陈胜王"。大家出门一看，发现对面山边树木间磷光隐约，忽东忽西，伴随着"大楚兴""陈胜王"之声传来，像鬼似神，阴森可怖，大家一夜无眠。接连几天，戍卒们都在窃窃私语，议论着这神奇的一幕。

大家看陈胜的眼光都变了。

陈胜见时机成熟，便在某晚与吴广一起，乘二位监押军官醉酒之机，闯进他们的营帐。吴广朗声说："大雨不停，路途又远，既然不能按期到达，不如先走了之，特来禀报。"监押大怒，说："你们敢逃？必斩！"吴广听后，一脸的不屑，说："逾期不到，我们死，你俩能活吗？"监押怒不可遏，一位挥剑就刺，吴广早有准备，一脚踢掉对方的剑，捡起地上的剑顺势劈去，监押当即毙命。另一位也拔剑来刺，被身后的陈胜一刀结果了性命。

杀死二位监押，陈胜、吴广到帐外召集众戍卒。陈胜大声说："各位为雨所阻，耽搁数日，要到渔阳，必定逾期，当是死罪。即便万幸得免，如今寒冬，到达北方，冰天雪地，亦难免冻死。大丈夫死要死得有价值，不如一起举事，共图富贵，才不枉此生。王侯将相，宁有种乎？"

大家被陈胜的慷慨陈词感染了，顿时热血沸腾，纷纷点头称是。陈、吴大喜过望，他们把二监押军官枭首，然后辟地为坛，用头祭旗，揭竿造反。大家拥立陈胜为将军，吴广为都尉，定国号"大楚"，一场轰轰烈烈的农民大起义就这样开始了。

10. 赤帝之子

刘邦为泗水郡沛县丰邑中阳里（刘邦出生地，秦时为沛县丰邑，汉时区划调整为沛郡丰县，治今江苏丰县）人，父亲叫刘执嘉，母亲叫王含始。父亲年老忠厚，在周围口碑不错，人们尊称为太公。母亲也老了，人称刘媪。夫妻生了两个儿子刘伯、刘仲之后，怀第三胎的时候，却遇到一些十分奇怪的事。

事情是这样的，传说他母亲外出，路过大泽时，感觉劳累，坐下休息，似睡非睡间，忽见一个金甲神仙从天而降，一下就把她吓晕了。太公在家，久不见妻子回来，怕有闪失，出门寻找。刚刚出门，就见天上电闪雷鸣，他不管不顾，继续寻找。到达大泽后，看到前面躺着一人，像是自己的妻子，只见她云遮雾罩，隐隐约约又似乎有蛟龙在往来穿梭。等他走上前去，忽然云消雾散，躺在地上的妻子睡眼蒙眬，仿佛初醒。回家之后，刘媪竟然意外怀孕，怀胎十月，生下一男孩，长脖子，高鼻梁，左边大腿上甚至有七十二颗黑痣，让周围的人啧啧称奇。

太公老年得子，百般疼爱，捧在手里怕摔了，含在嘴里怕化了。太公家世代务农，他带着刘伯、刘仲二子自是"锄禾日当午，天天好辛苦"。刘邦长大后，生得牛高马大，想是个好劳力，但他最恨务农，天天东游西荡，交朋结友。不过太公疼满崽，也就由他去了。大哥刘伯的妻子生性吝啬而尖刻，见小叔子好吃懒做、坐吃山空，便经常唠叨数落。刘邦没说什么，太公听后却不高兴了，干脆同伯、仲二子分了家，自己带着满崽过。

刘邦年过二十了，不过脾性不改，事不做一点，还同一伙酒肉朋友天天觥筹交错、醉气熏天，搞得最后太公都厌恶他了，骂他无赖，饭不给吃，衣不给制，放任自流。刘邦倒也乐得自由。有时刘邦怕父亲数落责骂，干脆不回家，在哥哥家吃睡，毕竟亲兄弟，哥哥也没有表示出嫌弃。不想一天，长兄刘伯忽然得病，一命呜呼，英年早逝。

大嫂本来就厌恶刘邦，如今丈夫一死，当然对这小叔子就更加冷落。刘邦本来就大大咧咧，不看眼色行事，所以依然如故，经常到大嫂家打秋风。有一次，他竟然带了一大帮朋友，在中午时分到了大嫂家，准备请朋友们撮一顿。大嫂看到刘邦来了，心生厌恶，急忙跑到厨房，用瓢猛刮锅底，发出声响——意思是锅空了，到别处取食吧。

刘邦带着朋友兴冲冲赶来，本想请朋友们一次，结果听到刮锅声，以为饭食真没了，十分扫兴。朋友们也知趣，一个个借故离开。刘邦送走朋友，回到厨房一看，却见锅上热气腾腾，锅里还有大半锅羹汤呢。他终于明白是大嫂使诈，不愿意接待他和朋友，长叹一声，转身就离开了大嫂家，从此再也不来。

刘邦年轻的时候，应该是有一些本事的，刚过二十，人家就请他出任沛县泗水亭长（官名。秦汉时在乡村每十里设亭一，亭有亭长，掌治安警卫，兼管停留旅客，治理民事。与后世里长职掌相同）。亭长虽职位低微，但好歹算是个吃公家饭的公家人。除家长里短外，亭长还经常要到县里汇报工作，一来二往，刘邦便结识了一些朋友，最交好的是县吏萧何、曹参、夏侯婴。每次萧何等朋友下来视察，刘邦总是热情接待，有酒有肉，一醉方休。

有一次，萧何又来找刘邦玩，酒余谈及新闻，说最近从单父县（治今山东单县）来了一个叫吕文的人，人称吕公，与沛县县令是好友，因在老家与人结下梁子，携家前来投靠避仇。县令讲哥们义气，留下吕公一家在县城居住，并要求凡是县吏，都要凑钱祝贺。萧何意思是要刘邦也去祝贺一下。刘邦一听，赶快说："好事啊，有朋自远方来，不亦乐乎？应该祝贺。"

第二天，刘邦就赶到县城，找到吕公居处，径直而入。萧何早已到达，正帮吕公收贺礼呢，看到刘邦来，故意大声说："贺礼不足千钱的，在堂下就坐。"刘邦也没说什么，递上名片，然后在礼簿上写上"万钱"。吕公收了刘邦的名片和"空头支票"后，竟匆忙不迭地亲自出门迎接，又见刘邦牛高马大、气宇轩昂，更加高兴。吃饭时，还特意请刘邦坐首位，视为上宾。刘邦也不推让，与吕公、萧何一干人等开怀畅饮起来。

酒终席散，客人一一告辞，吕公却把刘邦单独留下。吕公说："我从小喜欢看相，一辈子阅人无数，却从没见过足下这么奇异的人，请问娶妻否？"刘邦说："尚未。"吕公说："我有小女娥姁，单名雉，待字闺中，许配足下如何？"刘邦纳头便拜，立即应承。

于是，刘邦回去报告父母后，择吉日良辰，敲锣打鼓把吕雉娶进了家门，揭开盖头一看，果然端庄秀丽，美丽动人。之后，刘邦与吕雉，一个在亭任长，一个在家务农，竟也夫妻恩爱，岁岁平安。

秦二世元年，胡亥颁发诏令，命令各地押送罪犯囚徒至帝京骊山，修建秦始皇陵墓。沛县县令接诏令后，立即如数提出罪犯，并安排刘邦负责押送。刘邦只好辞别吕雉，押解刑徒开赴京城。

刚出县境不远，被押送的刑徒中就有几个人乘刘邦不注意，溜走了。继续前进数十里，又有几个逃走了。晚上投宿旅店，第二天一早，又发现少了几个。刘邦押解那样一大帮人，今天溜几个，明天逃几个，分身乏术，也无可奈何。到了县境西面的大泽中，他干脆喊大家停下休息。大泽中有凉亭，凉亭有人当垆卖酒，刘邦平生就好这一口，他让一干人等在空地上休息，自己就在亭内畅饮起来。

酒入肠胃，全身兴奋，喝着喝着，刘邦突然站起来大声对罪犯们说："各位如果到达京城，也必定是天天充当苦役，难免累死，魂留异乡，干脆我现在把你们全部开释了吧，给你们一条生路。"众人一听，天下哪有这样的好事，高兴得连连称谢。刘邦解掉绑在他们身上的绳子，让他们自寻生路而去。

但这些人中也不乏仗义壮士，担心刘邦遣散众人后的安危，便说："您的恩德，我们永远记在心里，只是我们逃了，您如何回去交差？"刘邦大笑道："你们走了，我也只能逃啊，总不能如此回去复命，那不自寻死路吗？"大家见此，有的只好走了，其中十数人不忍离去，自愿护卫，跟随刘邦左右。

刘邦酒足之后，披星戴月向前。因怕人知道逃跑一事，刘邦不敢走大路，专选羊肠小道走。刘邦醉眼蒙眬行进，突然前面响声大起，探路者来报，说前面有巨蛇挡路，蛇长数丈，吓死人，建议另择道路，绕过巨蛇。俗话说酒能壮胆，刘邦一听，大声喝道："壮士行路，岂畏蛇虫？走！"说完走上前去，果然见巨蛇拦路，刘邦二话不说，挥剑就砍，蛇立刻断成两截，一行人安然过去。又走了一段，才觉酒气上涌，就地而卧，鼾声顿起。

第二天起来，继续前行。路上遇到一位熟识的老乡，看到刘邦便说："刘亭长啊，刚才遇到一大怪事，一位老婆婆在野地里哭，说是别人杀了她的儿子。我问她儿子是谁，她指着路上一条死蛇说：'这就是。他是白帝的儿子，化蛇于路上，现被赤帝的儿子杀死了，真是可怜啊。'说完又哭，老人哭了一会儿，就不见了。你道奇怪不奇怪！"

刘邦一听，默然不语，暗想：白帝是谁？赤帝又是谁？难道我要做皇帝？想想，还是蛮开心的。不过，也只是瞬间的开心罢了，如今刑徒们都被自己放了，还是逃命要紧。于是，他带着十几个壮士，往芒砀山（芒山、砀山合称，位于今河南永城市）逃难去了。

然而，所谓赤帝到底何人？所谓白帝，又是何人？历来众说纷纭。有人说赤帝即炎帝神农氏，居于南方，属火；另有人认为，此处的赤帝是指颛顼氏之后——火神祝融。但不管怎么说，赤帝都与火有些关系。秦襄公等曾经祭祀白帝，而白帝属金德。刘邦宣称自己是赤帝之子，是表明自己代表火德。火灭金，是顺理成章的事情。因此，后来汉灭秦，亦是理所当然。

11. 吕雉入狱

为躲避官府追捕，刘邦带领十几个壮士，在芒砀山那一片崇山峻岭间落草了。山广人稀，这十几个人一入芒砀，如同针遗大海，转瞬就消失得无影无踪。然而，怪就怪在偏偏有人能找到，而且是一个妇人带着年幼的儿女。你道是谁？原来是刘邦之妻吕雉。

刘邦好生奇怪，问妻子说："这样一个深山沟里，你是怎么找寻到的？"吕雉说："你背父母、弃妻儿，藏身深山老林，你能瞒天过海，却瞒不过我。因为只有我知道，无论你藏身何处，上面总有祥云笼罩，妾善观云气，因此找到了你。"说完，吕雉想起刘邦离家后自己所受的苦，伤心的泪水吧嗒吧嗒直往下掉。

事情是这样的。刘邦押解刑徒西去后，县令一直在等消息，结果杳无音信。后来，他派出衙役西去打听，得知刘邦纵犯逃脱，自己也无影无踪后，震怒不已，立即安排人到刘邦家拿人，将吕雉以连坐之罪抓捕。

秦朝严刑酷法，罪犯是相当受虐的。吕雉之父虽曾与县令交好，但那位交好的县令早已调离，此县令非彼县令，加上刘邦出逃，吕雉被连坐，因无钱打点，遂多次受到狱卒凌辱。吕雉还年轻，颇有些姿色，狱卒辱骂连着调戏，轮番出口，屡屡猥亵，让吕雉深感屈辱和无助，天天以泪洗面。

不过，刘邦平日仗义豪爽，县城内外朋友众多。当时，狱中一个叫任敖的小吏，曾是刘邦故交，听说刘邦妻子被押在狱中，虽然不属自己看管，但对她还是有所留心，适时给予照顾。一日，任敖做完手头的事情去看望吕雉，刚近狱门，就听里面传出哭泣声，侧耳一听，原来狱卒又在调戏吕雉。任敖顿时火冒三丈，实在忍无可忍，进去揪住狱卒就打。狱卒冷不防被打，也气极，竟也向任敖挥拳相向，两人便互殴起来，最后谁也不服谁，都向县令状告对方。

县令问他们二人互殴的曲直，你一言，我一语，一说对方调戏妇女，一说对方无端行凶，两人公说公有理，婆说婆有理。县令没审理过这样的案子，况是两个自己人开战，真不好断，遂问功曹萧何。萧何更是刘邦的铁哥们，当然护着吕雉的一边，因此他说："狱卒调戏妇女，知法犯法，要从严处理，不能姑息，否则有损衙门形象。任敖虽说冲动，但他情有可原，不应处罚。"

县令一听，有道理呀！人家说狱卒调戏女囚，这多难听，老百姓一传十，十传百，天下皆知，到时候上头追责，这乌纱帽还不知道是否能保住呢，有理，有理。于是，释放任敖，治罪狱卒。

萧何又乘势做县令的工作，说："吕雉不过女流之辈，刘邦有罪，罪不及妻，无故连坐，情理上法律上都有点说不过去，不如做件好事，把吕雉释放，说不定还能感召刘邦主动投案呢。"县令听后，颇觉有理，多一事不如少一事，便把吕雉释放了。吕雉归家后，想了半天，如今丈夫一去不复返，自己生活更会举步维艰，索性一咬牙，携子寻夫而去……听了吕雉的一番连哭带泣断断续续的叙述，刘邦一个铁石心肠的汉子也被感动得流下了泪水。

从吕雉找丈夫的精神可以看出，吕雉的确是一位外柔内刚的女性，吃得苦、耐得劳，为实现目的不怕艰难，甚至不惧生死。她后来之所以勇于任事，敢下狠手，当与这一秉性密切相关吧。

12. 沛公

自从吕雉到莽莽森森的芒砀山中寻到丈夫刘邦后，刘邦也感激于妻子的艰难苦楚，就在群山中找了一个幽谷，辟地筑室，暂时安居于此，也免了妻儿的奔波劳顿和相思之苦。

当时，陈胜起兵举事不久，东征西讨，烽火燎原，各地起义呈风起云涌之势。而在秦治下的郡县，很多当地百姓杀掉郡守县令，以响应陈胜义军。而陈胜起兵的蕲县（治今安徽宿州东南蕲县集），与沛县同属泗水郡，相距亦不远。沛县县令既怕百姓举事，又怕陈胜提兵来袭，便有心向陈胜主动投降，因此找来萧何、曹参商议。

萧何、曹参觉得不妥，说："您作为大秦一县主官，代国守城，若降盗贼，如何服众？搞不好还会激起兵变，不如招集外逃壮士，增添兵甲，加强守备，此为上策。前泗水亭长刘邦素有人望，如果赦免其罪，召回使用，刘邦定然感激不尽，以死报效，且足能以一挡百。"县令觉得在理，依计而行，安排樊哙召回刘邦。

为何是樊哙？原来，刘邦娶了吕雉，樊哙娶了吕雉的妹妹吕媭，二者为连襟。樊哙出身贫苦，早年以屠狗为业，刘邦好酒也好狗肉，经常到樊哙那儿蹭吃蹭喝，久而久之，二人成了好友，结成连襟后，遂成死党。

樊哙径往芒砀山找到刘邦，当面转达了县令的赦免征召之意。刘邦在此半年余，正茫茫然不知所往，县令正好给他指出了一条光明大道，何乐而不"归"？便带着招纳的壮士近百人，一路滔滔赶往沛县。

至中途，却见萧何、曹参跌跌撞撞奔来，问何故。萧何说："我们本来想请你回来，共图大事，也做通了县令的工作，不想县令后来怀疑我们图谋不轨，你回来会夺城杀令，便让人关闭城门，全城缉捕我二人。我们赶紧爬出城墙，闻风而逃，一路寻你们而来了，现在已经箭在弦上，不如索性拿下沛县。"

　　刘邦一听，正中下怀，一路往沛县走，一路商量讨论。到达城门下，城门紧闭，萧何建议说："城中百姓，不服县令者众，不如投书入城，劝有心造反的义士杀掉县令，揭竿而起。"于是，萧何写下一书曰："天下苦秦久矣。今父老虽为沛令守，诸侯并起，今屠沛。沛今共诛令，择子弟可立者立之，以应诸侯，则家室完。不然，父子俱屠，无为也。"（司马迁《史记·高祖本纪》）意思是如今诸侯并起，肯定要来攻击沛县，不如杀掉县令，改立子弟中有威望者，以响应诸侯，确保阖县平安。

　　刘邦把信绑在箭上，到城下喊道："城上各位兄弟，请阅此信，可保全城老小。"说毕，把箭射到城楼上。守卒们纷纷取信来读，一传十，十传百，守卒和城中父老对刘邦的话深信不疑，他们一窝蜂跑到县衙，竟然真把县令杀了，然后大开城门，迎接刘邦进城。

　　刘邦不费一兵一卒，就轻取沛县，可见开张大吉。大家推举刘邦为头，立为沛公。这一年，刘邦已经年近半百——四十八岁了。

13. 江东子弟兵

项梁，原是泗水郡下相县（治今江苏宿迁市西南）人。项家世代为楚将，受封项地（在今河南沈丘县），后代遂以封地为姓。其父项燕，楚国名将，后被秦将王翦击败，自杀身亡，楚国随即覆亡。

项梁之兄项渠，生子项籍，字子羽（后项籍觉得双名麻烦，遂减去一个"子"字，自称项羽）。项渠早逝，项羽从小跟随叔叔项梁，项梁视如己出，含辛茹苦把他拉扯长大。

项羽生性鲁莽，对学习无所用心，叔叔让他读书，不感兴趣，让他学剑，也浅尝辄止，结果一无所成。项梁因此唠叨加批评，喋喋不休。项羽说："书无用，剑单薄，要学就学'万人敌'。"何谓"万人敌"？当然是行军布阵的兵法。于是，项梁亲授侄儿兵法，项羽开始还有点新鲜感，认真学习了一段时间，久之就厌倦了，不肯深究，草草收场。项梁无法，只得由他去也。

不久，项梁为仇人揭发，受案株连，被抓捕入狱，关在栎阳县（本战国秦都，后为县。治今陕西西安市东北）。蕲县狱掾（官名。秦汉县级行政机构属吏，职掌刑狱）曹咎与项梁平素交好，项梁请他帮忙，曹咎请托栎阳狱掾司马欣，终于使项梁得以释放。项梁将门之后，既有侠肝义胆，亦有暴躁脾气，回来便同仇家理论，几句话不对劲，拳脚相向，轻重全无，结果将对方活活打死，没法，遂带着项羽，改名换姓，远避吴中（泛指春秋时吴国地），玩起了"躲猫猫"。

在吴中，项梁以假姓名与当地人多有交往，因他为人豪爽，能断大事，见义勇为，在当地颇有声望。当地每每有什么大工程需要修建，或是大办婚丧嫁娶之事，都喜欢以项梁为主办，牵头组织，项梁总是办得井井有条。

秦始皇东巡至会稽郡（治今江苏苏州市，辖境约当今江苏长江以南，包括上海市，浙江衢州、金华、奉化三市以北及安徽长江以南芜湖、黟县以东地），扈从如云，旌旗蔽日，道旁拥挤不堪，观者如堵。项梁叔侄也挤在人群中争看热闹，人家啧啧赞叹，唯项羽不屑道："彼可取而代之！"吓得项梁赶紧捂住他的嘴，压低声音说："休得妄言，要杀头的！"

此时，项羽刚刚二十出头，身高八尺，力能扛鼎，吴中少年，个个怕他，又服他。

及至陈胜起义，东南郡县风起云涌。在吴中，项梁号召力日炽，连会稽郡守殷通都对他刮目相看。一天，殷通召项梁到郡衙，殷通说："长江以西地区纷纷反叛，这是天要灭秦啊。俗话说先发制人，后则为人所制，我想发兵起事，打算以公和逃亡到泽中的桓楚为将，不知意下如何？"项梁说："桓楚逃亡，不知所终，只有我侄儿项籍知其下落，不如派他去找桓楚。他恰在门外，我呼他进来拜见。"殷通说："可以。"项梁出门，向项羽如此这般交代一番，再进门，让项羽拜见殷通，寒暄之际，项梁突然对项羽猛喊："可以动手了。"说时迟，那时快，项羽手起剑落，殷通的头转瞬就到了项羽的手中。

项梁找到印绶，挂到腰间，又捡起殷通头颅，提在手中，与项羽一起出了内衙。然而，刚刚抬脚出门，外面的侍卫一拥而上，将他们团团围住。叔侄二人毫无惧色，项羽力拔山兮气盖世，提剑杀入人群，霎时就刺死几个。其他人吓蒙了，马上退下一大片。项羽追上，又刺死几个，余者一哄而散，四处奔逃。那些手无缚鸡之力的文职人员，更是吓得到处躲藏，不敢吱声。

项梁要举事，上下疏通打理还得这些文职人员，便东寻西找，左呼右喊，叫他们到外衙议事，好不容易才打消这些人的畏惧，尖起脚出来。集中众人后，项梁历数始皇帝暴虐、郡守贪腐，说大家若想要逃离苦海，唯有共举大事，反秦自立。

项羽在旁，剑拔弩张，谁敢不答应？只得应承。于是，项梁自命为将军、会稽郡守，项羽为偏将，然后到处张贴告示，招兵买马。项梁又专门安排项羽，带领目前仅有的数百士卒，走乡访县，进村入户，宣传鼓动百姓送子参军，共募得士兵八千人，个个豪情满怀、威风凛凛。这就是项羽最初的资本，也是项羽后来打出江东、南征北战、让秦军闻风丧胆的"八千江东子弟兵"。

14. 吴广之死

陈胜、吴广揭竿而起，先后攻下大泽乡、陈县（春秋陈国，楚灭之置县。治今河南周口市淮阳区）等地，短短一两个月，起义军迅速扩大，拥有部骑数万人，声威大振。陈胜随后自立为王，吴广为假王，国号"张楚"，拉开了秦末农民大起义的序幕。

陈胜称王后，立刻命吴广率军西击荥阳（战国韩邑，在今河南荥阳市东北），命武臣、张耳、陈余等北伐赵地，命邓宗南征九江郡（治今安徽寿县，辖境相当今安徽、河南二省淮河以南，湖北黄冈市以东地区和江西全省），命周市北攻魏地。然而，吴广毕竟一介农夫，缺乏战争经验，他西击荥阳，遭遇秦军顽强抵抗，奈何久攻不下，只得修书一封，急送陈胜，报告实情。陈胜得报，与谋士一番商议后，决定另择良将。他访得颇懂治军的陈县人周文，立即授他将军。周文领军攻秦，一路西征，边行边征召勇士，部众竟骤增至数十万人，长驱直入，未几进逼函谷关。此时，已是秦二世二年（前208年）冬。

之前，秦二世胡亥被赵高封锁了消息，陈胜起义已经数月，各地烽火燎原，他还一直蒙在鼓里。这时数十万义军直捣京畿，纸包不住火，告急文书雪片般飞向胡亥的案头。胡亥闻报，慌作一团，赶紧召集文武众臣急议应对之策。那些峨冠博带、饱食终日的大臣，也被这突如其来的消息吓呆了。君臣不知所措之际，只见一个威风凛凛的大将站出朗声道："盗贼已至，来势汹汹，如今调发近县军队为时已晚，骊山刑徒众多，不如赦免他们，发给兵器，戴罪立功，由臣统领出击，定能击破贼众。"

此人就是少府（官名。为九卿之一，秩二千石。掌皇帝财政，供宫廷日常开支，管理宫廷侍从及宫廷手工业）章邯。大敌当前，胡亥当即任命章邯为将军，集中郦山刑徒，精选身强力壮者数十万，出京都，迎击周文。大军行至戏地（在今陕西西安市临潼区东北戏水西岸），与周文所部狭路相逢。章邯号令全军，只有前进，没有后退，奋勇杀敌有赏，犹豫不前者立斩。那些刑徒有许多本身就是十恶不赦的凶犯，如今杀人有赏，便一窝蜂地扑进敌阵，刀剑横扫，锐不可当。

周文一路西征，都是仗着人多势众，基本没遇到过大的战斗，认为秦军不过如此，略有轻敌之心。在章邯军队的凌厉攻势下，周文军队须臾之间便乱了阵脚，仓皇后退。秦军顺势掩杀，周文军队随即损失大半，其余则溃散奔逃。周文压不住阵脚，只得往函谷关外逃窜。周文一路奔逃，章邯紧追不舍，周文最后绝望自杀。

消灭周文大军后，章邯乘势东征，向荥阳逼近。而此时，吴广围困荥阳几个月，城未攻下，人已疲乏。然而，在章邯出关，周文大败的消息传来之后，吴广仍围着荥阳，不做打算，部下一些将士便开始嘀嘀咕咕了。部将田臧、李归一干人等议论说："周文全军覆没，秦军乘势东征，说不定哪天就从天而降，今不采取应变之法，秦军一到，内外夹击，你我将死无葬身之地。加上吴王骄横，不懂兵法，跟着他注定死路一条，不如除掉他，我们才有生路。"大家一拍即合。

翌日，田臧、李归二将直入吴广营帐，假借陈胜之命大声宣布说："吴广久留荥阳，暗藏祸心，蓄意谋反，我等受陈王之命处立斩。"话音未落，吴广人头早已落地。嗣后，田臧写了一封信送给张楚王陈胜，诬告吴广阴谋叛变，自己同众将揭发其图谋，已经就地处决。陈胜与吴广一起举事，两人资历相当，陈胜对吴广有所忌惮，如今既死，如同去掉了一块心病。因此，对吴广之死，他非但不追究，反而任命田臧为上将。田臧杀吴广，其实内心很是忐忑害怕，现在陈王非但不追责，反将自己升官，不禁大喜过望。

吴广与陈胜同举大事，浴血奋战，结果这样不明不白地死于自己人之手，也着实是千古奇冤一桩。后人曾对吴广之死做过细致分析，有人说田臧和吴广在军事决策上出现严重分歧，面对秦军夹击，田臧不得不杀死吴广，救己图存；有人认为，陈胜为王后，颇为猜忌，妄杀故旧，田臧杀吴广庶几暗中顺从了陈胜只可意会不可言传的心意；还有人认为，吴广之死，不过是田臧实现个人取而代之野心的一个大胆阴谋而已。

众说纷纭，但不管何种原因，从田臧杀吴广事件中可以看出，张楚政权经过一段茁壮成长期后，在争夺胜利果实的过程中，其内部已经逐渐开始分裂和倾轧，钩心斗角、内讧不断。欲成大事者却不能一心，必定行之不远。所以，张楚政权后来的迅速覆亡，与吴广之死不能说是没有关联的。

15. 张楚政权覆亡

田臧杀死吴广后，安排李归继续包围荥阳，自己则统领精兵强将，西进抵挡章邯所率秦军。然而，才至敖仓（秦所置粮仓。在今河南荥阳市东北敖山上），即被章邯军打败，田臧战死。章邯率军直取荥阳，李归出战，也被章邯斩于马下，荥阳之围立解。

随后，章邯兵分两路，乘胜进军。一路进攻邓说驻守的郏城（在今河南郏县），一路进攻伍徐驻守的许县（本春秋许国，秦置县。治今河南许昌市东）。邓说闻听秦军来袭，立马率众逃跑。伍徐迎战，结果战败，也逃了。二人不约而同带领残兵败将到达陈胜的大本营陈县，向陈王报告实情。陈胜一看败军之将，气就不打一处来，伍徐虽弱，毕竟抵挡了一阵，可恨邓说不战而逃，因命左右推出斩首。

章邯连下两城后，继续兵分两路东征，命令攻下郏县的军队向南阳郡挺进，自己率领秦军主力，剑指张楚政权中心陈县。陈胜闻报，心惊胆战，命令上柱国（官名。掌军政政令，主征战）蔡赐，领军迎击章邯。蔡赐上阵，拼命抵挡，终于不敌，大败战死。章邯率军旋即到达陈县西，守将张贺领军抵挡，亦败退，只好飞报陈胜，请求支援。至此，陈胜才发觉身边再也无兵可派，只好带领身边亲随千余人，去西城督战。结果，刚出发不久，就听说张贺战死，全军覆没，陈胜只得放弃陈县，往东南逃向汝阴县（治今安徽阜阳市）。

那么，陈胜此时为什么竟然无兵可派、仓皇如丧家之犬呢？无他，众叛亲离尔。陈胜为人佣耕当农夫时，曾对伙伴说："苟富贵，无相忘。"许下了一旦富贵,一定不会忘记伙伴们的诺言。后来,陈胜真的富贵了,而且成了张楚王,那些伙伴想起了陈胜的诺言,因而结伴前去攀龙附凤,以为真能分得一杯羹。他们到达陈县,径直往王府求见,像当年一样"陈涉、陈涉"地大呼,结果被侍卫给抓了起来,准备动粗。伙伴们只好大声说他们是陈王的老朋友,才免了一顿打,但终于还是被推搡了出去。

虽说"羹"没分到一杯,还吃了个闭门羹,但"苟富贵,无相忘"毕竟太具诱惑力,所以农夫朋友们没有回去,天天在王宫周围转悠,希望哪天老陈出来能赶巧碰上。也真巧,某天陈胜出宫,虽说架势大,扈从甚众,但伙伴们亦不管三七二十一,蜂拥而上,大呼"陈涉"。陈胜听见呼喊,让车驾停下,探头一看,全是当年的"无相忘",尽管不情愿,但还是把他们叫进宫中,好酒好肉招待,践行自己的"无相忘"。

只是,这些人不仅没大没小,还总是"陈涉、陈涉"乱叫,并将陈胜当年那些见得人、见不得人的糗事、窘事,全都抖搂了出来。陈胜气极,竟然把几个多嘴多舌的"无相忘"捆绑起来,拉出去砍了,让他们到阎王殿里去叨叨。对伙伴们如此,对亲人也好不到哪儿去。他的岳父和妻兄,一起到陈县来投靠他,陈胜虽然收留,却把他们当作家奴一样对待,岳父和妻兄十分寒心,拂袖而去。至于那些行军大将、身边侍从,统统是呼来唤去,任意屠戮。所以,秦军来击,竟无人效力,更无人效死。

章邯消灭了张贺军后,直追陈胜,陈胜坐车慌不择路地逃跑。给他驾车的车夫叫庄贾,陈胜屡屡催促,稍慢便厉声咒骂,喋喋不休。庄贾被骂得恼羞成怒,抽出自己的佩剑,回过身狠命向陈胜砍去,这位秦末农民大起义领袖张楚王陈胜,坐上王位才短短六个月,就被自己的车夫杀死，他真的比被部下谋害的吴广都不值啊。吴广为自己人所杀，对方毕竟还是个堂堂大将，陈胜为自己人所杀，却死在自己的车夫手里，这说明他已经把"人"给做绝了。

至此，张楚政权覆灭。

16. 刘邦遭遇“窝里反”

　　陈胜牺牲的同时，其部将召平正率军攻打广陵县（在今江苏扬州市西北蜀冈上），但久攻不下。陈胜死讯传来，召平悲痛之余，因担心秦军来攻，孤立无援，听说项梁叔侄率八千子弟兵，举事江东，声势浩大，正好可以拉拢以壮声势，因此乘项梁还未获悉陈胜亡故之机，假借陈胜名义，任命项梁为上柱国，令他们叔侄西征，攻打秦国。项梁信以为真，果率八千子弟，即刻就道，渡过长江，挥戈西征。

　　西征伊始，项梁叔侄所率部众不过八千人（或许还是号称，实数可能还没这么多）。但他叔侄名声大、运气好，先收编已经反秦的东阳令史陈婴部众三万余，渡过淮河后，又有英布率两万部众来投，接着蒲将军亦率两万部众来投，旦暮之间，竟集结六七万之众，兵强马壮，齐集下邳，声势浩大。

　　随后，大军西进。此时，章邯率军抵达栗县（治今河南夏邑县），项梁安排别将（官名。秦汉泛指率部分兵力与主力分道而进的次要将领）朱鸡石、余樊君等前去攻击，结果兵败如山倒，余樊君战死，朱鸡石败归。项梁与章邯初战告败，非常气愤，斩了朱鸡石，自率大军攻入章邯先头部队已经到达的薛县（治今山东滕州市南），打败秦军，占领了薛城。

　　大军正在休整之时，沛公刘邦来访，而且见面就提出要向项梁借兵五千。二人本来素不相识，只不过久闻对方姓名，随着商谈的深入，项梁越来越觉得刘邦是个人才，不但同意借兵五千，而且附带给予将佐十人，以壮声威。刘邦感谢一番，领兵而去。

刘邦之所以向项梁借兵，是因为他起兵不久即遭遇了"窝里反"。当初，刘邦本已整军西征，后却因为母亲病逝，故率部众折回沛县丰乡（丰邑），暂时搁置反秦大事，居家守丧。然而就在守丧期间，泗水郡的郡监、郡守听说刘邦造反驻丰乡，特调兵前来围剿，刘邦率部众迎战，大败秦军。居丧被人攻击，刘邦非常气愤，安排发小雍齿守丰乡，自己提兵向泗水郡治所在地进攻，郡监、郡守双双出来应阵后，兵败出逃。刘邦又派左司马曹无伤率军追击，郡守被杀，郡监逃脱。

恰在这时，曾受陈胜之命北攻魏地的周市，在立了魏国王室后裔魏咎为王，自己为相后，想扩大队伍、扩张地盘，派人到丰乡，以封侯的优厚条件招降雍齿。雍齿见利忘义，献丰乡而降魏。前有敌人守丧来捣乱，后有自己人"窝里反"，刘邦这个气呀，如同万箭穿心，震怒之下，回军就攻雍齿，乡人固守，久攻不下。万般无奈之际，刘邦赶往薛城，向素昧平生的上柱国项梁商借精兵五千，才回师丰乡，打败雍齿，夺回了家乡。

17. 薛城会议

雍齿战败，仓皇北逃魏国。刘邦对那些为虎作伥帮助雍齿抗击自己的乡亲邻里，也未深究，乡人感激刘邦宽厚，为其做事也更加卖力。刘邦收拾旧家乡，在丰乡修城墙、筑堡垒，布岗设哨，巩固自己的第一个根据地。随后，遣人向薛城的项梁报捷，并送还所借五千将士，自是千恩万谢。

刘邦向项梁借兵的过程中，在下邳意外收获一位重要人物，谁？张良。张良当年刺杀秦始皇失败后，东躲西藏，蛰伏十年余。如今，天下大乱，群雄并起，他邀集同道百多人，本打算投奔楚王景驹，恰遇刘邦大军过境，主动求见，两人一谈，竟如知音得遇，相见恨晚。张良平日所说，无人能懂，但刘邦一听就懂，而且首肯心折，十分信服。张良感叹道："沛公的智慧真是上天神授啊！我所言，皆太公兵法，平时无人能懂，沛公却一点即通啊。"于是，张良投其门下，被授为厩将（官名）。

不久，刘邦接到项梁书信，邀请他到薛城，共同商议另立楚王事宜，此乃反秦战争中著名的"薛城会议"。刘邦感激项梁危难时的帮助，带领张良和一些随从，立马赶至薛城，共议大事。刚到薛城，就遇到项羽攻襄城（战国时魏襄城邑。秦置县。治今河南襄城县）得胜归来，这是刘、项二人第一次相见，英雄所见略同，遂引为知交。

第二天，项梁召集大家议事，他首先抛出议题说："张楚王陈胜确已死亡，在这多事之秋，楚国不能一日无主，看看大家有什么好人选？"大家一听，顿时鸦雀无声，因为这不单单是选谁为王的问题，还是决定各自身家性命和国家前途的大事，得相当审慎。沉默一阵后，将领们中有几人说："论资历论威望，遍数当今天下英雄，唯将军您堪当此重任。"建议项梁自立为王。

正在项梁犹豫不决之时，忽听卫士来报，帐外有人求见。虽非旧识，项梁还是让对方进了帐。转瞬，进来一苍颜白发、行动迟缓的糟老头。此人谁？范增也。范增，居鄛县（治今安徽桐城市南）人，能谋善断，颇有计谋。秦始皇暴政，胡亥更甚，范增安居乡里，不问世事。自陈胜起兵，天下大乱、群雄逐鹿，他听说项家叔侄英明神武，年过七十的他，不甘把一腔热血和满肚才智带进土里，便毛遂自荐，希望投至项氏门下建立功业。

项梁见长者来访，忙让其坐下，温和地问他有何见教。范增坐定说："老朽今日拜见将军，乃久闻将军英明神武，礼贤下士，故来敬献薄见。"项梁说："先生来得正好，目前张楚王已逝，天下不能一日无主，众将正在商议立王之事，请问先生有何高见？"

范增说："范某正为此事而来。陈胜既非名门望族，又无驾驭之才，骤然称王，失败不过旦暮间事。自秦吞六国，楚国哀鸿遍野，民无噍类，楚怀王熊槐被秦国扣留，病逝于秦，楚人至今恨秦入骨。隐士南公曾说'楚虽三户，亡秦必楚'，陈胜举事，不知立楚国王室后裔，以正当名分引天下英雄齐击暴秦，却妄自尊大，自立称王，眼光何其短浅。今将军起事江东，西击攻秦，天下豪杰，争来效命，皆因将军乃楚国将门之后，诚望随将军反秦复楚，这都是家国情怀在起作用。将军若能因势利导，顺天应人，扶立楚王后裔，想必号召力和影响力将更大，西击灭秦，指日可待啊。"

范增一番话，说得项梁的心里如拨云见日，透亮至极，连连感叹道："先生所言极是，极是，就依先生之计而行。"于是，项梁派人四处寻找楚王后裔，后来在民间访到楚怀王熊槐之孙熊心，楚国灭亡后，他隐匿民间，为人牧羊。项梁派遣专人，拿着国君的舆服，接熊心回来。熊心似乎知道有这么一天似的，不慌不忙着上盛装，坐上车子，与迎接他的众人一起赶往薛城。项梁随即拥熊心为王，依然号为楚怀王，定盱眙县（治今江苏盱眙县东北盱眙山之侧、淮水之滨）为都城。项梁自称武信君，陈婴为上柱国，任英布为当阳君，自此一心反秦复楚。

薛城会议是秦末农民战争中一次具有显著意义的会议，会议不仅使项梁坐上了陈胜、吴广起义以来最重要的一把军事交椅，关键是他听从范增建议拥立熊心，让他掌握了一张"挟天子以令诸侯"的政治王牌，为他后来号令天下、西征暴秦注入了强大的民意基础。

18. 赵高四招把李斯打入阴曹地府

胡亥自从登上皇位后，政事大都由赵高全权处理。当起义军四起，赵高一直瞒着他，直到周文一路打到函谷关，才终于纸包不住火，报告胡亥。虽然章邯请战东征，但全国各地早已烽烟四起，战火燎原，急报不断。胡亥惊吓之余，痛定思痛，觉得天下搞得这样糟糕，是下面的大臣不作为造成的，他不怪赵高，偏怪李斯。

李斯也是个看脸色的主，生怕胡亥责罚，便主动做胡亥的工作，说天下大乱，乃刑罚不重，处置不力，必须杀一儆百。胡亥依计而行，严刑酷法，杀人如麻。皇帝听了李斯的话，赵高坐不住了，如今动辄兴狱，随意杀人，万一李斯那厮背后放我的冷箭呢？无毒不丈夫，赵高决定先下手为强，稍作思量，便开始了他铲除异己的"高招"。

第一招：稳住胡亥。赵高向胡亥报告说："陛下贵为天子，何为贵？不过是让臣子只闻其声、不见其面，与臣子保持相当的距离，那样威严顿生。先皇之所以每日召见臣子，因为经验足、威望高，无人不惧，所以他们不敢在他老人家面前混淆视听。如今陛下年少即位，倘若言语有失、处置欠妥，必被臣子发现，继而嘲笑轻视，帝王之贵就降尊了。不如从此深居禁宫，自取其乐，让臣随侍左右，有事则报，无事自乐，陛下便成圣贤之主了。"赵高一番胡说八道的话，竟然说得胡亥连连称是，自此外面的事统交与赵高，自在宫中沉湎淫逸，享受去了。

第二招：引诱李斯。赵高亲自拜见李斯，见面就长吁短叹说："关东盗贼纷起，告急不断，皇上还深居宫禁，一味玩乐，您作为大秦丞相，有责任向皇上提醒进言啊。"李斯也叹道："我也心急如焚，只是皇上深居宫中，无法得见呀。"赵高见对方上钩，忙说："我有办法，我只要打听到皇上有闲，就立马报告您。"过了几天，赵高告诉李斯，说："皇上有空，可以觐见。"然而，赵高并未报告李斯要来觐见，等到李斯匆匆赶到宫中，胡亥正与妃子们玩得起劲，一听李斯拜见，觉得非常败兴，一脸的不高兴，让侍臣回复说："明日再来吧。"第二日求见，依然被拒。李斯吃了闭门羹，不敢再去。某日赵高又通知李斯说皇帝有空，一去，再次被拒之门外。李斯这个气呀！

第三招：落井下石。胡亥自从李斯三番五次败了自己的玩兴后，本来对他就一肚子意见，赵高趁热打铁向胡亥进谗言说："当年'沙丘矫诏'，李斯确实参与了谋划。然而，他的期望很高，本想封王，结果一直未能如愿，因此与儿子商议谋反。这段时间他多次不召即来，一定居心叵测，必须提防啊。楚人造反头子陈胜，就是李斯邻县人，盗贼作乱三川郡，也不见李斯之子李由统兵出击，这就是他们计谋造反的证据啊。必速除此人，以绝后患。"胡亥听后，如雷击顶，那还得了！不过，他还没蠢到立马处理李斯，而是先派人到三川郡调查实情。赵高见机行事，又专门召见准备前往三川郡调查的官员，恩威并施，逼他们如此这般。

第四招：斩草除根。闻听胡亥查办李由，李斯才恍然大悟，原来赵高设了个套给自己钻。赵高既不仁，我就不义了，李斯因此专门上书胡亥，细数赵高罪状，弹劾赵高。胡亥阅后，颇不以为然。李斯仍执迷不悟，又拉拢右丞相冯去疾和将军冯劫联名上书，请求胡亥停修劳民伤财的阿房宫，减少引起民怨沸腾的徭役，惹得胡亥勃然大怒，因为修阿房宫是秦始皇在世时就定下并已开工的重点项目，如今宫未修成，先帝事业未竟，作为丞相的李斯还指责工程不该修，要你何用？！于是，在赵高的推波助澜下，胡亥命人将李斯、冯去疾、冯劫三人罢官下狱。文武二冯不堪其辱，双双自杀。而李斯心有不甘，继续硬挺，结果在牢里被打得一佛出世二佛升天，最后屈打成招。胡亥一听李斯认了谋反之罪，惊出一身冷汗，因此雷霆震怒，命判李斯受五刑、诛三族。嗣后，李斯被推出市曹，先刺字，再割鼻，截左趾和右趾，再枭首，最后斩为肉泥。其余宗族子弟，一律处死。可怜李斯，为秦奋斗一生，才华不可谓不高，功劳不可谓不大，最后却落得个碎尸万段、毁宗夷族的悲惨结局。

何以至此？窃以为，一方面是赵高的诬陷，权力倾轧，残酷斗争所致；另一方面，是李斯过于贪权恋位，陷于权力陷阱不可自拔的结果。而最关键的，也与他心中有恶、助纣为虐有关。

19. 骄兵必败

陈胜称王后，山东（地区名。战国、秦、汉时代，通称华山或崤山以东为山东）六国的旧贵新豪纷纷乘机复国或自立。曾受陈胜委派北略魏地的周市打到狄县（春秋齐邑。在今山东高青县东南高苑城西北）时，狄县县令加强战备，固守县城。不想此县有一齐国贵族后裔田儋，与从弟田荣、田横都是县内振臂一呼、应者云集的豪强。田儋有心反秦自立，见周市来袭，借故把自己一名家奴绑住，说他犯了罪，带领一班年轻的街头混混，将家奴扭送至县衙，请县令出面治罪。待县令出来问讯，他乘其不备将其斩杀。田儋自立为齐王，以田荣为相，招兵买马，迅速拉起一支队伍，打败了周市，乘势东进，平定了齐国故地。

随后，原魏国公子魏咎自立为魏王。

章邯东征，一路势如破竹，于秦二世二年（前208年）三月抵达魏国，包围了魏都临济（在今河南封丘县东）。魏咎向齐国求援，田儋率兵前去，结果救援遇挫，章邯在临济大破齐、魏联军，田儋战死于临济城下，田荣只得收拾残兵败将，匆匆逃往东阿县（治今山东阳谷县东北五十里阿城镇）。齐人听说田儋战死，又立原齐废王田建的弟弟田假为齐王，田角为相，田间为将。

田荣逃至东阿，章邯紧追而至，不依不饶，把东阿城围得铁桶似的，随时都有城破人亡的危险。田荣心急如焚，他听说项梁此时正在攻打亢父县（治今山东济宁市南），赶快派人乘夜突围向项梁求救。

项梁闻讯，义愤填膺道："我不救齐，何人救齐！"立马驱军北进，急往东阿救田荣。到达东阿，项梁派出项羽率军直取章邯，大败秦军于东阿城下，田荣乘机杀出，与楚军联合攻击秦，章邯大败而去。项梁叔侄紧随其后，穷追不舍，路上又大战数次，章邯终究不敌，败退濮阳城（今河南濮阳县东南），闭门固守，不与楚军争锋。项梁数度攻城不克,遂移军进攻百里外的定陶县(治今山东菏泽市定陶区西北)。但定陶秦军亦死守，项梁久攻不下，干脆派刘邦、项羽继续领兵西征，自己则驻兵定陶城下，以逸待劳。

在秦都咸阳，赵高已经使用阴谋诡计，轻巧"四招"把李斯打入十八层地狱，夷其三族，消除了心腹之患，终于腾出精力关注一下狼烟四起的关东战局，派人加急送信章邯，督促他加快推进战事。

章邯也是心急如焚，但打不过人家项家兵，想必不能蛮干，只能等待时机智取。因此，他并未在濮阳等死，而是天天派人出去侦察，一边又向各地征调兵马，为下一步攻打楚军做准备。

当时已是深秋，秋风秋雨愁煞人，项梁军队为雨所困，进退维谷。刘邦、项羽此时正受项梁之命攻打外黄县（治今河南民权县西北），也是打打停停。项梁西征以来，几乎逢战必胜，心里不免骄纵，觉得秦军不过尔尔。所以，在定陶城外的他，既不把刘、项二人召回，合力攻坚，亦不加强警戒，天天在帐中呼酒荐馔，整日吃喝，似乎只要等到天气一好转，就能一举拿下定陶，然后直捣濮阳。而那些将士看到项梁不问军情，他们更是懒得管事，不是竞饮，就是贪睡，偶尔出个岗，也是呵欠连天。而这些情况，早已被章邯的探子摸得一清二楚。章邯觉得机会来了！

就在章邯这边厢摩拳擦掌之际，那边厢项梁谋士宋义看出了端倪。他了解到章邯增兵的情况后，马上报告项梁说："将军西征以来，战无不胜，威名远扬。然而，战场上没有永胜的军队，目前秦军虽然暂时处于劣势，但章邯并非等闲之将，秦军亦非等闲之兵，加上听说他正调兵遣将，增加兵力，恐怕有所图谋，将军如不能振作士气，激励斗志，一旦章邯率军来袭，仓促应战，容易失败呀。"

项梁闻言大笑，说："宋君多虑了，章邯乃败军之将，其增兵不过固守濮阳，来攻楚军恐怕他有此心而无此胆，何况路途遥远，连天大雨，百里来袭无异于自投罗网，他怎么会蠢到这样？"说完，又一阵大笑。宋义见项梁油盐不进，只是叹息。正好项梁最近要派使者召田荣夹击秦军，便主动请缨，自荐使齐。项梁也觉得宋义扫兴，于是顺水推舟，安排宋义使齐去了。

就在项梁麻痹大意之际，守在濮阳的章邯却神不知鬼不觉地领军扑向定陶。某个风雨交加的晚上，章邯命令士兵衔枚疾走，连夜赶到定陶城外，兵分两路杀入楚营。可怜楚军还在帐中酣睡，猛听得杀声震天，很多人梦还未醒就做了秦军刀下之鬼。

项梁匆匆提着身边一把短剑，赶出帐去，迎面却碰上章邯跨马横刀杀将过来。项梁匆忙应战，心早就慌了，加上剑短势弱，没过三五招，就被章邯横扫一刀，劈成了两截，一代英豪，就这样死于章邯之手。至于其他楚军，仓促中如何应战？被杀者十之八九，剩下几个腿脚快的，纷纷逃往外黄，向项羽、刘邦报信去了。

项梁之死，证明了一个颠扑不破的道理：骄兵必败！

20. 自取其祸

项羽得知叔父战死，悲恸欲绝，发誓替叔父报仇。在刘邦的劝说下，项羽东归至泗水郡彭城县。项羽驻彭城西，陈胜旧部后投项梁的手下吕臣驻彭城东，重整旗鼓，寻机复仇。刘邦则留在了外黄所在的砀郡，遥相呼应。

当时，怀王熊心定都盱眙，时局动荡，到底不安全，项羽因请怀王迁都彭城。怀王到达彭城后，将项羽和吕臣二军合并，亲任统帅，封项羽为鲁公、长安侯，任吕臣为司徒，其父吕青为令尹。同时封刘邦为武安侯，任砀郡长，继续驻扎砀郡。安排妥当后，三军静待章邯，准备拼个你死我活。然而，章邯以为项梁死后，楚军气数已尽，不再理会残兵败将，竟掉转马头，领兵北伐也已自立的赵国。

宋义使齐，路遇齐国派往楚国的使者高陵君显。二人寒暄后，宋义听说高陵君要去见武信君项梁，便劝高陵君说："秦军章邯必会偷袭楚军，武信君骄横，必败，您慢些去吧，可免飞来横祸。"后来，章邯率秦军奇袭定陶，果然大败楚军，项梁战死。高陵君因听信了宋义的规劝，幸免于难，故对宋义佩服得五体投地。

高陵君听说怀王迁都彭城，遂改道彭城求见。怀王接见了高陵君。使命完成后，高陵君便把宋义如何劝项梁，后又劝自己缓行，最后果然言中的事情，绘声绘色讲给怀王听。怀王十分诧异，对宋义刮目相看起来，心想身边竟有如此高人，何愁楚国不复？宋义使齐归来，怀王立刻召见，垂询复国之策。宋义主张仍旧西进，但必须派一良将牵头，在战术上要一手硬一手软，打抚兼用、进退有据，这样才能取得最后的胜利。

此言正中怀王下怀，随后便召集众人议事说："秦国暴政，令天下百姓苦不堪言，秦国可谓自取灭亡。然而，武信君被章邯阴谋算计，不幸遇难，楚国痛失良将。如今之计，唯有继续西进，消灭暴秦，才能重振楚国旧日雄风。在此多事之秋，用人之际，敢问哪位将军可率军西征攻秦？"下面一片沉默。怀王见此，又大声宣布："先入定关中者王之。"话音刚落，刘邦应声道："愿往。"项羽也大声说："我当先去。"怀王见二人主动请缨，十分高兴，便安排他们择日启程。

然而，二将领命出殿后，一些还未离开的老将便向怀王说："项羽暴虐，好杀成性、纵兵屠城，在老百姓心目中的形象如同噬人的魔王一般，如此残暴，如何统军？百姓本来苦秦已久，再去一个好杀成性者，必坏军纪名声。而沛公刘邦宽厚为怀，他若西进，不但能攻城略地，还能收拾民心，复国大业指日可待。"怀王听后，默然不语。

旦日，刘邦、项羽前来请示出兵事宜，怀王便叫项羽暂驻彭城，不急于西进，独安排刘邦西征。项羽一听，气不打一处来，正要发作，恰好赵国使者来访，项羽只好暂时忍耐站立一旁。赵使此来做甚？原来，章邯弃楚攻赵，赵王赵歇派将军陈余率军抗击，结果出师不利，大败而归，退至巨鹿县城（治今河北平乡县西南平乡镇，为巨鹿郡治）。赵相张耳，赶快把赵王接到巨鹿，派陈余驻守城北，保护赵王。章邯尾随而至，在城南安营扎寨，日夜攻城。赵王惊惧，派人四处求援。

怀王闻后，立刻想到一个两全之策，拟派项羽援赵，既能安抚不让他西征的愤慨，又能顺其报杀叔之仇的心愿，还能满足赵王的急切盼望。项羽听后，立马应承。怀王又说："此行确实非君不可，然而还得有一个人同行，方保万无一失。"于是，怀王任命宋义为上将军，项羽为次将，范增为末将，各路均受宋义节制，号"卿子冠军"，领兵数万援赵。

嗣后，刘邦整军西征，沿路不停地有兵勇来投，力量愈大、声威愈壮，连破秦军两处戍堡，打败秦将王离后，刘邦向西继续推进。王离受挫，带领残兵败将赶去巨鹿，投奔章邯，一时士气大振。章邯驻城南，确保粮道安全，补给充足，命王离率部包围巨鹿，攻城日紧。赵王对楚国援军望眼欲穿。

然而，这位"神算"宋义，率项羽、范增及部众一路滔滔向北，进至安阳县（治今河南安阳市南）停止不前了，一停四十多天，丝毫没有要北进的迹象。那边赵王心急如焚，这边项羽也坐不住了，多次催促启程，说："秦军攻赵如此之猛，我军当速进援赵，否则坐失良机。"宋义却慢条斯理地对项羽说："让秦、赵二军打一打再说吧。秦军胜赵，章邯必疲，我军再乘虚而入，自当马到成功。章邯若败，我军则西进攻秦。因此，鹬蚌相争，我军大可坐收渔翁之利。"宋义还自鸣得意地对项羽说："披坚执锐，我不如公；运筹帷幄，公不如我。"几乎把项羽气得抓狂。

宋义又传出军令："猛如虎，狠如羊，贪如狼，强不可使者，皆斩之！"什么意思呢？即凶猛如老虎，违逆如羊，性贪如狼，倔强不听指挥的，一律斩首！这道军令明明是针对项羽的嘛，意思是叫他小心听话，不能依着自己的暴性子来，否则老子不客气！项羽看到军令后，肺都要气炸了。

宋义又派儿子宋襄去齐国任相，不但亲自把他送到无盐县（治今山东东平县东），而且大摆宴席，招待宾客，其小人得志、扬扬得意之状让人恶心。当时，大雨连绵，天寒地冻，士兵们又冷又饿，他却竞饮先醼，大吃大喝，将士们怨气冲天。

项羽在场，却只顾喝闷酒，不开腔。送走宋襄，宋义归营呼呼大睡。当晚，项羽依然不快，走出帐外散心，一路听到士兵们纷纷抱怨饮食差、睡觉冷，说宋义不顾士兵的痛苦，只顾自己享乐。项羽听后，觉得宋义已不得人心，于是，他马上下定决心。

第二天一早，他便直奔宋义营帐，不待通报就闯了进去。宋义正在洗漱，还没洗完，看到项羽来，正准备问话，不想项羽上前挥剑就砍，宋义还没明白怎么回事，人头就滚到了地上。项羽提着宋义的人头到帐外，集中将士们说："宋义私通齐国，准备叛楚，如今我已奉楚王之命将他斩首。"将士们对宋义也确实没什么好感，所以宋义之死，如同死了一只苍蝇一样，谁也不会在乎，更没有人因此与项羽作对，大家都说听项羽将军调遣。还有几位将士站出来说："楚国之兴，乃项家叔侄的首功，宋义既死，项将军当为上将。"项羽说："须报告怀王，请他定夺。"将士们说："国不能无主，军不能无首，项将军先代行上将之职，再报楚王也不迟。"项羽不再推辞，自称假上将军。随后，派人快马加鞭追赶上前往齐国的宋襄，将其杀死，然后报告怀王说宋义父子谋反，经过大家公议，已经诛除。怀王本是项家叔侄立的，明知宋义为项羽所杀，但他又能如何呢？于是，只好顺水推舟，任命项羽为上将军，由他去吧。可怜那宋义，恐怕连自己到底得罪了谁都没弄明白，就一命呜呼了。

21. 生擒王离

秦二世三年（前207年），项羽处决宋义当上上将军后，立刻派当阳君英布和蒲将军为先锋，领军二万部众杀奔巨鹿，解赵国之围。

此时，在巨鹿城外，章邯自得王离来援后，集结大军四十万众，声威震天，加上粮食自甬道源源不断运来，可谓兵多粮足，攻城益急。而赵将陈余自从与秦军交锋一次失败后，再也不敢正面迎敌，只在巨鹿城北驻扎，只守不攻。赵王和张耳愈急，到处寻求救援，燕国、齐国都派了兵马来助。然而，他们惧怕章邯、王离，兵是带来了，但都如陈余，驻扎着，远望着，等待着。

项羽率军渡过漳水，命令全军将士破釜沉舟，只带三日粮食，"以示士卒必死，无一还心"，宣誓与秦军决一死战。

快近巨鹿，正遇英布和蒲将军，他们已与秦军交战多次，互有伤亡，但秦军粮多兵足，一时难以撼动根基。项羽听完汇报，便整军前进，直扑巨鹿。一路见秦军就砍，见秦营就踏，所向披靡，一直冲杀至秦将王离营附近。王离见楚军来援，赶紧安排部将涉间继续围城，苏角坚守运粮甬道，自己则率军迎击楚军。刚出一里之地，两军相遇，王离正要布阵，只见楚军在一持长槊的大将带领下，风一样地扑杀了过来，还没弄明白怎么回事，秦军就倒下一片。带头者谁？上将军项羽也。王离曾败于刘邦之军，却未与项羽交过锋，不知长槊将军有多神勇，迎头来战，一战即败。因为秦军人多势众，王离退却一阵，又绕过来迎战项羽，二战又败。如此三战三败，终敌不过项羽，只得败回大本营。

章邯远见王离败退，赶紧来援，但楚军是破釜沉舟之军，加上杀劲正起，遂以一当十，杀气冲天，章邯援军也转瞬失败。章邯曾与项羽交过锋，吃过败仗，心中有所畏惧，只好逃之夭夭。

休整一晚，第二天将士们饱餐一顿后，项羽晓谕全军道："只有一日粮食了，若不战胜秦军，我们就要粮绝，到时必败，如今不是秦军死，就是我军亡，此时不死战，更待何时？"又整军杀向秦军。章邯领军来战，势头已不如昨，几回下来，部众逃走一半，只得撤军退后。项羽命令英布和蒲将军截断秦军运粮的甬道，自己率军冲进王离、涉间军营，杀将过去。王离仓促应战，三回合便被项羽打败，王离转身想逃，早被楚军抓个正着，生擒了。涉间见王离被擒，士兵又被冲散，死伤大半，知道无力回天，便对手下众将士说："项羽所过之处，皆屠城以显淫威，降者必死。纵然侥幸得生，也必受百般侮辱。我等世为秦将，既不能扫平草寇，不如一死报国。"于是，涉间一把大火将营寨烧成灰烬，自己也葬身火海，自焚身亡。

22. 章邯降楚

当项羽孤军深入、浴血奋战的时候，受赵王之请来驰援的各诸侯军将领却"作壁上观"。后来项羽四处冲杀，如入无人之境，接连败章邯、捉王离之后，众将对项羽终于佩服得五体投地，战事稍歇，纷纷赶到楚营拜见项羽，战战兢兢地各报姓名属国，请求加入下面的战斗，悉听调遣云云。

随后，赵王赵歇和丞相张耳也来感谢项羽的救援之恩。就在告别项羽之后，张耳顺路到了陈余军营，责怪陈余拥兵不救主，二人争辩起来。陈余理亏在先，羞愤难当，遂交出印绶，带领几百亲随，翻身上马，绝尘而去，从此，相忘于江湖经年。

陈余去后，张耳文武一肩挑，便将赵歇护送回信都县（治今河北邢台市，属巨鹿郡。秦二世二年，张耳、陈余立赵歇为赵王，都于此）安顿，自己带领赵国兵马跟随项羽攻秦了。

此时，项羽的楚军加上各诸侯军，兵力有三四十万，项羽准备趁热打铁，进攻章邯，以报杀叔之仇。范增却劝项羽暂缓进攻，如今英布和蒲将军已经截断秦军粮道，大可待其粮少兵慌之时下手，稳操胜券。项羽觉得有理，便在漳水南面扎营，与位于棘原（在今河北平乡县西南平乡南）的章邯秦军对峙。章邯畏惧，加强戒备，据垒固守。

章邯战不敢战，撤不能撤，两难之际，只能派人快马加鞭将当前险情报告胡亥。赵高当权，内外一把抓，听说章邯有奏报，他对章邯颇为忌惮，便拦截下来，不送胡亥阅示，让他蒙在鼓里。后来胡亥不知从哪儿得到消息，遂向赵高问起章邯军情，赵高捏造事实，说章邯手握重兵而对付不了几股盗贼，若非玩寇偷安，便是养寇自重，建议颁诏向章邯严格问责。胡亥一个生于深宫之中、长于妇人之手的糊涂虫，凡事赵高说一不二，便依其言。

章邯接到诏书，气得七窍生烟，人家在前线浴血奋战，朝廷还疑神疑鬼，胡乱问罪，简直是前面挨打、后面受气！不过，章邯怕项羽，但他更怕胡亥、赵高，先有白起、蒙恬、李斯的前车之鉴，他不得不防啊。于是，又派长史司马欣速速进京，面见胡亥，向皇帝陈说实情。然而，司马欣进京后，赵高推三阻四，不让他觐见皇帝，章邯军情遂不达上闻。司马欣一等数日，等不到皇帝召见，打听才知赵高使诈，司马欣害怕了，担心受到牵连，赶快逃出了京城，奔回棘原。章邯一听回报，如同跌到冰窖里，浑身上下冷透了。

就在胡亥屡屡派人问责、章邯忧愁之际，忽有一天收到陈余一信，陈余信曰："白起为秦将，南征鄢郢，北坑马服，攻城略地，不可胜计，而竟赐死。蒙恬为秦将，北逐戎人，开榆中地数千里，竟斩阳周。何也？功多，秦不能尽封，因以法诛之。今将军为秦将三岁矣，所亡失以十万数，而诸侯并起滋益多。彼赵高素谀日久，今事急，亦恐二世诛之，故欲以法诛将军以塞责，使人更代将军以脱其祸。夫将军居外久，多内隙，有功亦诛，无功亦诛。且天之亡秦，无愚智皆知之。今将军内不能直谏，外为亡国将，孤特独立而欲常存，岂不哀哉！将军何不还兵与诸侯为从，约共攻秦，分王其地，南面称孤；此孰与身伏斧质，妻子为戮乎？"（司马迁《史记·项羽本纪》）

是啊，白起攻城无数，竟被赐死；蒙恬开地千里，横尸阳周。如今朝廷数度问责，你章邯的头颅不过暂时寄存在脖子上而已，不如与诸侯军合纵连盟，共同反秦，以免遭杀身之祸。

陈余的信，深深打动了章邯，尤其一句"有功亦诛，无功亦诛"，击中了他的软肋。经过反复的思想斗争，章邯最后决定向项羽服软，随即派专使始成到项羽营中求和。项羽一听始成来意，立刻拍案而起，怒骂道："章邯乃我杀叔仇人，此仇未报，我将来何颜见地下的叔父？叫章邯来送死，可免全军将士之命。"始成被项羽的霸气吓傻了，赶快回报章邯。章邯求和不成，更加惶惧。

章邯无奈之时，又听报告蒲将军率楚军杀将过来，便派偏将出去迎击。不到半天，偏将败退，章邯只得亲自披挂上阵，迎战蒲将军，久战未决，难分胜负。正在此时，忽见楚军后面飞尘扬起，杀声震天，原来项羽亲自前来增援了。秦军一阵惊呼，慌忙退却，章邯压不住阵，只得率众败走，楚军猛追了一程，才鸣金收兵。

和不成，战又败，章邯真是进退无据，忧惧更深。这时，都尉董翳向章邯进言，劝他投降楚军。章邯说："项羽记着杀叔之仇，终是不肯纳降的。"董翳说："可派司马欣前去斡旋，准成。"章邯因命司马欣前往楚营求和。谁知司马欣此去楚营说项，项羽竟然满口答应，一说便通。

原来，正如前文所述，司马欣在栎阳狱掾任上，"尝有德于项梁"，是项梁的救命恩人，与项家叔侄交情深厚，加上范增从旁撺掇，因此说服了项羽。于是，二十万秦军，数日间成了楚囚。

23．高阳酒徒

　　刘邦自得怀王西征军令，有着"先入定关中者王之"的激励，虽说手下兵少将寡，但也是兴冲冲偏向虎山行了。他由砀郡出发，沿路收集陈胜、项梁的散兵，在杠里（在今山东菏泽市东北）与王离所率秦军对垒，大破王离，王离遂败走巨鹿，最后为项羽所俘。刘邦败王离后，随即进攻昌邑县（治今山东巨野县南），守将据城坚守，久攻不下。

　　这时，昌邑人彭越，领了一千多手下来投刘邦，刘邦大喜，带领彭越及部众一起合力攻城，结果仍未能破。刘邦与彭越商量，拟放弃昌邑，别找他途。于是，刘邦作别彭越，率军向陈留县（治今河南开封市祥符区东南陈留城）进发。

　　陈留县高阳乡有一老儒生，叫郦食其，好读书，满腹经纶，然家境贫寒，穷困潦倒，只好屈尊当了一名看管里门的小吏。当年项梁举事于楚，曾派将士办事经过高阳，前后数十人，郦生一一问其姓名，听后总是连连摇头，认为皆是不能成大事的寻常辈，还口出狂言，嘲笑一番，里人因此称他为"狂生"。

　　刘邦驻扎高阳，郦生听说后，认为刘邦是成大事者，可以投靠，正想如何结识时，正好刘邦部曲中有一骑士，恰是高阳人，回家探亲，又与郦生旧识，觉得机不可失，便对骑士说："我听说沛公性情傲慢，轻视他人，可有其事？不过，我感觉他具有雄才大略，是可以追随的人，也是我希望追随的人。只是苦于无人引荐，你如果愿意引荐，不妨对沛公说：我里中有位郦生，年逾六十，身高八尺，人称'狂生'，但他自己说并非'狂生'。"

骑士却说："沛公最讨厌儒生，凡遇儒冠文士来访，常常把他们的帽子摘下来，往里面撒尿。与儒生对谈，动不动就爆粗口，破口大骂，所以呀，您最好别以儒生身份去见沛公。"

郦生非常自信地说："无妨，你只管照我讲的说。"

骑士归队后，就照郦生的原话，向刘邦做了汇报。

不久，刘邦在高阳的某旅馆召见了郦食其。郦生觐见时，刘邦坐在床上，安排两个侍女给自己洗脚，傲慢无礼，目中无人。郦生见到刘邦后，也只作个长揖，并未下拜，颇有一股针锋相对的傲气。郦生开腔就直入正题道："沛公，您是想帮秦国攻打诸侯，还是想率诸侯消灭秦国？"

刘邦被问得莫名其妙，骂道："你这蠢儒！天下苦秦久矣，故天下诸侯合纵攻秦，怎么说帮秦攻打诸侯？"

郦生说："您既然有合义兵诛无道的雄心壮志，那就不该如此傲慢地会见长者。"

刘邦一听，顿了顿，立刻停止了洗脚，支走了两位侍女，然后穿戴整齐，把郦食其请到贵宾位置坐好，甚至还向他道歉。于是，郦生向刘邦谈了当年六国合纵连横共同对付秦国的成败得失，头头是道，口若悬河，让刘邦心生佩服，还留他一起吃饭。

刘邦又问他当下之策。

郦生说："您收集那些散兵游勇，兵力不足一万，如果就这样匆匆攻秦，无异于以卵击石，且后退无据。陈留乃交通要道，城里又多有存粮，足供军需。我与县令交情不错，我去一趟，约其来降，他若不从，您出兵攻击，我为内应，当万无一失。陈留若得，进退有据，再击关中，此为上策。"刘邦听后大喜，安排郦食其先行，自率大军开拔。

郦生到了陈留见到县令，又是一番说辞，但县令不为所动。郦生见说其不动，又与其谈及守策，也是滔滔不绝，县令蛮高兴，又设宴款待郦食其，郦食其乘机多灌了县令几杯，县令不久就醉得不省人事。而郦食其本是"高阳酒徒"，千杯不醉，就在县令酒醉不醒之际，他乘机打开了城门，接应刘邦军队入城，陈留遂被刘邦兵不血刃轻取。刘邦得陈留，郦生功劳最大，刘邦因此封郦食其为广野君。

24. 四十六天的秦王

刘邦自陈留以后，夺颍川郡、过辕辕山（河南洛阳市偃师区东南）、攻南阳郡、取宛城（即宛县。治今河南南阳市宛城区。秦以后历为南阳郡治）、入秦岭，一举拿下了号称"关中四塞"之一的南方门户——武关。

此时，曾经的大秦帝国已经被君不君的胡亥与臣不臣的赵高搞得乌烟瘴气，朝廷内外离心离德，终于形成了赵高"指鹿为马"一手遮天的局面，最后胡亥终被赵高逼令自杀于望夷宫。而后，赵高另立秦始皇之侄公子子婴为秦王，子婴不堪重蹈胡亥之覆辙，设计杀赵高于斋宫，拟收拾残局，重整旗鼓。那么，子婴作为秦国新的统治者，究竟是个怎样的人？他是否真的能成为扭乾转坤的中兴之主呢？

秦始皇三十七年，始皇去世，胡亥在赵高、李斯帮助下登上皇位，同时逼死公子扶苏，又囚禁了蒙恬、蒙毅兄弟，即将问斩。就在这个节骨眼上，子婴曾向胡亥劝谏道："我听说过去赵王赵迁杀死贤臣李牧而改用颜聚，燕王喜用荆轲之谋而背弃与秦国的盟约，齐王田建杀死先世忠臣而改用后胜的计谋。此三位国君，都是因为改变旧规而至丧国辱身。草率者不可以治理国家，独断者不可以保全国君，至于诛杀忠良重用奸佞，则内使群臣人心涣散，外使将士斗志丧失，蒙氏兄弟乃我大秦忠臣良将，身为国君的您却要诛杀他们，我认为不可。"

虽然胡亥未听子婴的劝谏，但子婴能向胡亥说出这番药石之言，说明他既有超人的远见，又有过人的胆识，还有满心的仁厚。就连阴险毒辣如赵高者，在准备谋杀胡亥另立新君时都对女婿阎乐、弟弟赵成说："子婴仁俭，百姓皆载其言。"可见子婴在大臣和百姓之间是有口皆碑的。然而，这样一位有德有才、有识有誉的人，他成了秦国的当家人之后，能挽狂澜于既倒、扶大厦之将倾吗？

子婴当上秦王后，随即做了两件大事：一是诛杀赵高家族及党羽；二是调兵遣将，把最后一点精锐发往刘邦过了武关后进逼的峣关坚守。而此刻，刘邦安营扎寨于峣关前，正准备强攻。张良觉得不妥，他说："目前秦军还有不少精兵，草率强攻，恐致失败。"他打听到峣关守将是一屠夫的儿子，或能以金钱收买。他向刘邦建议，一方面派人带着金银珠宝去向守将行贿，另一方面派兵到峣关附近的山上插满军旗，让秦军误以为漫山皆是楚军，双管齐下，逼守将投降。

刘邦最大的优点就是从谏于流，他按照张良的建议，一边派兵上山插旗，一边安排乖嘴蜜舌的郦食其带着大量珍宝，去峣关收买守将。守将看到郦食其送来的大量珍宝，眼中放光，加之有军士报告峣关周围漫山遍野都是楚军，在这进退两难之际，守将没有选择费力不讨好的固守，而是选择了既能发财又能保命的投降，他答应了郦食其的要求，决定倒戈。

然而，就在刘邦听到这个好消息打算安排郦食其重新入关与守将签订和约时，张良又不厌其烦地出来谏阻。张良的意思是，收买守将不过是整个夺关过程中的一个小手段，因为目前收买守将答应投降，但万一秦军中负隅顽抗者甚众呢？如果秦军杀将生变，或许夺关不成，反受其害，不如乘守将麻痹大意之机，杀其不备。

刘邦听从了张良的建议，安排大将周勃领军悄悄翻过黄山，绕至峣关之后，偷袭秦军大营。峣关守将正在大营安心等待刘邦进一步的招降封赏呢，忽然间营外杀声顿起，不知哪里军队铺天盖地杀进营来，只得仓皇应战。刘邦随即领军攻击过来，两军夹击，守关秦军迅即被打败，峣关攻破。峣关攻破后，刘邦率大军向秦都城咸阳进发，在蓝田县南遇到秦军阻击，楚军顺势发力，扑杀过去。秦军战败，将士们纷纷逃窜，楚军一路滔滔，直抵霸上（在今陕西西安市东灞水上，故名。地处白鹿原北首，霸水西岸）。

子婴当上秦王后，从他收拾赵高残余、调兵遣将等一系列事情中，似乎有整顿朝纲、重振秦国的梦想和举措，但得到楚军攻破峣关、到达灞上、直逼京都的消息后，他彻底惊慌了，召集那群曾经在赵高淫威下被磨得毫无己见的大臣商议，他们更是你望望我，我望望你，束手无策。子婴见外无强将、内无贤臣，孤掌难鸣。此时又正好屯兵灞上的刘邦派人送来劝降书，子婴不禁长叹一声！

汉元年（前206年）十月，在无兵可用、无险可据、山穷水尽的情况下，子婴以绳系颈，乘素车白马出城，率领那些峨冠博带的大臣，手捧传国玉玺，跪接他秦王朝最基层的一个小吏——沛县泗水亭长刘邦进京，无条件投降。至此，那个曾经"并海内，兼诸侯，南面称帝，以养四海"的大秦帝国，如同推倒的多米诺骨牌，终于轰然倒塌，正式宣告灭亡。

历史有时是残酷的，有时也是荒诞的，刘邦作为秦朝最基层的小吏，竟然由秦朝最高统治者跪接，真不知子婴当时作何感想。而从受封至今的子婴，不过仅仅当了四十六天的秦王而已。

贾谊、司马迁均认为，秦国灭亡，关键是大臣不可信任。然而班固说："贾谊、司马迁曰：'向使婴有庸主之才，仅得中佐，山东虽乱，秦之地可全而有，宗庙之祀未当绝也。'秦之积衰，天下土崩瓦解，虽有周旦之材，无所复陈其巧，而以责一日之孤，误哉！"是啊，河已开决、屋已沉基、众叛亲离、病入膏肓，指望那些在动辄得咎高压态势下战战兢兢的大臣助秦起死回生，无异于痴人说梦！一个王朝的气数已尽，莫说"周旦之材"，他们纵有三头六臂亦无如之何矣！

25. 进京的姿态

　　每个人的内心都有私、有恶、有暴、有贪，只不过有的人外露，有的人内敛；有的人抑制，有的人放纵；有的人志向远大，面对欲望抑制如困兽囚笼；有的人意志薄弱，面对欲望放纵如疆场跑马；有的人忍得一时之气，最终实现了鸿鹄之志；有的人事事追究、计较、逞能、使性，拿大炮轰蚊子，把精力和才华在一些鸡毛蒜皮上挥洒殆尽。然而，不同的过程就有不同的结果，有的成功了，有的因此而最终失败。成功固然有千万种理由，但有一个理由是必需的，那就是面对目标，执着一心、始终不渝，坚守该坚守的，放弃该放弃的。

　　刘邦入咸阳后，立刻面临三个问题：一是如何处理秦王子婴，二是如何对待秦朝府库里数不清的金银财宝和后宫三千佳丽，三是如何确定自己的去留。

　　当时，确实有部将向刘邦建议杀掉子婴，以绝后患。不过，在这一点上，刘邦头脑异常清醒，立场异常坚定。他对提出这一建议的部将们说："怀王之所以能够委我以西征暴秦的重任，关键是看中了我宽容的品性，不会随意杀戮，不会得了城池留下骂名。何况如今秦王已降，任性而为地将他处死，恐会招致不祥。"随后，他让左右看管好子婴，自己率众将进入秦宫殿。

　　刘邦手下虽悍将林立，但多是贩夫走卒、引车卖浆者出身，如灌婴，布贩出身；樊哙，狗屠出身。最多亦不过官差，如萧何、曹参。所以，拿下咸阳，众将随刘邦进入宫殿后，眼睛立刻就花了，他们乘刘邦没注意，纷纷跑去打开秦朝府库，拿秤分金银，伸手搂美女。只有萧何一不看金银，二不看美女，单独赶往秦丞相府和御史府，把二府所藏的秦朝律令、图籍等珍贵资料拿到手中。可见，萧何眼光独异于众人，因为这是能够按图索骥打好下一步战争的国家机密性文件，掌握它如同掌握了最重要的情报，大秦的山川要塞、郡县户籍，尽在萧何眼底，与那些只供玩乐享受的所谓珠玉珍宝相比，其珍贵程度不啻云泥之别。

刘邦去了哪儿呢？刘邦也是凡人，而且有点好色，所以他去了香气袭人、美女如云的后宫。他一排排、一群群、一个个看将过去，估计他一辈子以来从没到过这么奢华的地方见过这么多美女，他有点晕眩，有些迷离，转身就进了秦王寝殿，一入醉乡不复还，他不出来了。

这下可急坏了一人，谁？樊哙，刘邦的连襟。他见刘邦入秦王寝殿半天不出来，便直闯了进去，劝谏刘邦如今大事未成，不要贪恋奢华和美色，赶快还军霸上，否则秦王就是榜样。刘邦还在云里雾里，说："暂歇片刻，有啥关系呢？"樊哙见刘邦无动于衷，火急火燎跑去把刘邦最听其话的张良找来，张良听完情形，进去向刘邦进谏，说："秦朝之所以灭亡，正是因为这奢靡的享受，您若贪图享乐，恐会自取其咎，成为昨日之秦。"张良不愧为"谋圣"，他的一番话，如同一盆冷水浇到了被欲望烧坏了的刘邦头上，刘邦登时醒了。

汉元年十一月，刘邦召集诸县父老和豪杰集会，慨然陈词道："父老们苦于秦的严刑峻法已经够久了，诽谤者灭族，耦语者弃市，简直暗无天日。我与诸侯相约，谁先入关中者为秦王，如今我已入关，当为关中王。在此与众父老约法三章：杀人者处死，伤人者及抢劫者抵罪。除此以外的秦朝严刑峻法，一律革除。我来是救大家于水火的，所以不必惊慌。我将还军霸上，等待诸侯到来，共定约束。"

随后，刘邦派专人和秦朝旧吏一起巡视各县乡，广泛宣传"约法三章"，让百姓安居乐业，稳定民心。老百姓听后十分欣喜，争相以酒食犒劳楚军。刘邦坚决推辞，还说仓库中粮食尚足，无需大家破费。老百姓更加欣喜，"唯恐沛公不为秦王"。于是，刘邦封好府库，关闭宫门，干干净净还军霸上，等待诸侯军的到来。

历史总是惊人地相似，造反者进京的姿态常常可以直接决定他们在历史上的最后评价。比如刘邦，比如项羽，还比如李自成。刘邦也并非格调高雅、品行高尚之人，他在金钱和美色面前与庸常者无异，但他的高明在于，他从谏如流，在张良的劝说下忍住自己内心的躁动和狂热的冲动，放弃了逞一时之欲的享乐，冷静地决定了自己进京的姿态，而且这个姿态很不一般，这也是他最后能成大事的关键之一。同为一代枭雄，项羽进京的姿态如何？李自成进京的姿态如何？一个暴虐，一个凶狡。李自成当年也有类似的"约法三章"，所以老百姓说："盼闯王，迎闯王，闯王来了不纳粮。"只是，他进京后，早把约定丢到爪哇国去了，他和他的大顺将士，羞辱明朝大臣、抢夺金银财宝、霸占豪华住所、瓜分嫔妃美女，骄奢淫逸，无恶不作，这种"流寇"做派，怎么能得到百姓的拥护？又怎么可能得天下而御四海呢？

所以，对比项羽和李自成的进京姿态，可见刘邦与众不同的一面。

26. 鸿门宴因何而起

人的理想常常不是一蹴而就的，很多帝王将相最初的理想与最终的结果相差十万八千里。而最终结果的形成，是理想一步步改变，逐渐成熟而至最终实现终极目标的一种过程。比如曹操，他被举为孝廉时，理想只是当个郡太守；当典军校尉时，理想只是做个征西将军，想封个侯。没想到后来不仅当上了宰相，而且生前封王，死后尊帝。

而刘邦呢？他当泗水亭长的时候，恐怕也没有想到后来会做皇帝，当得了楚怀王那句"先入定关中者王之"后，他的最大理想就是当个关中王。所以，他入关的心情比任何人都急迫，以至于听说赵将司马卬准备渡过黄河入关的消息后，他竟然专门拉着队伍北上，破坏黄河渡口，让司马卬望"河"兴叹，无法渡过，刘邦心情之急迫可见一斑。即使是他入咸阳之时，他的理想也还是那个"关中王"，他的"约法三章"，他之所以封府库、闭宫门、谢绝百姓犒劳，也是他想经营关中这一亩三分地的心态反映。正是出于这种心态，他才派人据守函谷关（在今河南灵宝市东北），拒项羽于关外，然而这着险棋最后却差点害他丢掉了卿卿性命。

项羽收服章邯后，封章邯为雍王，留在自己身边，然后任命项梁曾经的救命恩人司马欣为上将军，让他带领二十万秦兵，作为先锋，自己率楚及赵、魏、韩、齐、燕等诸侯军四十万之众，渡过黄河，经三川郡一路向西，浩浩荡荡杀奔秦都。大军行至新安县（治今河南义马市西石河村），秦降卒们便叽叽咕咕起来。因为项羽手下的楚军也好，其他诸侯军兵丁也好，以前在征调过程中都受过秦军的虐待和羞辱，举事后又接连与秦军混战，彼此嫌隙很深，如今秦军反成阶下囚，诸侯军常有逞意的虐待和羞辱，秦卒因生怨气，私底下交头接耳，一个个义愤填膺的样子。

这种情况很快就被诸侯军众将获悉，他们赶快向项羽报告，请他定夺。项羽略一思索，随后把英布和蒲将军叫到跟前，说："秦军表面投降，私下却不服。我们打到咸阳，倘若投降秦军骤然生变，我们必然有去无回，如今之计，只有先下手为强，才能避免祸事发生。这样，你们今夜动手，把秦军全部消灭，以保万无一失，至于章邯、司马欣、董翳，可留用。"

英布和蒲将军领命而去，悄悄传令布置。投降秦军驻扎在新安城南，当天深夜，二将军带领诸侯军，人衔枚、马裹蹄，悄无声息地赶往秦军营寨。英布率大军三面围住营寨，只留下后面一条通往山谷的小路，安排半数军队由蒲将军率领埋伏在山头。随后英布一声呐喊，引大军向秦军大营扑杀了进去，降兵们还在睡梦里，就纷纷成了刀下之鬼。有一些跑得快，循着无人阻拦的小路向营后山谷跑去，结果山上巨石和响箭如骤雨急至，跑得快的也瞬间成了冤鬼。半夜至拂晓，二十万投降秦军或被杀于路上，或被埋于谷中，最后除了章邯、司马欣、董翳三将，其他一个不剩，全部命丧黄泉。

值得注意的是，项羽坑杀秦军二十万降卒的同时，刘邦却正在关中"约法三章"，取信于民，这是否是后来彼此争雄天下结果迥异的一种预示？

而作为原秦军大将的章邯，亲眼看见曾经一起浴血奋战的将士们没有死在与敌拼杀的战场，而死在投降后的阴谋算计中，想必他自有一番浩叹吧！

杀降之后，项羽率领诸侯军一路西进，路上秦军要么人去城空，要么望风而降，西征的路上比任何时候都通畅顺利，不一日就到了函谷关。函谷关西据高原，东临绝涧，南依巍巍秦岭，北接滔滔黄河，是西至咸阳的咽喉锁钥，自古乃兵家必争之地。然而，项羽军到达函谷关下一看，关上守卫着的是楚军，是刘邦安排来守关的。刘邦为什么会派人驻守函谷关呢？秦朝早已无军可挡，他派人守关不明明是拒绝项羽入关吗？

确实。

原来，刘邦还军灞上后，有人便劝他安排一支军队驻守函谷关，说："沛公你如今先入关，按怀王承诺是当仁不让的'关中王'，如今项羽封章邯为雍王，让他'王关中'，他一入关，你与这个朝思暮想的'关中王'便绝缘了。项羽既背弃怀王承诺，你就调兵遣将，据守函谷关，拒他入关！"这些话句句说到了刘邦的心坎上，他想得这个"关中王"几乎都想疯了，因此依计而行，派人据守函谷关，挡项羽大军于关外。

项羽却不是个好打发的人，他连怀王都不放在眼里，何况一沛公？于是，你不仁，我则不义，他立即安排英布等将率军攻关。而刘邦安排守关的，不过一偏将所率千人，在项羽四十万大军面前是经不了几回合的，所以函谷关随即被攻破。

项羽攻破函谷关后，率诸侯军安营扎寨于鸿门（在今陕西西安市临潼区东北）。项羽这时的愤怒是可想而知的，同为楚军，你刘邦部下雍齿"窝里反"，还是叔叔项梁借兵才夺回丰乡重整旗鼓的，如今不但同室操戈，而且恩将仇报，你说他气不气？于是，也就有了后来磨刀霍霍杀气腾腾的鸿门宴。

27．项伯报信

刘邦与项羽注定成为对手，是从啥时候开始的呢？从项羽承诺章邯为"关中王"，从刘邦颁布"约法三章"，从项羽攻破刘邦派人据守的函谷关，还是在鸿门宴之后？也许，在别人眼里，比如范增，对他而言，刘项之争从刘邦入关就开始了。而对项羽而言，即便是在鸿门宴上，他依然还把刘邦当成同盟而非敌人。认识的差距决定了结果的差距，以前如此，后来亦如此。

刘邦派人据守函谷关时，项羽就已经很窝火了，在叫关不开后，项羽更是暴跳如雷，他四十万大军踏破函谷关驻军鸿门后，立刻召集众将官，商议如何对付刘邦。大家的意见并不统一，有的说刘邦忘恩负义，建议剪除而后快；有的说刚入秦关就起内讧，难免两败俱伤，不宜草率。就在这时，帐外报刘邦左司马曹无伤派人前来拜见项羽，传递机密。

曹无伤者谁？他早年随刘邦起事，刘邦驻丰乡守丧时，秦泗水郡监和郡守调兵来剿，刘邦率部众迎战，大败秦军，泗水郡监和郡守战败出逃，这时，刘邦就曾派左司马曹无伤率军追击，杀死了郡守。

来人进帐后，传曹无伤的话说，刘邦打算关中称王，任公子婴为宰相，秦朝府库中的珍宝都占为己有了。曹无伤作为刘邦多年的手下，为何"身在刘营心在项"呢？有一点值得注意，当年攻杀泗水郡守时，曹无伤是左司马，现在咸阳都已攻陷了，他还是那个左司马，是不是他觉得刘邦待他不公而胳膊肘往外拐呢？史无明文。不过，在刘、项关系即将破裂之前，曹无伤选择了通过提供重要情报而取媚于项羽，表达了远刘近项的意愿，则为不争的事实。

项羽一听曹无伤的传话，马上大怒说："明天准备酒食犒劳将士们，给我整军开拔，灭了刘邦军队。"当时，刘邦驻军灞上，兵力才十万，而驻扎鸿门的项羽则手握四十万之众，以四十万大军攻十万之军，那还不易如反掌？范增又火上浇油地说："刘邦在山东时，贪财好色，如今入了关，'财物无所取，妇女无所幸'，前后判若两人，证明其志不小啊！"于是，项羽打发曹无伤的使者回去，并让他转告曹无伤做好接应。

项羽叔父项伯，如今在楚营任左尹（官名。春秋时楚置。秦汉之际亦置。位次令尹。位尊，多以王室贵族任之。掌军事）。当年在秦朝治下时，他因与人斗殴，过失杀人，犯下重罪，只身外逃，在下邳巧遇张良，被引为知己，是张良给他提供了避难所，才逃过一劫。现在张良在刘邦手下，他听说项羽即将攻打刘邦，心想恩人有难，不得不救，因此连夜快马加鞭，赶了四十里路到达灞上刘邦大营，私下拜见张良说："恩公快走，否则明日将大难临头。"随后将项羽计划的来龙去脉告诉张良，直劝张良连夜出逃。张良追随刘邦那是铁了心的，他会临阵脱逃？当然不会。

张良先请项伯稍坐片刻，自己先行去刘邦营帐，将项羽明日要来攻营的消息报告刘邦。刘邦听后大惊失色，项羽为何会来攻营呢？两人分析，肯定是因为函谷关。张良便问为何派人据守函谷关，刘邦将缘由道及。张良连说此乃下策，现今项羽手握四十万重兵，如何能敌？只得设法请求项伯从中斡旋，消除项羽误会。张良又请项伯进入刘邦营帐。刘邦又是美酒款待，又是反复解释，说自己封秦府库、闭秦宫室、还军灞上，都是为了静待项将军前来定夺，丝毫没有拒绝项将军入关的意思，后又约定与项伯结为姻亲，并举酒盟誓。最后，终于使项伯答应当说客，向项羽澄清误会。

项伯既与刘邦结为亲家，他回来当说客的积极性就高涨了许多，几乎是在快拂晓的时候把项羽从床上拽起来，然后反复替刘邦开脱，说刘邦入关后不取财、不占色、还军灞上，这都是等待将军的表现，即使是对秦王都未擅自处置，可以说对将军是尊重至极了。如今若非刘邦先破关，将军入关恐怕没有如此顺利，这一切都是刘邦的功劳啊。这样有情有义有功的同盟军，还要加害，当非道义之行了。

项伯一番话说得项羽哑口无言，项羽眨了眨睡眼说："那依叔父之意，明天就暂时放他一马吧。"

刘邦多亏项伯，总算逃过这一劫，也是大难不死。

28. 鸿门宴就是一场豪赌

我最不懂的，就是脾气暴躁、动不动就屠城杀降的项羽，为何在对待刘邦的问题上，老是那么瞻前顾后，犹犹豫豫，这似与他的一贯作风背道而驰。

然而，历史常常如此，一个争强好胜、鲁莽冲动的人，其行为常常随着情势的变化而变化，目标不坚定，决策不果敢，朝令夕改，反复无常。我想是因为项羽性格中有着一个最突出的特点，那就是服软不服硬。遇到强敌时，他可以暴怒到屠城，但听见句好话软语，他的心便硬不起来，狠不起来，甚或连一只蚂蚁都舍不得踩死。项羽的这种性格，在鸿门宴中表露无遗。

鸿门宴其实就是一场刀光剑影的赌局，赌的不是兵器的优劣和将士的多寡，赌的是胆识和气度。项羽头天还信誓旦旦要扫平刘邦，但经项伯劝说之后，转瞬就跟什么事也没发生过一样，既无战斗的安排，亦无不战的通告，儿戏似的。

就在军中莫名其妙议论纷纷之际，刘邦却带着张良、樊哙、夏侯婴、靳强、纪信五人及百余骑，由灞上匆匆来鸿门亲自向项羽"谢罪"来了。然而，与其说是"谢罪"，不如说是解释，消除项羽的猜疑和误会，甚至还有一层一探虚实的意思。不过，刘邦虽与项伯结为亲家，但刘邦上门无疑又可能勾起项羽的怒气，真有"送肉上砧板"之虞。

刘邦进项羽营后，立即下拜向项羽"谢罪"道："在下与将军合力攻秦，将军战河北，我战河南，未料我竟先行破秦入关，听说有小人从中挑拨离间，使将军对我误会很深。"几句蜻蜓点水的话，就抢了先，得了理，自己反倒受了委屈似的。

项羽向无城府，见刘邦只身前来，又态度诚恳、谦恭有礼，早先的气便立刻消散了一半，他对刘邦说："这都是你那位左司马曹无伤派人来说的，否则，我也不至于震怒如此。"项羽的确有孩子气的一面，刘邦稍一示弱，他就连向他通风报信的"间谍"都出卖了。随后，刘邦又反复解释，两人之间的误会顷刻烟消云散，项羽心里记着的，就只有刘邦的战友情了。于是，二人重归于好，项羽遂安排人摆上酒席，竟拉着刘邦畅饮起来，让身在帐中的范增也不禁莫名其妙。

俗话说，酒逢知己千杯少，项羽既把刘邦当知己，那些曾经有过的愤怒和怨恨，早就抛到了九霄云外，他拉着刘邦左一觥右一觥，向刘邦卖力地劝酒。但刘邦没有被项羽的真情迷惑，更未放松警惕，他或谦让，或少饮，或假饮，讲得多喝得少，意思意思。

范增对刘邦的态度则是一贯而坚决的，他就是要项羽乘机除掉刘邦，以免后患。然而项羽非但无此心思，反而与刘邦喝起了兄弟酒，叙起了战友情，范增这个气呀。他几次用目光暗示项羽，因玉玦常做信器，表示断绝关系，他再三举起所佩玉玦，示意项羽杀掉刘邦。项羽倒是看到了，却无动于衷。

范增急了，出帐叫来项羽从弟项庄。于是，就有了"项庄舞剑，意在沛公"之举。项庄提剑进帐，舞起剑来，名曰助兴，实则借机行刺。项伯看到项庄舞剑，时时趋近刘邦，也提剑加入舞剑行列，时时为刘邦打掩护，致使项庄无机可乘。而刘邦呢？想必如坐针毡吧，脸上的冷汗估计也不少。别说刘邦，张良也急，他赶紧出帐至军门唤樊哙帮忙。樊哙听说刘邦危急，带剑持盾就往里走，卫士试图阻拦，樊哙手握盾牌横冲直撞，硬是闯了进去。

项羽见凭空进来一个"冒失鬼",头发上指,怒目欲裂,要吃人的样子,吓了一跳,按剑直身问:"来者何人?"张良说是沛公参乘(亦作"骖乘"。陪乘或陪乘的人)樊哙。项羽惜英雄,不禁惊叹起来,立即让人赐他酒一斗、生猪肘子一腿。樊哙接过酒,一饮而尽,又把猪肘置于盾上,用剑切一块吃一块,三下五除二就把生猪肘子吃完了,豪客也!

项羽又问樊哙:"壮士还能再喝酒吗?"樊哙哈哈一笑说:"我死且不避,一斗小酒又哪值得我推辞啊。秦朝残暴,天下人皆反叛,怀王与众将约定'先入定关中者王之',今沛公先入咸阳,封闭宫室府库,还军灞上,等待将军。他之所以派人守函谷关,是防盗贼而非将军,对待如此劳苦功高的人,将军不但没有封赏,反听信小人之言行谋杀之举,这与亡秦又有什么分别呢?"说完,又一饮而尽。项羽没有正面接应樊哙话题,只是招呼他坐下。这时,项伯、项庄早已停止舞剑,项羽招呼大家继续喝酒,自己猛灌,也早已醉眼蒙眬了。随后,刘邦借故上厕所,叫上樊哙一起走出了营帐。

后来的事情大家都知道了,刘邦经樊哙劝说,留下张良善后,并向项羽转赠白璧一双,赠范增玉斗一双,遂带领樊哙、夏侯婴等将,一溜烟跑回了灞上,总算逃过了此劫。当范增收到刘邦让张良转赠的玉斗,得知刘邦已经逃之夭夭时,气得浑身发抖,他把玉斗置于地上,一剑将其砍破,恨恨地说:"竖子(犹小子。对人的鄙称)不足与谋!将来夺项王天下的,必是沛公啊!"说完,拂袖而去。

刘邦回营后,第一件事就是立斩与项羽暗通款曲的曹无伤。

鸿门宴对秦末农民战争及楚汉战争都产生了重要影响,被认为是间接促成项羽败亡以及刘邦成功夺取天下的关键。所以,鸿门宴又是一场疯狂的豪赌,有的人因此而赢得盆满钵盈,有的人因此而输得家光业尽。

29. 项羽为何不称帝

　　不能否认，在英雄辈出的秦末战争中，项羽是英雄中的英雄。他英勇善战，以一敌十而无丝毫怯懦，冲锋陷阵比任何一个将士都勇敢。他坦率直爽，从不掩饰自己的看法和观点。他很多时候还果敢决绝，破釜沉舟时连眉头都不皱一下，视死如归。然而，项羽的性格中，又的确有不够坚定的一面。比如，对于刘邦，恨时恨之入骨，惜时惜友如金。比如，对于人生目标，他继承了叔父项梁灭秦复楚的理想，却没有自己坐天下的明确目标和坚定决心。而最让人大跌眼镜的是，他在处理亡秦的善后事宜中，冲动而任性，简单而残暴，与封府库、闭宫室、拒受百姓犒劳的刘邦形成鲜明对比。

　　项羽在鸿门驻扎几天后，便率军直抵咸阳。刘邦进咸阳时，除了换掉城头旗外，几乎一切如旧。但项羽进城，纵兵屠城，甚至连一个毫无还手之力且可以好好利用来做政治文章的秦王子婴都予以诛杀。不仅如此，他还把府库里的珍宝、后宫中的美女抢归己有，然后一把大火，将"覆压三百余里"的秦宫点燃，顿时火光冲天，整整烧了三月有余。大秦五百年基业，千万百姓用生命垒起来的繁华富庶，在这把大火中统统化为灰烬。因此，关中百姓大失所望。

　　烧了、拿了、抢了后，项羽和他的将士们便打算整装东归了。此时，有一韩生劝项羽说："关中山横河阻，土地肥沃，在此定都以成就霸业是再好不过的事情啊。"项羽呵呵一笑回答说："富贵之后不归故乡，如同衣锦夜行，谁人知晓？"得意之色，溢于言表。韩生看到项羽一副小人嘴脸，不禁由衷感慨道："人说楚人沐猴而冠，徒有其表，华而不实，如今看来，果不其然。"项羽闻言不快，竟然给韩生来了个"水煮活人"，把他烹死了。

秦朝既亡，项羽打算自己称王。他先分封天下，立诸将为王侯。项羽虽然鸿门宴上优柔寡断放过刘邦一马，但他的内心对刘邦一直心存戒心，尤其不想让他当所谓关中王。不过，楚怀王熊心有约在先，"先入定关中者王之"，项羽若不封刘邦关中之地，不是明摆着背约负王而让天下人耻笑吗？但尊约的话，无异于放虎归山。解铃还须系铃人，他马上让人快马加鞭去向怀王报告，特请怀王修改前约。

但人回来后，项羽收到的是怀王的"如约"二字。

这说明，熊心不是"玩偶"，他固执地坚持着自己当初的决定。

这可把项羽给弄恼了，他当众愤愤地说："怀王不过是叔父武信君所拥立，并无征伐之功，凭什么专权主盟呢？当时天下大乱，烽烟四起，暂立诸侯之后为王，不过为了便于讨伐暴秦，但带头举事、披坚执锐、冒锋镝矢石奋战不已、平定天下，可都是各位将相和我的功劳啊，与他何干？不过，话说回来，怀王虽无功，但给其地、封其王倒是应该的。"于是，项羽尊楚怀王为"义帝"，将其迁至长沙郡郴县（治今湖南郴州市），还杜撰了一个冠冕堂皇的理由说"古之帝者地方千里，必居上游"，表面尊敬，实则侮慢，远远把他安置了事。

但到底该如何处置刘邦这个"烫手山芋"呢？按约封其关中吧，那如同喂羊于狼；违约不封吧，又担心诸侯们说他背信弃义。项羽拿不准，便找来范增商量。范增因项羽在鸿门放过刘邦一马而心存愤恨，然则又能如何？食人之禄，忠人之事，这暂时是没有选择的。他因此向项羽建议道："既然不得不封其为王，那就封巴、蜀二郡吧。巴、蜀山多道险，乃故秦迁谪之地，广义而言，巴、蜀亦算关中啊，这样就不负约了。再三分关中，让秦降将章邯、司马欣、董翳扼守，阻住刘邦东归之路，此则万无一失。"

于是，项羽准备分封刘邦巴、蜀之地。刘邦听说后，心底的气愤那是肯定的，这不明摆着违背怀王之约吗？他找来萧何、张良商议，他们的意见是，既得不到关中，那就除了巴、蜀之外，再争取汉中，因为汉中物产丰饶，将来倒戈东向，有坚实的物质基础。刘邦觉得非常有理，便让张良给项伯送去很多金银财宝，以厚金贿赂项伯，请他从中周旋，争取项羽另予汉中之地。于是，刘邦得到了巴、蜀、汉中三地，被封为汉王，史称是年为汉元年。

一切妥当，项羽分封天下：项羽自称西楚霸王，乃王中王的意思，据东、砀、泗水、薛、东海、会稽等九郡，都彭城县。另：

封刘邦为汉王，领巴、蜀、汉中三郡，都南郑县（治今陕西汉中市）。

封章邯为雍王，领咸阳以西的关中地区，都废丘县（治今陕西兴平市东南南佐一带）。

封司马欣为塞王，领咸阳以东至黄河地区，都栎阳县（治今陕西西安市东北）。

封董翳为翟王，领上郡，都高奴县（治今陕西延安市东北延河北岸）。

封魏豹为西魏王，领太原、上党、河东三郡，都平阳县（治今山西临汾市西南）。

封申阳为河南王，领三川郡，都洛阳县（治今河南洛阳市东北三十里汉魏故城）。

封韩成为韩王，领颍川郡，都阳翟县（治今河南禹州市）。

封司马卬为殷王，领河内郡，都朝歌县（治今河南淇县）。

封赵歇为代王，领代、雁门、云中三郡，都代县（治今河北蔚县东北代王城）。

封张耳为常山王，领邯郸、巨鹿、恒山（常山）三郡，都襄国县（治今河北邢台市）。

封英布为九江王，领九江郡，都六县(治今安徽六安市北十里城北乡)。

封吴芮为衡山王，领衡山郡，都邾县（治今湖北黄冈市西北）。

封共敖为临江王，领南郡，都江陵县（治今湖北荆州市）。

封韩广辽东王，领右北平、辽西、辽东三郡，都无终县（治今天津蓟州区）。

封臧荼为燕王，领渔阳、上谷、广阳三郡，都蓟县（治今北京城西南隅）。

封田市为胶东王，领胶东郡，都即墨县（在今山东平度市东南）。

封田都为齐王，领临淄、琅邪二郡，都临淄县（治今山东淄博市临淄北）。

封田安为济北王，领济北郡，都博阳县（治今山东泰安东南旧县）。

短短三年，秦朝便在排山倒海的农民起义和山东各国的反抗中寿终正寝，正式告别了历史舞台。

然而，项羽分封了天下十八路诸侯（包括自己则为十九王），他为什么不乘机称帝，而只甘心做个王中王呢？第一个原因是继承遗志。前面已经说了，他一直秉承项梁遗志，灭秦复楚，而不是灭秦打天下。第二个原因是没有战略眼光。秦朝灭亡后，他作为诸侯总司令，只是论功行赏，各归节镇了事，自己除了"衣锦还乡"，竟然毫无其他打算。第三个原因是缺乏条件。无论胸怀、气度、担当，他都没有足够的称帝条件，比如，单就胸怀而言便殊为不够，他连一个范增都容不下，遑论团队，这样的孤胆英雄称王称霸尚可，但指望他吞天下而亡诸侯、履至尊而制六合，则勇武有余，德才不配。所以，他不是不称帝，他是不可能称帝。

30. 韩信拜将

汉元年二月，项羽分封天下之后，各诸侯王均前往封地走马上任，各还其镇。刘邦虽得汉王，但项羽未予其关中丰饶之地，内心颇有怨悒。兼之他人还镇，皆是戈甲耀日，骑从如云，挥手作别，从容就道，唯独汉王还镇，项羽只准许他带领三万部众，你说气人不气人？但此时，霸王声威震天，胳膊扭不过大腿，刘邦只得哑巴吃黄连了。好在楚兵和诸侯军中，有许多仰慕刘邦之士，纷纷主动加入，随刘邦前往汉中，故声势亦十分浩大。

张良是韩将，当随韩王还镇，但他义胆忠肝，对刘邦一片忠心，汉王还镇，他依依不舍，一路相送，直到褒中县（治今陕西汉中市西北褒城镇东）。路上，张良向刘邦献计道："汉王此去，项王只许三万士卒相随，可见他仍心存疑虑，不如将所过栈道（褒斜道，又名斜谷道，乃秦汉以来往来秦岭南北的主要通道之一）悉数烧毁，既能向项王表白不归之心，又能阻挡其他诸侯可能的偷袭，庶几可以自保。"刘邦深以为然，遂与张良洒泪而别，烧绝栈道，奔赴南郑。

刘邦还镇后，立刻任命萧何为丞相，其他将佐僚吏依次得到封赏。刘邦部众，多为崤山以东人氏，入关以来，特别是夺取咸阳、灭亡秦朝以来，有一股思乡的情绪开始在军中蔓延。如今进入南郑，则更是关西之西，离乡千里，思乡情绪更浓，汉王入汉中才一两月，将士中开溜逃亡者数不胜数。

军心决定胜负，军心一乱，则前途叵测。有人劝刘邦说："项羽给有功之将封王，唯独安排您去南郑，于他人是封赏，于您则为贬谪。汉军部众皆为山东人，他们思乡情切，企而望归。汉王若能把这种思归情绪利用起来，化作冲锋陷阵的战斗勇气，大功可成。若等到天下安定，人心思稳，这种勇气便再也唤不回来了。鉴于此，建议汉王审时度势，率兵东进，争夺天下。"

这一番高论，确实切中弊病，而且开出了良方，真是一条借机就势、逐鹿中原的妙计。刘邦此时作为忍气吞声的贬谪之王，听后如同醍醐灌顶，大受启发。当然，战略上是妙策，但战术上不能草率，因此，刘邦并未马上实施，他在等待机会。

随着思乡情绪的不断蔓延，逃亡的将士日益增多。一天，有人报告刘邦说，丞相萧何也逃亡了。刘邦一听，晴天霹雳，萧何可是自己的左膀右臂啊，不禁暴跳如雷，大骂萧何不识好歹。谁知，过了两天，萧何又回来了。刘邦一见萧何，又喜又恨，骂道："你身为丞相，为何也逃亡？"萧何赶紧解释说："臣不敢逃亡，臣在追回逃亡者。"刘邦问："追谁？"萧何答道："治粟都尉（官名。西汉置，掌军粮）韩信。"

韩信者何人？韩信本是淮阴县（治今江苏淮安市淮阴区西南）人，当初家贫无业，虽胸中有百万兵，但俗话说"才不才，人也；遇不遇，时也"，时辰不到，机遇不来，没有显露的机会，所以既无能为小吏，又无术治商贸，还很懒惰，经常去别人家蹭饭，为人所厌恶。有段时间，他经常到下乡南昌亭亭长家蹭饭，一蹭就是几个月，这让谁受得了？亭长大度，其妻却十分厌恶他，又不好明言，便想了个办法，以后她每天很早把饭做好，在床上就吃了，待韩信一去，饭菜早没了。韩信知其用意，一怒之下，拂袖而去，再不登门。

人在无用时，皆与凡俗无异。未成名的韩信亦为一浪荡子，饭无处可蹭了，只得去淮阴城外河里钓鱼，以填辘辘饥肠。不过，也是有一顿没一顿。河边经常有一些老妇人漂洗丝絮，其中一位漂母看到韩信经常挨饿，心生怜悯，天天带饭食接济他，一连数十日，从无间断，让韩信十分感动。他对漂母说："我将来一定会厚报您的恩德。"漂母一听却生气道："堂堂七尺男儿，却不能自食其力，你也够可以的了。我是可怜你这公子哥儿才施以饭食，难道还望你报答？"漂母的话，暗含着对韩信的激励，也足以让韩信无地自容了。

淮阴有一年轻屠夫，一贯看不起好吃懒做的韩信，有一次调侃说："你虽长得牛高马大，常常刀剑相随，其实是个外强中干的胆小鬼而已。"并当众羞辱韩信道，"你若不怕死，就来刺我；若怕死，就从我胯下钻过去。"韩信仔细打量了一下对方，然后低下身，趴在地上，从屠夫的胯下爬了过去，忍受了奇耻大辱，惹得满街围观者哈哈大笑。

当年项梁西征，韩信也曾仗剑相随，不过一直默默无闻，不得重用。项梁战死后，他又随了项羽，项羽任命他为郎中（官名。秦、西汉掌执戟殿下，守卫宫殿门户，出充车骑扈从）。他多次向项羽献计，均未被采纳。刘邦入汉中，韩信离楚奔汉，投靠了刘邦，刘邦任他为连敖——一个负责接待宾客迎来送往事务的小官——也未得到应有的重视。

有一次，韩信等十四人犯了案，被判死罪立斩，十三个人头都落了地，轮到最后的他时，他抬头看见监斩的夏侯婴，大声喊道："汉王不是要争天下吗，为何杀壮士？"夏侯婴听他口气不凡，高大英武，便刀下留人，释放了他。夏侯婴与韩信交谈，听他一席话，心生佩服，因向汉王推荐，刘邦又任命他为管理粮饷的治粟都尉，仍是一掌军粮的小官。后来，韩信又多次与萧何对谈，萧何更是对他佩服得五体投地。

大军开到南郑以后，将士逃亡习以为常，韩信料想萧何对自己这么欣赏，肯定曾在汉王面前荐举过自己，既不得重用，遂感前途渺茫。此地不留爷，自有留爷处，未几，他也逃了。萧何听到韩信逃亡的消息，焦急万分，不及报告刘邦，便立刻启程，快马加鞭，星夜追赶，最后终于把韩信给追了回来。

刘邦不知详情便罢，一听萧何是追韩信，气就不打一处来，接着咒骂道："将领们逃亡者好几十人，你没追，却去追一小小治粟都尉，你骗谁？"萧何赶紧解释说："诸将易得，国士难求。韩信乃无双国士，他若逃亡，将是汉王重大损失。汉王若打算定居汉中，老死于斯，则多一韩信、少一韩信无关痛痒；若汉王有志于逐鹿中原、夺取天下，则非韩信不可。"

刘邦听完，惊出一身冷汗，心想差点就失去一匹千里马，赶紧说："我当然要东归争天下，谁愿意久居此贫瘠之地？"萧何说："汉王如果决计东归，必须大用韩信。大用，韩信则会留下；不能大用，韩信这次追回了，下次仍会逃亡。"刘邦说："韩信既这么有才，那就任他为将吧。"萧何说："做个普通将领，仍留不住韩信。"刘邦说："那就任为大将。"这才是萧何想要的结果，萧何大喜过望，连声说："好！"

刘邦打算让人召韩信来见，当面拜为大将。萧何却认为草率，他说："汉王素来轻慢无礼，今拜大将如呼小儿，这也是韩信之所以逃亡的原因啊。"刘邦好胸襟，竟没生气，还忙问："拜大将当用何礼？"萧何说："汉王真要拜韩信为大将，当择良辰吉日，斋戒，筑坛，具礼，登坛拜将，如此方为妥当。"

于是，汉王在一个良辰吉日，先行斋戒，随后携萧何以下文武百官，整衣正冠，齐聚坛下。刘邦登上坛，手握萧何递来的符印斧钺，行拜大将仪式。开始，大家并不知道拜谁为大将，那些随他南征北战、劳苦功高的将领个个喜形于色，尤其是周勃、樊哙等，以为非己莫属。但让人大跌眼镜的是，最后登上拜将台的那个人是名不见经传的韩信，众将顿时面面相觑。

从整个拜将前后因果和过程来看，我们看到的倒不是韩信这匹千里马到底有多大的才能，我们看到的是汉王刘邦对下属言听计从的态度，以及不因下属逆耳忠言发怒的胸襟。而这，或许才是他能比项羽走得更稳、更远的关键所在。所以可以说，韩信拜将，计在萧何，功在刘邦。

31. 汉中对

刘邦拜韩信为大将，凡军事要务，均授由韩信节制，给予了比周勃、樊哙、灌婴等早年追随而且战功卓著的将领更大的权力，因此，韩信与萧何平起平坐地成为刘邦的左膀右臂。

然而，即便是在刘邦以从未有过的虔诚与恭敬，破天荒地拜韩信为大将的时刻，刘邦其实连这个治粟都尉到底有啥本事都一无所知。刘邦作为身系数万将士前途和命运的诸侯王，当时所冒的风险是可想而知的。于是，拜将完毕，刘邦就亲热地拉着韩信，让他在自己身边坐下，他要当众考考韩信。

刘邦问韩信道："萧丞相多次向我提及将军才干，请问将军到底有何妙计指教于我呢？"

韩信说："大王如今向东争夺天下，难道不是与项王为敌吗？"

刘邦说："是的。"

韩信说："按照大王的估计，在勇敢、强悍、仁厚、坚忍诸方面，大王与项王相比，强弱如何？"

刘邦沉默良久道："我不如项王。"

优劣摆上了桌面，韩信开始为刘邦分析长短、权衡利弊、指明出路道："我也认为大王不如项王。不过，我曾效力项王帐下，让我向大王说说项王为人吧。项王震怒咆哮时，手下无人不惊骇，但他如此威严，却不能任贤用能，这不过是匹夫之勇罢了。项王亦有待人恭敬、面目仁慈、言语温和的时候，有人生病，他甚至心疼流泪，分给饮食，但他性多猜忌，气量褊狭，当人家立了战功应该加官进爵时，他甚至反复磨刓着印信，直到印信失去棱角还舍不得赏赐给功臣，这不过是妇人之仁罢了。如今项王虽称霸天下，役使诸侯，但他放弃关中而建都彭城，简直是自失其利；他不但违背义帝之约，而且专横跋扈，私心用事，将自己的亲信统统封王，诸侯们口虽不言，心实非之。项王迁义帝于江南，如同放逐，诸侯们上行下效，纷纷把旧主驱逐，据要津为己有。项王自举兵以来，所过之处，无不横遭摧残毁灭，百姓怨声载道，心有不服，目前不过迫于淫威，忍气吞声罢了。所以，项王名虽为霸，实际上离心离德，表面虽强，实则甚弱。如今大王如能反其道而行之，大任天下勇武，何敌不摧？将所得城邑分封功臣，谁人不服？以正义之师，从将士东归之愿挥师东征，何地不克？项王所封三秦诸王章邯、司马欣、董翳，皆是亡秦旧将，带领秦兵征战数年，部曲被杀死和逃亡者数不胜数。他们携众归降项王，却在新安被一夜坑杀二十万，独剩此三人，三秦父老对他们恨之入骨，直欲食其肉、寝其皮，如乘此机会迎头痛击，势必摧枯拉朽。而大王您自入关中以来，所过之处秋毫无犯，同时废除秦朝严刑峻法，约法三章，三秦父老无不感激涕零，无不盼望大王为关中王。而着眼汉军上下，亦莫不畏威怀德，上下归心。况且，义帝‘先入定关中者王之’的约定无人不知，大王被迫西行，关中百姓亦无不义愤填膺。鉴于以上天时、地利、人和诸多有利条件，大王大可挥师东征，三秦之地，传檄可定！”

刘邦听韩信一席话，真有拨云见日之感，令他醍醐灌顶，喜不自胜，连称相见恨晚。于是，刘邦依韩信之计，开始着手部署东征事宜。

韩信上述这番说辞，就是历史上著名的《汉中对》。

韩信作为一个小小的治粟都尉，的确具有深邃的洞见和卓越的才能，刘邦拜其为大将，也的确是不二人选。在这一大段话语中，韩信就一针见血地指出了项羽非常突出的五个特点：一是匹夫之勇，二是妇人之仁，三是背信弃义，四是专横跋扈，五是凶残暴戾。这五个特点，准确地概括了项羽身上的人性弱点和致命硬伤。王安石《乌江亭》诗曰：

"百战疲劳壮士哀，中原一败势难回。江东子弟今虽在，肯与君王卷土来？"

是啊，项羽的性格导致了众叛亲离、人心尽失，后来终至兵败垓下（在今安徽灵璧县东南、沱河北岸），自刎乌江亭（秦置，因附近有乌江而得名。即今安徽和县东北苏皖界上乌江镇），但彼时即使有机会，谁还会愿意跟随他卷土重来呢？他的最终失败难道不是咎由自取吗？无论性格决定命运使然，抑或人心决定历史的必然，最终结果都是注定的。

同时，《汉中对》是韩信向刘邦提出的一份非常全面而又具有前瞻性的战略计划，是一篇动员令，是一篇战斗檄文，堪比后来诸葛亮的《隆中对》。《汉中对》的最大意义还在于，他坚定了刘邦东征的信心，解决了东征的可行性问题。

32. 还定三秦

韩信拜大将，樊哙、周勃诸将不服，乃人之常情，凭什么？萧何去追是萧何的事，你汉王并未亲见其本领如何。何况，还曾经是个"寄贫漂母，受辱胯下"的落魄之人。何况，前投项梁，后随项羽，谁也没拿他当回事，后来实在混不下去了，才改投汉军。这一路来，有谁真正见过韩信与大将名位匹配的过人之技？凭萧何几句吹嘘之词就拜为大将，周勃、樊哙们不说气得七窍生烟，至少也会酸掉大牙。

韩信不可能不估计到这点，拜将对他来说如一步登天，倘不拿出看家本领，来一番改变，不但辜负汉王厚恩，自己也会被樊哙、周勃鄙夷至极的，将来行军打仗、征伐四方亦难令行禁止。于是，韩信佩大将印信，升帐议事，点兵点将，号令三军，边定军纪边行操练，行军布阵有板有眼，攻防措置井井有条。数月下来，将士们对韩信的疑虑彻底消除，无论新兵宿将，唯大将号令是从，军容军貌焕然一新。

整军甫毕，刘邦决意东征。临行，刘、韩二人磋商具体细节。因西入南郑之时，所经栈道全部烧毁，韩信建议声东击西，即"明修栈道，暗度陈仓"，以迷惑章邯，出其不意，拿下咸阳以西地区，再各个击破，夺取关中。刘邦依计而行，安排丞相萧何守南郑，负责前线粮草军需。安排数百兵丁修建汉中至关中的栈道，自己则与韩信领大军绕道向西，再北上，悄悄由故道（又名陈仓道。起自陈仓县，西南行出散关，沿故道水河谷至今凤县折东南入褒谷，出抵汉中）奔袭陈仓县（治今陕西宝鸡市东二十里）。

雍王章邯，领有咸阳以西的关中地区、北地郡（治今甘肃宁县西北。辖境相当今宁夏贺兰山、青铜峡、苦水河以东及甘肃环江、马莲河流域），在三秦中领土最大、实力最强，而且，汉中出入关中的五条要道，有四条在其境内。他当时受项王之命扼守关中，重要职责之一便是将刘邦困于汉中而致其英雄无用武之地。所以，只要啃下章邯这块"硬骨头"，关中其他势力几可传檄而定。

汉中入关，走褒斜道最近，章邯的眼睛便老盯着斜水谷口沿线，他听探报说汉兵数百人在修栈道，不禁哈哈大笑，心说栈道烧时容易修时难，何况几百人，就是修到猴年马月也难成，放心不少。他又听说汉王拜韩信为大将，更是觉得荒谬，一个受过胯下之辱的匹夫，岂能担此大任？不是军前如儿戏吗？成得了什么大事！更加放心。不过，"明修栈道"的同时，韩信还派了一支队伍，绕道祁山，走祁山道佯攻陇西郡。因此，章邯亦不敢轻易放松警惕，派兵向褒斜道、祁山道集结，自己拥重兵在废丘居中调度。

汉元年七月，韩信指挥汉军佯攻陇西，布疑兵褒斜道，大军却沿陈仓道衔枚疾走。未几，汉军越过秦岭，如神兵天降，首先拿下了故道县城，大军随后北渡渭水，轻取未布置重兵的陈仓县。章邯得报，如梦初醒，惊出一身冷汗，赶紧领兵前去阻击，两军相遇，没战多久，章邯大败而逃。这个结果也是可想而知的。当时，汉军都是思乡心切的勇士，打完仗可东归，精神动力有时比物质奖励更容易让人勇气陡增。秦兵则因章邯投降致秦卒被坑而心有积恨，所以一战即溃，死的死、逃的逃，转瞬损失大半，章邯只得逃跑。

逃到半途，见汉军追兵还远，章邯又收拾残兵败将再来迎击。结果，汉军追将上来，愈加勇猛，樊哙在前，左灌婴，右周勃，杀得章邯军七零八落，大败亏输，只好继续仓皇逃遁。随后，章邯安排其弟章平驻守好畤县（治今陕西乾县东好畤村），自己则逃回废丘，与好畤互为犄角。韩信即以樊哙为先锋，进攻好畤。尽管章平闭城坚守，但惯于攻城略地的樊哙最会啃硬骨头，他提刀执盾，身先士卒，带领敢死队，架云梯登城，挡着箭雨飞石，冒死向上冲，最后终于攻破了好畤城，章平落荒而逃。之后，刘邦命令樊哙、周勃和灌婴等将，分头进攻下郿、槐里、柳中等地，很快荡平。接着，曹参、周勃、樊哙合攻咸阳，守将赵贲战败出逃。于是，各地汉军围攻章邯于废丘。

　　章邯虽然兵败如山倒，但他毕竟家底最厚，他集精锐于废丘固守。加上塞王司马欣、翟王董翳也派兵来援，所以，废丘坚如磐石。刘邦与韩信议定，留下樊哙继续围攻废丘，抽出其他部众分头进攻三秦各地。周勃率军攻克漆县、频阳等地。靳歙、郦商率军攻占陇西、北地等地。灌婴进攻塞王都城栎阳，司马欣降。汉军又进攻上郡，翟王董翳无力对抗，也只好束手就擒，三秦初定，只剩废丘。但废丘围了数月，久攻不克。直至汉二年（前205年）六月，樊哙领兵掘开渭水河堤灌城，汉军乘水攻城，废丘才终于攻破。章邯见大势已去，遂自杀身亡。

　　至此，刘邦还定三秦才正式大功告成。

33．陈平的三个贵人

　　说到西汉开国功臣陈平的人生经历，简直就是一部人生励志片，让人感慨万分。他贫苦农民出身，秦末天下大乱之际，加入了反秦的诸侯军，先事魏，再事楚，后事汉，在楚汉战争和扫平异姓王叛乱中屡建功勋，最后封侯拜相，走上人生巅峰。陈平的成功，最初却得益于三个贵人。

　　第一个贵人是他哥哥。按说，哥待弟好乃人之常情，然陈平的哥哥与一般的兄长不一样。他为了这个弟弟有一个好的学习和成长环境，竟然休了自己的结发妻子。陈平是三川郡阳武县人，少时家贫，住在哥哥陈伯家。陈伯见弟弟聪明伶俐，又爱读书，特别疼爱，家里虽有田需耕，但哥哥一肩挑地包揽了，从不要弟弟打湿脚，好让他专心读书。所以，陈平虽然是个农家子弟，却面色丰腴白皙，身材高大俊美，完全不像出身贫贱之家。有人问陈平说："你家里一贫如洗，吃了什么好东西让你这么高大健壮啊？"嫂子平时对这个游手好闲的小叔颇不待见，一旁的她听后抢白道："吃什么？不过粗粮劣食罢了。我前世不知造了什么孽，摊上这么个叔子，不如没有的好。"陈伯听到老婆如此数落弟弟，气不打一处来，立马以离间兄弟为由，一纸休书将结发妻子扫地出门，弃若敝屣。

　　虽然陈伯妻因一句话被休，确实冤屈，但对陈平来说，有兄如此，则简直可以唱"世上只有哥哥好"了。

　　第二个贵人叫张负。陈平年逾弱冠，到了谈婚娶的年龄了。本地有一富翁叫张负，声望颇高，家财万贯，他的孙女张氏年轻漂亮，是典型的"白富美"。陈平家虽无资财，但他心气高，对张氏梦寐以求，只是门第悬殊，未能如愿。恰逢乡亲家办丧事，请陈平帮忙，陈平受人之托，忠人之事，早出晚归，尽心尽力。张负来乡亲家吊唁，见陈平帅气勤勉，一眼相中了他。为了坐实，张负还特到陈平家看了一下，但见"负郭穷巷，以弊席为门"，穷得叮当响。不过，门外有清晰的车辙，可见不少德高望重者频频光顾，这更坚定了张负把孙女嫁给他的想法。在张负的主持下，陈平如愿以偿，抱得美人归。

张负给陈平的，不单单是一个"白富美"妻子，更重要的是给了他创造奇迹的信心。

第三个贵人是汉王刘邦。阳武县属魏地，秦末天下大乱之际，陈平告别疼他的哥哥和爱他的妻子，凭着满腹学问和"宰天下"的远大理想，出外闯荡世界了。他先在魏国任职，干得不如意，转投项羽。项羽不能容人，他又在老友魏无知的举荐下，投靠了东征驻军于修武县（治今河南获嘉县）的汉王刘邦。刘邦与陈平一番交谈后，感觉他确有大才，马上任命他为都尉，兼掌护军，监督诸将。陈平刚来，就谋得要职，大家不服。周勃、灌婴向刘邦告状说："陈平曾和嫂嫂私通，在魏不能容身，逃而归楚，楚国待不下，又降汉，还利用职权收受将领们贿赂，这样一个朝秦暮楚而贪污受贿之人，不宜重用。"刘邦听后，经过一番调查，了解到周、灌二将所说有真有假，与嫂私通乃子虚乌有，受贿却是事实。

然而，刘邦认为，汉国正是用人之际，他要的是陈平的才，至于私德，无关大局，可以包容。所以，刘邦不但没责罚陈平，反而大大地赏赐了他，又升他为护军中尉，负责监督全体将领。从此，军中对陈平再无流言蜚语。尔后，陈平一直随刘邦南征北战，在楚汉战争和平定异姓王叛乱中屡建功勋，最后封侯拜相，位极人臣。

一个人的成功，主观能动性固然重要，但得到周围人的发现、帮助和提携也很重要，甚至非常关键。有的人纵有济世安邦之才，如果得不到推荐，往往埋没于草野而默默无闻。可一旦有人发现、引荐和使用，他就能如虎添翼，平步青云。就像陈平，他有缺点、有毛病，背后戳他脊梁骨、添油加醋说坏话的人不少，但有了这三个坚定相信他的人，给了他登高而招、顺风而呼的机会和平台，最终使他实现了"宰天下"的理想，成就了辉煌的人生。

34.英雄不问出处

历史上有一些小人物，尽管出身不显，结局不明，但他们常常因为一个举动、一个点子或一个事件而让自己青史留名，成为后人景仰和钦佩的对象。比如，在江边救了伍子胥的渔父，假如没有他，伍子胥不可能逃脱楚兵的追杀，那么吴国的历史将要改写，楚国的历史更要改写；又比如隗顺，南宋临安一个最普通不过的狱卒，他在岳飞就义后，冒着生命危险将岳飞遗骸偷偷抱出掩埋，使得"青山有幸埋忠骨"，善良的人们便记住了他，历史也记住了他。而在楚汉战争中，我们也不会忘记那位洛阳新城的三老（乡官名。掌乡里教化）董公，因为他的一条妙计，让刘邦在楚汉战争中得以抢占高峰，先发制人，堪称改变大历史的小人物。

前文有说，项羽分封天下后，曾杜撰一个"古之帝者地方千里，必居上游"的荒唐理由，把熊心赶出了楚都彭城，逼他远徙长沙郴县。熊心要从通都大邑的彭城搬至位于湖广交界处的五岭地区、历来为迁窜恶地的郴县，极不情愿。但项羽一再督促，熊心不得不乘船南下。项羽终究是不放心，过了几天，又密令九江王英布暗杀熊心，英布因此命人追至郴县将义帝杀害。

汉二年三月，刘邦招降魏王魏豹、逼降殷王司马卬，在修武稍作停顿并收得陈平后，随即南渡平阴津（黄河津渡名。在今河南洛阳市孟津区东北）抵达洛阳，准备向东攻打项羽的老巢、楚国首都彭城。在路上，洛阳新城三老董公拦下刘邦车驾，说有事禀报。刘邦驻马停下，问董公有何见教。董公说："古人说'顺德者昌，逆德者亡''兵出无名，事故不成'，唯'明其为贼，敌乃可服'，公布敌人的罪状，敌人才可能被打败。项羽素来无道，如今又杀主弑君，可谓罪大恶极。已有仁，不必用勇而天下自服；已有义，不必用力而天下自定。大王如果真的打算讨伐项羽，不如为义帝发丧，全军缟素，传檄诸侯，使人人知义帝被弑，通告项羽罪责，然后师出有名，天下共仰，所谓上古三王盛举，也不过如此了。"

刘邦听后，简直拨云见日，恍然大悟：是啊，项羽"弑君"，这是多么恶劣的行径啊！为义帝报仇，又是多么正义的理由啊！刘邦立刻命令三军缟素，为义帝发丧。他自己则在义帝灵前"袒而大哭"，一连三天，悲切至极。同时，命人草拟檄文，遣使分送各诸侯国。檄文说：

"天下共立义帝，北面事之。今项羽放杀义帝江南，大逆无道。寡人亲为发丧，诸侯皆缟素。悉发关中兵，收三河士，南浮江汉以下，愿从诸侯王击楚之杀义帝者。"（司马迁《史记·高祖本纪》）

刘邦以"诛无道"为理由，以汉军为主力，广泛动员各诸侯王参与，最后联合魏、韩、赵，胁迫塞、翟、殷等国，组成了一支五十六万人之众的联军，雄赳赳气昂昂，浩浩荡荡杀奔彭城而去。

刘邦通过为义帝发丧举哀，既为自己讨项找到了冠冕堂皇的理由，树起了一面正义的旗帜，又为伐楚找到了众多的同盟和帮手，这条计策可谓一箭双雕。而最为关键的是，通过为义帝发丧，刘邦在秦末的诸侯混战中抢得了道义制高点，使他在舆论上成为正义之师，为最后楚汉战争的胜利奠定了坚实的基础。

不过，这样一个好点子，刘邦身边那些身经百战的悍将如周勃、灌婴、樊哙没有想到，那些学富五车妙计连连的谋臣如韩信、张良、陈平没有想到，却让一个乡里小吏耄耋老翁董公给想到了，这不能不说是一件咄咄怪事。故宋朝诗人杨万里《三老董公》诗曰：

"一色三军雪染衣，拔山气力陡然衰。三王事业无多子，却是良平不得知。"

董公的谋略，为汉王刘邦带来的政治收益简直是无法估量的。

可见，英雄不要问出处，智者常常藏民间。

35."善将将"者

历史上有些战争的确让人感到诡异不解。比如，北宋末年，宋徽宗派童贯领二十万大军进攻辽国的燕京，结果被仅仅四万余辽军击退而归，实在让人不可理解；又比如，楚汉战争中，项羽仅以三万之众，竟然大败刘邦所率五十六万诸侯联军，更加令人匪夷所思。然而，这是事实。

汉二年，刘邦听从董公建议，组织天下诸侯共五十六万大军，剑锋直指楚国首都彭城。当时，楚兵精锐大都随项羽北去攻齐，留守的不过一些老弱残兵数千而已，以五十多万大军进攻一座只有数千兵马守卫的城市，这是用铁扇公主的芭蕉扇扑蚊蝇啊，所以大军未到，守军早已闻风而逃，彭城不战而降。刘邦是年三月才从临晋县（在今陕西大荔县东朝邑镇西南）东渡黄河，而后降魏王魏豹，俘殷王司马卬，在洛阳为义帝发丧，其间还要组织联军，不期然四月就拿下了彭城，不能不说刘邦纵横捭阖，用兵神速。

人在得意的时候，往往容易忘形，亦易显露本性，拿下彭城后的刘邦就是这样。他轻取彭城后，立即被这唾手而得的胜利冲昏了头脑，入城后的表现与当年攻占咸阳时的不敢贪、不敢占、不敢恋、不敢淫迥然不同的是，他被项羽搜刮来的财宝、抢夺来的美女迷乱了眼睛，迷离了意志。他和手下那些悍将如脱缰的野马，"收其货宝美人，日置酒高会"，天天美酒，夜夜笙歌，坐拥娇娃，乐不思蜀，在欲望的平原上纵横驰骋而再没回头了。所谓"欲令智迷，利令智昏"，不过如此。

103

而当时正在伐齐、与田横僵持不下的项羽，得报彭城为刘邦所夺，那内心的愤怒不亚于当年章邯杀掉叔父项梁。震怒之下，他留下大部分将领和士兵继续战斗，自己则精选三万骑兵，快速南下，千里奔袭，反攻彭城，要与五十六万大军决一雌雄。

然而，区区三万将士，出兵千里，后援概无，随时可能拖死、累死、围死，全军覆没的结局几乎无须猜测。不过，项羽表面上虽然是个粗人，但他粗中有细，这些形势他都考虑到了，最悲剧的后果，他也考虑到了。因此，在决心上，项羽与全体楚军哀兵作战，同仇敌忾，视死如归；在战术上，只能打闪电战，不能打持久战，必须出奇制胜，速战速决。

项羽从齐国出发，经鲁县（治今山东曲阜市）南下出胡陵县（在今山东鱼台县东南）进入楚境。要做到速战速决、出奇制胜，必须长途行军而不被汉联军发觉，既要快速，又要隐秘。当时，诸侯联军以彭城为中心，散布于彭城内外，联军大营则驻扎彭城西门外，局部战斗亦并未完全停止。

项羽军进入楚境后，既要避开人多之地，又要避开战斗区域，所以昼伏夜行、衔枚疾走，以最快的速度进入彭城地区。这时，聪明的项羽没有直面攻城，而是绕到彭城西仅数十里地的萧县（治今安徽萧县西北），悄然潜伏。

第二天清晨，楚军三万骑兵以迅雷不及掩耳之势，向驻扎在彭城西的联军大营发起进攻，联军将士还在梦中酣睡，楚兵如从天降，联军还没回过神来，就迅疾遭到楚军奇袭，刀剑砍杀无数，铁骑踩踏无数。匆匆逃出营的士兵，外衣还没来得及穿，更不用说盔甲和兵器，被楚军追杀至谷水和泗水之畔，溃不成军，被杀和落水而死者逾十万人。

随后，楚军回军彭城，而坐镇彭城的刘邦和他的悍将们，早已被美酒和美色弄倦了精神、累坏了身体，楚军兵临城下，他们还未披挂整齐。这支乱哄哄的联军与楚军一交锋，立刻就被冲杀得首顾不了尾、头顾不得脚。一边是视死如归的楚骑，一边是错愕惊怖的汉兵，虽然人数悬殊，但战斗力有天壤之别，联军士兵成了无头苍蝇，任人宰割，被杀加上自相践踏至死者又达十余万。其他三十多万人纷纷南逃，又被楚军一路狂追，逼至灵壁（在今安徽濉溪县西北）的睢水西岸，在楚军的刀光剑影下，联军士兵竞相跳下睢水逃生，连杀带溺死者又达十数万，尸相枕藉，血流漂杵，以至"睢水为之不流"。

不仅如此，在大战中，汉王刘邦不但被追杀得身边只剩下数十人护卫，还一度被楚将丁公追上，差一点被捉。幸亏丁公为刘邦旧识，在刘邦的苦苦哀求下，丁公大发善心，放他一马，刘邦才得以逃生。

彭城大战诸侯军大败亏输，刘邦部众几乎全军覆没，父母妻子亦被楚军抓获，楚军完胜，刘邦仅以身免。最后，刘邦逃到下邑县（治今安徽砀山县），与同样参加彭城大战失败逃跑至此的妻兄吕泽残部会合，才总算缓过一口气来。

彭城大战是秦末以来少见的刘邦亲自指挥的战役之一，而且是以五十六万大军大败于千里奔袭的三万轻骑兵，足见刘邦军事才能的拙劣。据《史记·淮阴侯列传》记载，刘邦建立汉朝后，因畏惧韩信的军事才能将其软禁，其间君臣之间有一段对谈：

刘邦说："以我之才，能统率多少兵马？"

韩信说："不过十万。"

刘邦说："你呢？"

韩信说："多多益善。"

刘邦笑道："多多益善，为何被我所制服呢？"

韩信说："陛下不善将兵，而善将将，不擅长统领士卒，却擅长统率将领，此乃我被陛下制服的原因。"

刘邦当年攻下咸阳，夺取关中，所率兵马也就三四万人，只能算小战役。后来还定三秦，大兵团作战，那是韩信领导的结果。而指挥五十六万大军的联合作战，刘邦在能力上就有些捉襟见肘无力应付了，这说明他的确不擅长大兵团作战。

然而，尽管刘邦不善将兵，但正如韩信所言，他"善将将"。所以，善将兵如韩信者，不过为侯；善将将如刘邦者，却为君，最终当上了皇帝。

36．"竖子"何能成名

我觉得司马迁最让人钦佩的地方，就是在《史记》大部分篇章里，能够秉笔直书，如对当朝开国皇帝刘邦，他当然有粉饰之词，但更多的则是春秋笔法，既有直白的评论，又有含蓄的曲笔，把刘邦性格中的光明抑或阴暗，都表达得淋漓尽致，让我们既看到成就霸业者的宽广胸怀，又看到小人为达目的不择手段。

从《史记·高祖本纪》开篇文字中，就可以清晰地感受到司马迁对刘邦性格的这种公允而深刻的概括："高祖为人，隆准而龙颜，美须髯，左股有七十二黑子。仁而爱人，喜施，意豁如也。常有大度，不事家人生产作业。及壮，试为吏，为泗水亭长，廷中吏无所不狎侮。好酒及色。常从王媪、武负贳酒，醉卧，武负、王媪见其上常有龙，怪之。高祖每酤留饮，酒雠数倍。及见怪，岁竟，此两家常折券弃责。"

翻译略谓："汉高祖有着挺拔的鼻梁和丰满的额头，留着漂亮的胡须，左大腿长着七十二颗黑痣。刘邦仁义而爱人，喜好施舍，性情豁达，抱负远大，不从俗务。到壮年应考成为泗水亭长，亭中的小吏无不被他戏弄。刘邦好酒好色，常至王媪、武负酒肆赊酒喝，醉了就睡，武负和王媪看到刘邦上方常有龙在盘旋，很是奇怪。刘邦每次在酒肆喝酒，买酒的人就会陡增，售出的酒较平时每多数倍。因此到年终，这两家常常毁掉欠据，免除刘邦酒债。"

从这段文字中，我们可以清晰地看到刘邦性格上的四个缺点或说道德层面的四点瑕疵：

一是游手好闲（"不事家人生产作业"）；

二是好戏弄人（"廷中吏无所不狎侮"）；

三是好酒好色（"好酒及色"）；

四是欠账不还（"两家常折券弃责"）。

其实，《史记》所记载的刘邦的缺点还远不止此，这只是司马迁对青年刘邦的总结，后来随着经历、见识、地位的变化，缺点在书中随处可见，比如，轻薄文人、猜忌部下、屠杀功臣等，不一而足。不过，司马迁的这段文字，已经把刘邦的本性表现得丰富而饱满，可以说，刘邦无论为游手好闲的农人时、乡村小吏亭长时、统领千军万马的汉王时，抑或最后打下江山成为西汉皇帝时，他的性格几无变化，他就这么个人。

刘邦的缺点，反映了他自私的一面。为什么这样说呢？比如，他游手好闲、好戏弄人、好酒好色、欠账不还这些性格，归根到底都是因为内心自私。一个人不自私，不可能游手好闲，把养家糊口的重担交给年迈的父母；一个人不自私，更不致吃白食，欠账不还，把自己的酒食寄托在他人的辛苦劳动之上。

而刘邦在彭城大败仓皇逃生过程中，还有两件事亦能反映出他的这种性格。

第一件是及时行乐。彭城大败后，刘邦差一点被楚军活捉，幸亏楚将丁公善心大发，放他一马，使他逃过此劫。随后，刘邦逃经沛县，派人到老家接老父妻儿，却人去楼空，家人不知所终，只得继续西逃。某晚，他借宿于一个戚姓农户家，戚家只有父女二人，结果刘邦在酒足饭饱之后，竟然与戚女同床共枕巫云楚雨起来。在前有家人失踪、后有追兵将至的情况下，刘邦也真"好心情"。

第二件是抛儿弃女。刘邦派人到老家没接到家人，却在西逃的路上遇到了自己的儿女。《史记·项羽本纪》载："汉王道逢得孝惠（后来的孝惠帝，刘邦长子刘盈）、鲁元（后来的鲁元公主），乃载行。楚骑追汉王，汉王急，推堕孝惠、鲁元车下，滕公（夏侯婴）常下收载之。如是者三。"在逃跑的过程中，刘邦因嫌车载过重，逃得不快，竟将自己的亲生儿女推下车，而且"如是者三"！试想，倘若儿女果然被弃于路上的话，不为乱军所杀，也会因饿而死，最终搭帮夏侯婴三番五次将被刘邦推下去的他们抱上车，才幸免于难。

我们经常能看到鸽呀狗呀，在公路上被碾死，同伴守尸不离不弃的报道。前些年曾有一新闻说，在英国莱切斯特市，一年幼天鹅被困河面水闸处，天鹅妈妈一直陪在它身边，直到幼天鹅脱险。动物尚且如此，何况人乎？然刘邦为了自己逃命，不惜抛儿弃女，毫无父亲的慈爱，毫无人性的恻隐，他的自私和冷漠暴露无遗。阮籍曾在游历楚汉古战场后叹息说："时无英雄，使竖子成名！"刘邦因性格缺点和道德瑕疵为人所鄙薄，故被阮籍呼为"竖子"。

但这样一个自私和冷漠的人，为何最后能并诸侯、吞天下、位居九五之尊呢？这样一个"竖子"到底是如何"成名"的呢？其实，上述司马迁《史记·高祖本纪》的开篇文字已经给出了答案，也就是他总结刘邦的四大优点：

一是宽厚仁慈（"仁而爱人"）；

二是乐善好施（"喜施"）；

三是性情豁达（"意豁如"）；

四是抱负远大（"常有大度"）。

我们仔细分析刘邦由一介农夫成长为一国之君过程中的行迹，会发现他虽然自私，但在关系到事业发展和前途命运的重要抉择时，他都能克服自己的缺点，舍小我，成大我。

在性格上，他豁达大度。刘邦本性傲慢，讨厌儒生，但儒生郦食其去见他，要求他不要傲慢对待时，他竟一改常态，穿戴整齐，把郦食其当成贵宾招待。雍齿曾经反叛过他，但他称帝后，封雍齿为什邡侯。

在决策上，他从谏如流。刘邦只要觉得是好建议，无论对象是谁，都会立即采用。近臣如张良、陈平，言听计从；谋士如郦食其、陆贾、辕生，献策即用；哪怕是乡里一个糟老头董公拦马而说的话，他都恭听遵行。

在用人上，他坚持五湖四海。他的手下，张良是贵族，韩信是平民，陈平是游士，萧何是官差，灌婴是布贩，樊哙是狗屠，彭越是强盗，娄敬是车夫……可谓三教九流，形形色色，什么人都有，刘邦一视同仁，而且按功领赏，各尽所长。

试想，这样一个"竖子"，想不"成名"都难啊。

37. 妙计降魏豹

秦末和楚汉战争中，魏豹也算一个重要的人物，因为他的取向，决定着楚、汉力量的对比。

魏豹祖上是战国时期魏国的贵族。陈胜起义后，立其兄魏咎为魏王。章邯破魏，魏咎被迫自杀，魏豹逃至楚国，向楚怀王借兵，收复魏地二十余城，自立为魏王，后随项羽入关。项羽分封天下时，自己想据有魏国梁地，便封魏豹为西魏王，将他迁往河东。对于项羽的分封，魏豹很有意见。汉二年三月，刘邦东征至魏地，大军压境，魏豹降。彭城之战，刘邦大败，魏豹以母亲生病为由脱身回到魏国，又叛汉归楚，俨然是秦汉时期的"倒戈将军"。

刘邦对魏豹的叛变很生气，特派郦食其赴魏劝说，希望魏豹重新归汉。但魏豹高调拒绝了，他的理由是："今汉王慢而侮人，骂詈诸侯、群臣如骂奴耳，非有上下礼节也，吾不忍复见也！"（司马迁《史记·魏豹彭越列传》）说刘邦喜欢骂人，对待诸侯和大臣如同呼来喝去的奴隶。魏豹的话，与当时引荐郦食其的骑士的话如出一辙，都是指责刘邦不尊重人。

不过，仅以此为理由，就决定一国一地之向背，倒也太轻率了一点。此外，当初刘邦东征，魏豹不战而降，如今，刘邦一败，魏豹立刻叛变，说明魏豹也是一个苍黄翻覆的小人。所以刘邦得到郦食其报告后大怒，决定攻打魏国。

为什么急攻魏国呢？因为魏国的地理位置太重要了。魏国西进可以直击关中，南下可以截断汉军粮道，如果与楚军联合，形成夹击之势，可置汉军于死地。在这紧要关头，刘邦当机立断，立升韩信为左丞相，安排他带领曹参和灌婴二将征伐魏豹。

征伐之前，刘邦没有草率从事，还是做了一番细致调查的。他曾就此专门询问郦食其说："魏豹敢于反叛于我，想必手下良将众多，他任谁为大将？"郦食其说："柏直。"刘邦一笑说："柏直乳臭未干，不是韩信的对手。骑将为谁？"郦食其说："冯敬。"刘邦又说："冯敬是原秦将冯无择之子，虽有些名声，但少战略，不是灌婴的对手。那么步将呢？"郦食其说："项他。"项他亦不是曹参的对手。刘邦放心了。

汉二年八月，韩信整军攻魏。韩信在出兵之前，也如刘邦一样做了详细调查。他了解到魏豹不用战斗经验丰富的周叔为大将而用缺乏经验的柏直，又将主力布置在河东蒲坂（在今山西永济市西南蒲州镇），他的目的一看即明，就是看准了汉军将从临晋关（又名蒲坂关。在今陕西大荔县东朝邑镇东北黄河西岸）渡黄河攻魏。

于是，韩信有了破敌之策。

韩信将计就计，在临晋关渡口安排大量船只，做出要从临晋关渡河的样子，暗中却派主力从黄河上游百里开外的夏阳县（今陕西韩城市南西少梁）过河。在此过河，当然不能大张旗鼓。韩信没有用船，而是派人赶制了一种叫木罂（如同小口大肚的瓶子）的简易渡河工具，偷偷将主力部队渡过了黄河。过河后，载信领军直攻安邑（在今山西夏县西北），如同神兵天将，一举攻下了安邑。

魏豹得报汉军奇袭安邑，慌忙前去阻击，但汉军士气极盛，魏军如螳臂当车，纷纷溃退。已而，等候在临晋关渡口的汉将灌婴乘虚驱船疾进，强渡黄河，与韩信大军两路夹击魏军。魏军腹背受敌，仓皇失措，死伤大半，魏豹匆忙逃跑。嗣后，韩信在东垣县（治今山西垣曲县东南）俘虏了魏豹，已而挥师北上，拿下魏都平阳，收复了魏地。

伐魏的胜利，是刘邦彭城大败后取得的一次重大胜利，也是我国战争史上声东击西、出奇制胜最著名的战例，为汉军进一步开辟东征新战场，奠定了坚实的基础，足见韩信卓越的军事才能。

38. 薄姬的传奇人生

韩信俘虏魏王魏豹、拿下魏都平阳后，将魏豹一家子无论男女老少也悉数抓捕，安排专人解往此时汉王刘邦驻扎的荥阳，交其处置。

刘邦听到前线捷报，欢喜异常，对韩信的智勇更是赞不绝口。魏豹一家被押至荥阳，刘邦让人带来魏豹，一顿臭骂，恨不能立刻将他处死。魏豹一朝三暮四、反复无常之人，到底心里害怕，在刘邦面前战战兢兢，磕头如捣蒜，求汉王饶他一命。刘邦肚量大，臭骂一顿后，竟然饶了他的死罪，让他戴罪立功。

对于魏豹家眷，除了他那老态龙钟的老母亲之外，一律没入官府为奴，魏豹的三妻四妾亦不例外。魏豹的妻妾中，有一薄姬，姿色最佳，深得魏豹宠爱。魏豹成了汉王俘虏，所谓树倒猢狲散，薄姬与其他家眷一起，被分配到各种机构做工。薄姬被安排到汉王的织室，成为织室一奴婢。

薄姬母亲人呼魏媪，本是战国时魏王宗室。秦灭魏，魏媪流落民间，与吴地一薄姓男子私通，生下了一个女儿。秦朝灭亡后，魏豹被项羽封为魏王，其时，薄父已死，薄女待字闺中，出落得亭亭玉立，美貌如花，魏媪便将女儿送入魏宫，被魏豹选为小妾，即为薄姬。

河内郡（治今河南武陟县西南。西汉辖境相当今河南黄河、卫河和人民胜利渠以北地区）有一许姓老妇，人称许负，特别擅长相面，次次应验，广为人知。魏媪深信此道，特意将许负请来，为女儿看相。许负一见薄姬，大惊，对魏媪说其女将来当怀龙种，必生天子，说得魏媪心花怒放。

汉王东征，魏豹降汉，随刘邦攻楚。彭城大战后，刘邦收集残部及萧何后方补给的兵丁军需，与项羽相持于荥阳。当时，天下未定，魏豹听说薄姬将生龙种，比魏媪还兴奋，为何？薄姬若怀龙种，自己不就是当仁不让的天子吗？一个要当天子的人，还屁颠屁颠跟在刘邦后面听人家颐指气使干吗？于是，他背叛了汉王，决定单干，结果惹下大祸，不但战败被俘，魏地尽失，家眷亦被俘为奴。刘邦虽饶其死罪，让他协助镇守荥阳，戴罪立功，但汉将周苛等认为他"倒戈"成习，反复无常，如同埋下的定时炸弹，遂以"反国之王，难与共守"为由将其杀死。于是，魏豹带着他的天子之梦，一命呜呼了。

魏豹死后，刘邦某天路过织室，见薄姬姿色非凡，便将她召进内宫，成为妃嫔。汉王虽未称帝，六宫粉黛亦数千之众，薄姬入宫一年多，不见召幸。然无巧不成书，薄姬少时曾与管夫人、赵子儿要好，三人约定"先贵无相忘"，亦如当年陈胜的"苟富贵，无相忘"。后来，管夫人、赵子儿相继"选在君王侧"，被刘邦召入宫，且均沾雨露。

有一次，刘邦在河南宫内成皋台小憩，恰管夫人、赵子儿随侍在侧，笑谈儿时约定，刘邦便问她们笑什么，她们如实回答。刘邦听后，面色凄然，忽然对薄姬心生怜惜，当晚便召幸了薄姬。未几，薄姬生下一男婴，他便是后来的汉朝天子汉文帝刘恒。母以子贵，汉文帝登基后，薄姬被封为皇太后，极尽荣贵。

薄姬一生，堪称传奇。

而其前夫魏豹，则十足傻子一个。他闻说薄姬当生天子，便以自己为"龙生龙"的"龙"，因而叛汉。孰料张冠李戴，那"龙"却是汉王刘邦，结果不但未实现自己的天子梦，反而招来杀身之祸，虽曰人事，岂非天命哉！

39. 背水一战

　　魏地平定后，韩信向刘邦提出开辟北方战场的建议，略谓："北举燕赵，东击齐，南绝楚之粮道，西与大王会于荥阳。"韩信的意思是利用北方代（项羽所封王国之一。秦亡，项羽以秦代郡为代国，徙赵王歇王之，都代县。另立张耳为常山王，王赵地。陈余向齐王田荣请兵，击走张耳，复歇故地。歇立陈余为代王，余以国初定，不之国，留傅赵王，而使夏说以相国守代）、赵与燕（项羽所封王国之一。秦亡，项羽封臧荼为燕王，都蓟县）等割据势力互不买账的特点，先灭代、赵、燕，再挥师东向攻齐（秦亡，项羽徙齐王田市王胶东，立田都为齐王，都临淄县。后田荣并三齐，自号为齐王），南向干扰楚军粮道，对楚军实施侧翼包抄，最后与刘邦会师于荥阳，统一天下。这一战略得到了刘邦的赞同和期许。于是，韩信请求刘邦增兵三万，率曹参、灌婴、张耳诸将，先打败了代相夏说，夺取了代地，然后准备东伐赵国。

　　不过，在支持韩信开辟北方战场的问题上，刘邦是冒了一定风险的。何解？一来，当时荥阳的压力并不轻松，项羽虽然进攻不顺利，但他的攻势并未减弱。二来，墙倒众人推，彭城大败后，刘邦牵头的反楚联盟迅速瓦解，除了韩王信（韩信，战国末韩襄王庶孙。秦末，率兵随刘邦入武关。刘邦还定三秦后，拜韩太尉。汉二年，略定韩地十余城，立为韩王）外，赵、魏、燕、齐几乎都背汉从楚，成了刘汉政权的敌人。三来，随着汉、楚在荥阳僵持的时间越来越长，刘邦所受压力也越来越大。在这种情况下，刘邦还调了三万兵马助阵韩信，充分体现了他对韩信的信任和对开辟北方战场的重视。

然而，汉军在荥阳毕竟压力太大，刘邦得报韩信平代后，高兴褒扬之余，仍不得不要求韩信将曹参及其所部调回，因为汉军粮草大本营敖仓缺乏镇守将士，敖仓倘有闪失，那就如同后院起火，将功亏一篑。韩信虽不舍，但他以大局为重，让曹参率军回去了，随后退至太原郡（治今山西太原市西南古城营。辖境相当今山西内长城以南，吕梁市离石区及灵石、昔阳等县以北地区），招兵买马，筹备伐赵。

太原郡在太行山以西，赵国在太行山以东，韩信攻赵，要越过太行山，而大军要越过太行山，最好的选择就是走井陉驿道。井陉驿道，位于今石家庄市西部，属太行山区，是秦始皇在灭六国后开辟的以咸阳为中心通天下的主要驿道之一，史称"燕晋通衢"。

汉三年（前204年）年初，韩信率军沿井陉驿道，越过太行山，在距井陉口（古关隘名。亦称井陉关。故址在今河北井陉山上。为太行山区进入华北平原之重要隘口）三十里的地方驻扎下来，随时准备攻打赵国。不过，韩信想出井陉口攻打赵国，实在是有些难度的。赵王赵歇、赵相陈余听说韩信已经灭代，从井陉驿道攻打赵国，他们便集赵国重兵二十万驻守于井陉口，以逸待劳，随时准备痛击汉军。

事情会是如此简单吗？当然不可能。当时，谋士广武君李左车便向陈余建议说："听说韩信、张耳越过黄河，俘魏豹、虏夏说，乘胜进攻赵国，韩信千里奔袭，士气正旺，势不可当。然而，我听说汉军的军粮需从千里以外运送，井陉驿道道路狭窄，车马不能并行，其辎重转运困难，粮草滞后不济，听说汉军樵苏不爨，士有饥色，亦为印证。为此，臣愿带领三万人马绕间道出击，夺取汉军辎重，切断韩信粮道，断其退路；您则统率赵军主力，深沟高垒，坚壁不战，与之相持。如此，韩信战不能进，退不能还，不出十天，韩、张二将人头即可送至将军帐前。否则，反之。"

陈余乃一腐儒，素持"义兵不用诈谋奇计"之见，且认为韩信兵少且疲，不应避而不击，他说："兵书言，兵力十倍于敌人，就可以包围，超过一倍即可以交战。现在韩信部众号称数万，实则不过数千，竟然千里奔袭，早已疲惫不堪。此时不乘机出击，待其后援来到，又如何应付呢？这不是贻笑于诸侯，招致他们的征伐吗？"因此拒绝了李左车的建议。

韩信派兵侦察后得知陈余并未采纳李左车的计策，截其粮道、断其后路，大喜，当即制定破赵良策。他安排两千名轻骑兵，让他们每人手持一面汉军战旗，由小路迂回到赵军大营侧翼。派出一万人为先锋，乘着夜色，越过井陉口，渡过绵蔓水（今河北井陉县绵河），背着河岸布阵，迷惑赵军。

第二天一早，韩信、张耳率军向赵军发动攻击。赵军见汉军背水列阵，哈哈大笑。汉军发动攻击，陈余率军鼓噪而出。厮杀一阵后，韩信让部下扔掉旗鼓仪仗，向绵蔓水方向逃跑，佯败迷惑赵军。到达绵蔓水附近后，韩信迅速与事先在那里背水列阵的部队会合，转身对赵军发起反击。汉军士兵后无退路，人人死战，奋起杀敌，两军交织一处，胜负难分。就在此时，埋伏在赵营侧翼的汉军乘着赵军大营空虚之机，突然出击，一举占领了赵营，他们拔下赵军旗帜，插上汉军的红旗。

交战中的陈余猛地发现自己大营已经插满了汉军旗帜，大惊失色，赵军将士更是张皇失措，弃甲曳兵而逃。占领赵军大营的汉军又乘机出击，与韩信所率主力两面夹击，赵军大败。陈余无心恋战，也加入逃亡的队伍。汉军紧追不舍，最后在泜水（上游即今槐河，下游即今沙河）附近将陈余追上并杀死。赵王赵歇亦束手就擒，后被斩首。

这就是韩信所领导的最著名的战役——背水一战，亦称井陉之战。

后来，众将问韩信为何会出"背水而战"的兵法之大忌这一险棋时，韩信说："此乃兵法所谓'陷之死地而后生，置之亡地而后存'。"众将大悟。

韩信胜因如此，那么陈余的败因呢？许多人将其归结为陈余不听李左车"深沟高垒，坚营勿与战"的建议，归结为陈余拘泥于"义兵不用诈谋奇计"的迂腐。其实，这些说法并不完全正确。为何？因为当时陈余与李左车在战术上的想法是有很大分别的，李左车想用时间拖死韩信，但陈余认为不能拖，因为在韩信率军来攻的同时，刘邦也率大军渡过了黄河，从南向北攻击赵国，陈余回答李左车所谓"后有大者"，就是指刘邦。陈余必须速战速决，在井陉口一举歼灭韩信军，然后才能腾出时间和精力，全力对付北上的刘邦大军。

因此，陈余之败，并非完全由于迂腐所致，乃战术选择上的失误。

尽管如此，李左车仍不失为秦汉之际纵横捭阖的一等谋臣，陈余舍其不用，韩信后来却将他收服，并用其计兵不血刃平定了燕国。

40．谒者随何

在楚汉战争中，九江王英布的向背，是刘邦、项羽孰胜孰败的关键，就好比擂台上两个僵持的大力士，谁也摔不倒谁，旁边一小个子却"四两拨千斤"，他的砝码加之于谁，谁就能将对方打倒，取得决定性胜利。英布无疑就是两个大力士边上的那个小个子。然而，谁能说动英布决定他最后的向背呢？有，他就是谒者随何。

据郑天挺等主编的《中国历史大辞典》载："谒者，官名。春秋战国时期为国君、卿大夫的侍从官员，掌接待引见宾客，朝会时担任警卫，亦奉命出使。……"可见，谒者是一个为国君传达命令、通报情况、表达意愿的官职，具有警卫兼使者等多重职责。

据《史记·黥布列传》载，汉二年年初，齐王田荣背叛项羽，项羽率兵击齐，令九江王英布率军前往助战，英布托病，只派四千士卒听调，二人因此结怨。刘邦彭城大败后，匆匆逃亡，当逃到虞县（治今河南虞城县北）时，惊魂未定的他想捞救命稻草，却想起了已与项王有隙的英布，他看看左右说："像你们这些人啊，是不配与我共谋天下的。"想他用的是激将法。时任谒者的随何应声说："不知大王何意？"刘邦说："谁能为我去一趟九江国，说动九江王英布背叛楚国，投靠于我，只要他把项羽牵制数月，我夺天下就可万无一失了。"

于是，随何请行。

随何带了二十个随从，兴冲冲赶到九江拜见英布，英布却只让太宰（官名。亦作大宰，简称宰。相传殷朝即置，为百官之首）招待他于驿馆，一连三日拒绝接见。眼看事情要黄，随何到底是谒者，既有主见，又有口才，他游说太宰说："我受汉王之命来拜见九江王，九江王却借故不见，必是以为楚强汉弱，心存犹豫。请太宰转达我的意思，倘我所言合意，大王便听，如果不合，大王可将我等二十人枭首市曹，以明大王背汉从楚之心。"

英布听说后，便接见了随何。

随何见到英布，开口直奔主题道："楚国凭什么值得大王那么亲近？"

英布未觉得突兀，回答说："寡人对楚北向而臣，情理之中，当然亲近。"

英布当然会这样说，不过随何不这么认为，他发挥自己的特长和优势，一字一顿地分析英布对楚国的"北向而臣"到底是真心还是假意，他列举了两条：

一是项羽攻齐，项羽自己还身先士卒，英布作为臣子，更当倾巢而出，为楚军先锋，但实际上，英布称病，只派区区四千人助力，这哪是"北向而臣"的样子？

二是刘邦攻彭城时，项羽尚在齐国，英布作为楚臣，当统兵渡淮，救援彭城，但实际上英布坐拥数万之众，垂衣拱手，冷眼旁观，这又哪是"北向而臣"的样子？

这两条"铁证"，足以证明英布对待项羽和楚国，不是全心全意，而是假心假意、三心二意。接着，他又鼓舌掀簧，向英布分析当前的汉、楚两国的形势，详细证明了两点：

第一，从当前战况来看，"楚兵不足恃"；

第二，从人心向背来说，"楚不如汉"。

这两点揭示了英布因强惧楚、因弱背汉的认识误区。

最后，随何才将汉王派他出使的"谜底"揭开，希望英布背楚从汉。只要英布背楚，项羽必会发兵进攻，便可将项羽牵制住，如此，只需数月，汉王就能战胜楚王，夺取天下则指日可待。同时，他还表达了刘邦的承诺，说事成后，"汉王对英布必裂地而封，比项王所予有过之而无不及"。

随何说完后，英布回答了三个字："请奉命。"

很干脆。

嗣后，英布叛楚归汉，使楚汉战争的形势陡然逆转，为刘邦夺取天下起到了关键性的作用。

随何劝说英布有理有据，分析透彻，环环相扣，步步进逼，亦见智见勇，不愧是汉王身边的著名说客。然而，尽管随何智勇双全，但要说服一位坐拥千军万马的将军背信弃义投靠敌人，光靠摇唇鼓舌是不足以成功的，成功的关键在于，随何洞悉英布早与项羽貌合神离，内心早存反叛的动机，并用自己的智慧将其表面化，促使英布正确面对，快速决定。那么，英布内心为什么会存反叛动机呢？

细细梳理英布的经历，会发现英布反叛项羽是有深层次原因的。当年，他虽与蒲将军一起投奔了项梁，但不久后他们都奉楚怀王熊心为君，项梁为武信君，英布为当阳君。项梁死后，怀王迁都彭城，英布一直都随侍在怀王左右保驾，当时地位与项羽相差无几。楚军北上救赵于巨鹿，宋义是上将，项羽是次将，英布为将军，从从属上来说，只有分工的不同，并无君臣关系。项羽军前谋杀了宋义，取而代之，同为宋义麾下将领的英布，难免会产生兔死狐悲之感。所以，项羽与英布地位相当、经历相似，功劳也无太大差别，英布对项羽若要以臣事之，心理层面是有难以逾越的鸿沟的。

而事实也的确如此，正如随何所分析的，英布助楚攻齐不力，汉王破彭城时又冷眼旁观，这哪是以臣事君的态度？

一边有汉王使劲地拉拢，一边有随何卖力地劝说，加上英布对楚的貌合神离，于是，引诱英布背楚从汉的事最终尘埃落定。

不过，无论怎么说，此事最关键还是随何。是他洞悉机巧的智慧和那张舌灿莲花的嘴，完成了这个先前看起来几乎是不可能完成的任务。

而项羽听说英布叛变，火冒三丈，立刻派项声、龙且率兵进攻九江。两军交战月余，英布败绩，只得放弃九江，到荥阳投奔了刘邦。项羽遂抓获了英布家人，全部处死。英布闻此消息，悲恸欲绝，怒发冲冠，从此与项羽成为死敌，对刘邦死心塌地。

41. 王的伎俩

刘邦之所以能够实现由一介布衣到一代帝王的华丽转身，他身边那些谋臣武将舍生忘死为他打天下自然是最重要的因素。刘邦身边部属众多，形形色色，忠奸不一，有一心一意的，有三心二意的，也有先三心二意后一心一意的。然而要问刘邦身边部属从始至终最忠心的，毋庸置疑，那个人就是萧何。

为什么？

因为萧何的忠心是刘邦自己测试出来的。

萧、刘二人同乡，都是沛县丰邑人。在秦朝，萧何任沛县主吏掾，县令手下的主要属吏，文职官员，也即司马迁所谓"刀笔吏"。别看萧何只是一个小小属吏，但他学、识、才、干非常全面，且有如下几个鲜明的特点。

一是有情有义。萧何为"刀笔吏"的时候，刘邦还是一介布衣，作为父母官，萧何对无论身份或地位都低于自己的刘邦却总是高看一眼，厚爱一层，多次利用职权保护他、关照他。刘邦任泗水亭长后，萧何对他更是厚爱有加。后来，刘邦以吏员身份去咸阳服徭役，临行大家凑份子为他资助路费时，县吏们一般只送三个大钱，唯独萧何送了五个。可以说，刘邦在举大事前，萧何就像大哥照顾小弟一样罩着他，对他有情亦有义。

二是办事稳妥。任县主吏掾时，萧何办事熨帖就素有好评。秦朝一御史来监察郡政，因工作需要，与萧何一起办公，萧何事事处置妥当，大获赏识。他因此被委任为郡卒史，在考核中还名列第一，御史甚至推荐他担任更重要的职务。可见他的办事能力是有目共睹的。

三是深谋远虑。刘邦西征进入咸阳后，手下那些谋臣悍将纷纷奔向秦府库瓜分金银财宝，唯独萧何赶往丞相府和御史府，将二府所藏秦朝律令、山川图籍等珍贵资料拿到手中，既胸怀大局，又具卓越远见。

四是慧眼识才。韩信无名时，汉丞相萧何就在汉军万马丛中发现了他这匹"千里马"，认定他是"无双国士"。韩信不辞而别，萧何冒着被刘邦误会的危险星夜狂追，苦口婆心劝说其回头，并推荐为大将，既有识才之眼，又有推荐之功。韩信后来果然雄才大略，智谋非凡，英勇善战，攻城无数。然而，没有萧何，哪有大将韩信，以及他为汉朝立下的盖世功勋？

五是精明强干。俗话说"打仗打的是后勤"，刘邦还定三秦的过程中，萧何以汉丞相留守汉中，全面主持大后方事务，镇守地方，征收赋税，源源不断地为前线输送给养，确保了后援的充足。楚汉战争最艰难的那几年，萧何辅佐年仅五岁的太子刘盈，坐镇刘邦大本营栎阳，制定法令，管理郡县，建宗庙、立社稷、修宫室、治县邑，凡事先报告刘邦，得到许可方才施行，遇到情况特殊，不得不先期处理的，也会等刘邦回来后报告事情的缘由、经过和结果。萧何为刘邦理政，可谓事事谨慎，如履薄冰。尤其是在刘邦打天下的过程中，随着战线不断拉长拓宽，后援需求越来越大，萧何在后方朝乾夕惕，想方设法，竭力使前线的粮草得到充足供应，兵源得到及时补充，给汉军提供了坚强有力的保障。

可以说，在刘邦的左膀右臂中，萧何是遇事最冷静、办事最稳妥、最让刘邦放心的人。然而，对于这样有才有识有能有绩而又兢兢业业的人，刘邦有了猜忌之心。《史记·萧相国世家》载：

"汉三年，汉王与项羽相距京索（京，春秋郑邑。秦置京县，治今河南荥阳市东南。索，城名，今河南荥阳市北四里）之间，上数使使劳苦丞相。"

为什么三番五次特派使者回关中慰劳萧何呢？这不是十分异常吗？

这时，鲍生向萧何揭示了谜底，他说："王暴衣露盖，数使使劳苦君者，有疑君心也。"（司马迁《史记·萧相国世家》）哦，原来表面是慰劳，实则试探，刘邦对萧何生了猜忌之心。这让一心做事的萧何不禁惶恐起来，不知如何是好。鲍生又给他出了一个主意，说："为君计，莫若遣君子孙昆弟能胜兵者悉诣军所，上必益信君。"只要你将子孙兄弟中能够打仗的人都派到前线军队中去，汉王就放心了。萧何依计而行，把家族中能够作战的亲人悉数打发到刘邦军前效力，刘邦果然大为高兴，再也不派使者回来慰劳萧何了，让他在栎阳放手去干，信任有加。

萧何对刘邦如此有情有义，对刘邦的事业又如此尽心尽力，刘邦为什么还要猜忌呢？究其原因，就是一个"忠"字，因为他看到了萧何能干和敬业的一面，却没有看到或看清他对自己忠心的一面。任何一个权力至高者，都要确认手下的忠心，只有确认了这一点，他才会视其为心腹，对其放心放手。对他来说，忠心是换取信任的唯一法宝，这就是王的伎俩。

所以，后来刘邦定天下，论功行赏，萧何便被确定为功劳最大、位次第一，连资历最老、攻城略地无数、身负七十多处伤疤的曹参都不得不次之。然而，仔细考究，萧何的功劳就硬比曹参、张良、韩信大多少？不见得。刘邦如此安排，除了萧何确实功劳不小之外，最关键的，恐怕还是因为萧何忠心。

42. 忠心抵不上流言

汉王刘邦在鸿门宴上因项羽的一时糊涂而纵虎归山之后，亚父范增曾给过项羽一句评价："竖子不足与谋。"果然吗？回答是肯定的。因为鸿门宴，便有了后来的楚汉相争。

汉三年，楚汉对峙于荥阳。当时的情况对刘邦一度极为不利，一方面钟离眛领兵夺取了敖仓粮道，使坚守于荥阳的汉军供给不济，将士恐慌；另一方面项羽率大军"急围荥阳"，其势如瓮中捉鳖。只要楚军上下勠力同心，荥阳城破、汉军瓦解指日可待。所以，"汉王患之"，刘邦急得像热锅上的蚂蚁，甚至在万般无奈之下还向项羽"请和，割荥阳以西为汉"，其张皇失措之状毕现。项羽竟然"欲听之"，差点又落入刘邦的圈套，在范增的力谏下才没有犯傻，继续围攻荥阳。

刘邦一计不成，又施一计。什么计呢？离间项羽的"陈平计"。刘邦听从陈平建议，"予陈平金四万斤"做活动经费，专门用于离间楚军上下关系开支。钱能通神啊，收了金的人到处活动，关于范增的流言一时甚嚣尘上，路人皆知，项羽开始怀疑。

当项羽派使者到汉营时，刘邦假意将他当成范增使者，好酒好肉招待，当对方说明是项王使者后，又故作惊讶，失望地将佳肴换成粗食。使者最要面子，受此羞辱，回去立马向项羽打小报告。简直是一个绝妙的连环计，纵然再聪明的人，也会不由自主地堕入其中，何况项羽本来就是个粗而不细的纠纠武夫，他一听就跳了起来，范增作为自己刚封的历阳侯，竟然与汉敌私通，那还得了！随即降他的职、削他的权。

范增一心事楚，项羽却将他的好心当作驴肝肺，罢了，干脆向项羽告老还乡，归去、归去，一了百了。项羽一听，竟然当场"许之"，同意了他的请求。范增更是怨气冲天，羞愧难当，结果在回家的路上"疽（中医指局部皮肤肿胀坚硬而皮色不变的毒疮）发背而死"，终年七十四岁。

项羽不能容人的褊狭性格，在范增受辱自杀过程中表现得淋漓尽致，像这样的老板，真得如韩信、陈平们一样，早早离开为妙。苏东坡在《论项羽范增》一文中就感叹于范增没能及早离开项羽，说："增之去善矣，不去，羽必杀增。独恨其不早耳。"然则，何时离开是最恰当的时间呢？是鸿门宴后吗？不是，应该在项羽杀卿子冠军宋义时离开。为什么？因为此时项羽还未杀义帝熊心，"增与羽比肩而事义帝"，那时，项、范之间君臣之分未定。而义帝一死，项羽成了霸王，于是就有了君臣之分，项羽为君，范增成臣，君要臣死，臣不得不死，疑他，不过死之开端而已。宋义死时范增未离开，义帝死后他的结局就决定了，正如苏东坡所说："未有义帝亡而增独能久存者也。"

而对任性的项羽来说，范增的离去，使他几乎失去了最后一根救命稻草，他也因此众叛亲离，结果自取灭亡。所以，总结项羽之败，关键在一个"疑"字，"陈平计"也正是抓住了项羽故步自封、私心用事、猜忌成性、众望难孚的特点，倘若项羽"疑人不用、用人不疑"，他曾经的手下如韩信、陈平、英布等人就不会加入刘邦阵营了。"陈平虽智，安能间无疑之主哉。"所以，多疑，导致了君臣不和，导致了将士离心，导致了战局朝有利于对手刘邦的一方发展。鸿门宴后，范增对项羽的评价后面其实还有一句话："夺项王天下者，必沛公也。"这则评价亦是"果然"。

然而作为与项羽同样为王的刘邦，他就不多疑吗？他斩臧荼、杀韩信、剁彭越、诛英布，哪一件血雨腥风的诛杀背后不是因为多疑？那么，在反秦和楚汉战争期间，刘邦为什么又能够显示出一般人难以做到的宽厚、仁慈、豁达、包容，通过留张良、拜韩信、识陈平、招英布，而使"天下英雄入吾彀中"呢？究其原因，是因为彼时有一个项羽啊！项羽在时，他刘邦顶多算个"草头王"，天下未定，前途未卜，他只得与大家和衷共济，共同对抗强敌项羽。一旦项羽兵败垓下、命丧乌江，所谓"时无英雄，使竖子成名"，天下便姓了刘氏，而他的敌人就由项羽变成了对其权位构成潜在威胁的劳苦功高的文臣武将，于是"鸟尽弓藏，兔死狗烹"，收拾文臣武将，不过是顺理成章的事而已。倘若项羽在世，群雄林立，保准韩信、彭越、英布们只要不战死疆场，都会活得好好的。

帝王多疑，此乃千古一律的通病。陈余曾在给章邯的劝降信中说过一句话："有功亦诛，无功亦诛。"秦如此，楚如此，汉亦如此。

43. 忠义英雄纪信

　　刘邦底定天下后论功行赏，萧何被刘邦确定为第一功臣。这样分封，是针对生者而言，如果包括死者，那第一功臣的位子或许就不是萧何的了。这头把交椅萧何不坐，谁有资格坐呢？应该是纪信。因为，倘若没有纪信，刘邦在荥阳之战中早已死于非命，怎会轮到他做皇帝？

　　楚汉对峙于荥阳后，楚将钟离昧领兵夺取了敖仓粮道，使坚守于荥阳的汉军供给不济，项羽又率大军"急围荥阳"，形势急转直下。刘邦虽然用"陈平计"诱使项羽驱逐了范增，但他这阴狠一招并未动摇项羽的根本，钟离昧等大将依然斗志昂扬，围困荥阳的力度也丝毫不减。

　　刘邦一向运气好，常常逢凶化吉，遇难成祥，像鸿门宴，像彭城大战，无不化险为夷，平安脱身。然而这次，他心里没有一点底。而且，项羽因为刘邦用计害得自己失去一位顶尖智囊，肠子都悔青了，对刘邦恨之入骨，所以围得更紧、攻得更凶、打得更猛。

　　刘邦被困荥阳数月，粮道断绝，供给匮乏，外无援军，内无良策，连平日里妙计迭出的张良、陈平诸人，亦是干瞪眼，没办法。眼看不是围城饿死，就是城破战死，大家无棋可举，一筹莫展。难道还有第三条天无绝人之路吗？有，因为纪信来了。

　　《史记》中关于纪信的记载不多，只知道他是赵国人，秦末大乱，他加入刘邦的军队，后随刘邦入关。鸿门宴中，刘邦乘项羽与樊哙谈话之机，假装离席如厕，出来后，纪信便同樊哙、夏侯婴、靳强等保护刘邦逃出，平安返回灞上。可以说，这之前，纪信已经参与过一次营救刘邦的行动。而在这四面包围的紧要关头，纪信又一次挺身而出，其忠义精神可见一斑。

纪信对刘邦说："大王若要九死得一生，唯一的办法就是'诳楚'，我假冒大王，坐车出降，大王乘机逃走。"倘别人这样说，那是哄鬼，一看便会被识破，人还未走，早已乱箭穿胸，不像嘛。而纪信说这一番话却有据可依，因为他的外貌与刘邦极为相似，如同一个模子里刻出来的。他以自己做掩护，让刘邦金蝉脱壳，说不定可行。

人只要能救命，什么计谋不能用？刘邦对纪信几乎感激涕零了。于是，他召来张良、陈平诸人，与纪信一起商量具体对策和细节，最后确定，此计核心就是纪信所谓"诳楚"，欺骗楚军，声东击西，乘乱出逃。刘邦随即派出得力干将，出城向楚营的项羽送上投降书，承诺当夜亲自来降。

项羽一听老冤家刘邦将要投降，喜不自胜，静待夜晚和刘邦的到来。

入夜，城外灯火通明，荥阳城东门开启，楚军都伸长脖子，想看看传说中的刘邦是个啥样子，结果出来的却是一队美女，接着又是一队，这一队队的美女外穿破旧的战甲，成群结队，怪模怪样。不过，个个美貌，而且出来一队又一队，足有两千多人。

当兵的最喜欢看美女，加上都知道刘邦今晚投降，所以其他的楚军也都挤到东门来看美女，反正闲着也是闲着，何况还有秀色可餐？就在士卒们盯着美女目不转睛之际，刘邦带领张良、陈平、夏侯婴、樊哙等人出西门，一阵风似的逃走了。

翌日破晓，纪信才坐着刘邦的车子，慢慢腾腾地从东门出来，等他到达楚营，项羽终于发现，此"汉王"非彼汉王，顿时气得浑身哆嗦，震怒之下，命人拾柴燃火，将纪信活活烧死了。

纪信用自己的生命换回了刘邦的生命，其忠义精神令人感佩，他为汉朝第一功臣，可谓实至名归。

44. 曹咎之"咎"

　　有人将季布、钟离眜、桓楚、龙且、曹咎并列为"西楚五大忠臣良将"。这种排列看似不错，实则大有问题。如钟离眜，垓下之战遭遇十面埋伏大败后，他胆怯厌战，丢兵弃主，自是不忠。又如曹咎，说他是"忠臣"固然不错，但说他是"良将"，又是个天大的笑话。

　　我们知道，当年项梁因罪被捕，关押于栎阳，是栎阳狱掾司马欣施援才终于脱罪，而居中联络者，便是曹咎。可以说，曹咎亦是项家的大恩人，项家叔侄也一直把曹咎当成自家人，眷顾有加，十分信任。在楚汉战争期间，曹咎已被项羽重用为大司马，封海春侯。

　　项羽与刘邦对峙荥阳之际，汉将彭越曾领兵游动作战于梁、楚之地，常袭挠楚军后方，曾攻下睢阳（在今河南商丘市南）、外黄等十七座城邑，并破坏其粮道，牵制项羽，帮助刘邦在主要战场作战，史称"彭越挠楚"。后方不稳，乃兵家大忌，汉三年九月，项羽当机立断，决定率军去攻打彭越，收复梁地。

　　追击彭越之前，项羽将镇守西征大本营成皋（在今河南荥阳市西北泛水西）的重任交给了曹咎，还特别交代："谨守成皋，则汉欲挑战，慎勿与战，毋令得东而已。我十五日必诛彭越，定梁地，复从将军。"（司马迁《史记·项羽本纪》）意思是，曹侯你就带领着那些精兵强将，深沟坚壁，固守成皋，只要能阻挡汉军东进，就是最大的胜利。

　　项羽千叮咛、万嘱咐，既见对曹咎的信任，更见对成皋的重视。

　　项羽引兵攻击梁地后，刘邦带领他的汉军果然如约而至，在成皋城外挑战，大司马曹咎刚开始也果然"谨守成皋"，任汉军在城外叫嚣谩骂，依然紧闭城门，不理不睬。刘邦见对方不应战，便安排士兵们轮番到城下辱骂；亦有汉兵手持白布幡，上书"曹咎"二字，下面画着猪狗之类的畜生；亦有汉兵拿着菜刀、砧板，骂一句，剁一刀，剁一刀，骂一句，极尽羞辱之能事。

曹咎不堪其辱，准备提兵应战。这时，与曹咎一起坚守成皋的司马欣赶快出来阻止说："项王临行交代，只守不战，拖延时间，阻其东进则可，千万不可节外生枝。"曹咎暂时忍住怒火，没有应战。

汉军见楚军不理睬，咒骂的声音便一天比一天大，羞辱的手段一天比一天恶，不仅拿刀剁砧板，还用枪械刺地面，口中大声叫骂曹咎，每一枪下去，就像将曹咎刺死一次一样，如此这般，一连五六天，天天如此。最后，曹咎实在忍受不住了，他乘汉军在城外倦怠之机，提兵出城，扑向汉军。司马欣等来不及劝阻，也只得跟着一起杀出城来。

汉军见曹咎、司马欣率军出城，却一哄而散，逃之夭夭。曹咎率军一路追赶，直追到汜水（即今汜水。发源于今河南巩义市东南，北流经荥阳市汜水镇西，北注入黄河）之滨，汉军纷纷逃过汜水，曹咎暴怒不已，见汉军过河，也下河继续追。突然，早已埋伏在汜水两岸的汉军倾巢而出，左岸樊哙，右岸靳歙，率众向汜渡的楚军发动了猛烈的进攻，被射杀或淹死的楚军转瞬即过半数，曹咎此时才恍然大悟，悲愤交加，终因损兵折将、愧对项王而拔刀自杀。司马欣亦为汉军包围，也兵败自杀身亡。

最后，刘邦顺利拿下了成皋。

曹咎之"咎"在于，项羽因他丢了成皋，更丢掉了失而复得的敖仓，这让项羽彻底陷入被动，西楚从此急转直下，由盛而衰。

45. 书生技痒亦多事

那位被称誉为"乾隆六十年间，论诗者推为第一"的黄景仁《杂感》诗曰：

> 仙佛茫茫两未成，只知独夜不平鸣。
>
> 风蓬飘尽悲歌气，泥絮沾来薄幸名。
>
> 十有九人堪白眼，百无一用是书生。
>
> 莫因诗卷愁成谶，春鸟秋虫自作声。

这当然是仲则先生的自嘲与牢骚。然仔细推敲，会发现诗人的意思并非真说书生无用，而是通过这种自嘲，表达有志难伸、抱负难展的怨恕。而且，背后更是隐藏着一种只要有伯乐，自己就是千里马的自信。满腹经纶的书生大抵如此，"学成文武艺，货与帝王家"的理想鼓动着他们搬着自己的"砖"到处"敲门"，希望得到贵人的赏识，以扬眉吐气，激昂青云，借他人的翅膀飞上理想的蓝天。

秦末世乱，军阀林立，纷纷你方唱罢我登场，是一个英雄辈出的时代，也是一个个书生用"砖"到处"敲门"的时代，往往昨日还处江湖之远，今日就居庙堂之高，于是，待价而沽者翘首以盼，送货上门者奔波于途。只是，人生不如意事十常八九，大都是满心希望而去，满肚怨气而归，有的甚至还丢了卿卿性命，高阳书生郦食其就是如此。

当年，满肚诗书的郦生居于穷乡高阳，屈尊当了一看门小吏，依然满怀着"一登龙门"的期待，后果为刘邦所用，遂至"身价百倍"。他向刘邦献计先取陈留，将陈留作为西征大本营，以消除后顾之忧，得到了刘邦的认可。为了帮助刘邦顺利得到陈留，郦生不惜出卖自己的朋友陈留县令，利用陈留县令对自己的信任，里应外合，使刘邦轻取陈留。郦生将陈留当作"敲门砖"献给刘邦之后，立马扶摇直上，被封为广野君，成了刘邦的核心智囊之一，位高权重。可见，最迅速的上升，往往伴随着阴谋或出卖，在弱肉强食、改朝换代的时候尤其如此。

嗣后，郦生随刘邦西征，在入关中、定三秦、征西楚的过程中，献了不少妙计。如刘邦攻打峣关，是郦生带着大量珍宝去周旋收买，迷惑守将而夺取峣关；东征魏豹，是郦生凭自己的巧舌如簧，代表刘邦前去招降，虽然魏豹不降，但郦生在此过程中，已经尽得魏国情报，为后来韩信攻魏奠定了坚实的基础；楚汉战争期间，又是郦生一再劝说刘邦"据敖仓之粟，塞成皋之险，杜大行之道，距蜚狐之口，守白马之津"，使刘邦在楚汉战争中夺得先机。可以说，郦生为汉并天下赤胆忠心、鞠躬尽瘁，奉献了自己的聪明才智和满腔心血，可谓功若丘山。

然而，才高人愈妒，郦生太聪明了，结果聪明反被聪明误。汉三年七月，燕地、赵地已定，唯齐国未下，刘邦乘项羽疲于应付、无暇东顾之机，命韩信东征齐国。当时，齐国田横立兄田荣之子田广为王，自为相国，麾下二十万军队，声势浩大。韩信手中兵马虽然不足齐国半数，但他智勇双全，威震四海，战争中以少胜多简直是家常便饭，井陉之战以区区几万兵马完胜陈余二十万大军。所以，齐王田广听说韩信东征，吓得面如土色。

不过，不单"书生技痒爱论量"，而且"书生技痒亦多事"。韩信伐齐，本是刘邦既定方针，人家韩信已做了相当长时间的准备，只待号角吹响，挥师向东。这时，郦生却技痒，节外生枝地向刘邦又献一计，请准许他前去齐国劝降田广、田横。刘邦最大的优点就是从谏如流，郦生能让齐王弃械投降，何乐而不为？

郦生以汉使身份，到了齐国首都临淄，拜见田广、田横，一番陈利言弊，攻心扼吭，竟然说得田家叔侄连连点头，答应对汉俯首称臣。随后，郦生修书一封给韩信，让其罢兵。田广、田横因为接受了郦生的劝降，料想韩信必会掉转马头，挥师南下与刘邦合力攻楚而去，所以不仅撤掉之前安排田间备战历城（今山东济南市）的二十万大军防守，而且君臣二人还与素有"高阳酒徒"之称的郦生天天美酒、夜夜笙歌，纵情玩乐去了。

正在秣马厉兵急于攻齐的韩信，听说郦生没费吹灰之力就说服齐王归降，轻取齐国七十余城，那股子酸劲就上来了，我这攻城略地无数的堂堂大将，难道还不如一介腐儒？心里甚不服气。于是，他乘着夜色，带兵越过黄河平原津，星夜奔驰，攻入齐境，竟然一路凯歌，不日兵临临淄城下。田广听说汉兵攻来，惊讶之余，认为郦生出卖了自己，一腔怒火全部撒向郦生，他说："你能阻止汉军进攻，我则让你活，不然我就烹了你！"郦生却回答说："举大事不细谨，盛德不辞让，老子才不会再替你去游说韩信呢！"于是，田广将郦生下了油锅，来了个大煮活人。

郦生之死，论责任韩信当排第一，若非他那妒才之心，大军压境，郦生凭他那三寸不烂之舌，齐国投降是顺理成章的事情，大可不费一刀一箭。但韩信怕郦生抢了自己的风头，忙中添乱，故意掣肘，一个谋略家就这样白白送掉了性命。话又说回来，郦生之死，刘邦难道没有责任？当然脱不了干系。倘不是他打乱韩信东征的既定方针，多此一举地派郦生去招降，也不会置郦生于死地，失此高参的。不过，郦生之死，其原因归根结底还是他自己。当然，不能说他咎由自取，但他利欲心、功业心太重，也的确是最重要的原因之一。试想，凭一张巧舌就能轻松拿下城池七十余座，平定一个广袤富足的国家，这是多么崇高的荣耀啊，这是多么伟大的功劳啊！等到刘邦坐了天下，他郦生就是开国功臣。这一神奇的幻景让郦食其如一只扑火的飞蛾，飞向了悲剧的结局。

46. 单项选择

一个老掉牙的选择题。老妈和老婆同时掉进水里，先救谁？有人说，先救老妈，老婆没了再娶。这种人没良心。

有人说，先救老婆，因为老婆是孩子的妈。这种人没孝心。

出这样一道非此即彼绝无其他答案的单项选择题，目的是请君入瓮，做了套子给人钻，让人先犯难，继而犯傻。因为无论如何回答，你都会是个傻子。

然而，历史上真有类似的故事，楚汉战争期间，项羽就给刘邦出了一道这样的单项选择题。

刘邦伏击曹咎，夺取成皋之后，"尽得楚国金玉货赂"，把项羽烧咸阳、掠天下所抢夺的财宝悉数据为己有，随即围困钟离眜于荥阳，以敖仓之粟源源不断接济军需，供给充足，士气高涨。汉四年（前203年）十月，正在梁地攻打彭越的项羽不得不飞速回军，解了荥阳之围，随后，两军对峙于广武。

广武，即广武山，昔称三皇山，又称敖山，位于今荥阳市东北约三十公里的黄河南岸。广武山上有一条南北走向的巨壑，史称广武涧，也即鸿沟。

当时，项羽屯兵涧东，刘邦屯兵涧西，东西仅相距二百余步。

对峙期间，项羽屡屡叫战，刘邦却始终守而不出，做一个坚定的"缩头乌龟"，任项羽如何叫嚣，他就一个字：忍。

两军在鸿沟边耗着，一晃就是数月。

刘邦之所以只守不战，是希望用持久战拖死项羽。你想啊，刘邦据敖仓之粟，不用担心供给。而项羽呢，之前彭越和刘贾、卢绾已将他的粮道破坏，供给不畅，军中开始滋生厌战情绪。打持久战，项羽没这个耐性，更没这个能耐，他耗不起，巧妇难为无米之炊啊。

就在这时，项羽想到了一条妙计，你刘邦不出战吧？我有办法激将你。于是，他便给刘邦出了一道单项选择题。他命人制作了一张高脚案板，将之前抓获的刘邦父亲刘太公绑在案板上，推到涧边，然后用他那炸雷似的大嗓门向对面喝道："今不急下，吾烹太公！"

选择：要么下马投降，要么煮了你爸！

涧对面的刘邦闻听后，并未立即选择。父大如天，他虽不算孝子，但也不至于对别人烹杀乃父而无动于衷。他召集了张良等诸谋臣商议，大家分析，如今汉占上风，楚处劣势，下马投降，则前功尽弃。不降的话，还可赌一把，万一项羽有恻隐之心呢？万一张良好友、刘邦姻亲项伯出面周全呢？

因此，刘邦隔涧大声回答项羽说："我和你同受怀王之命，曾'相约结为兄弟'，这么说来，我老子也是你老子，如果你一定要煮了你老子，希望分我一杯羹汤啊！"

项羽见刘邦这么无情，非常恼怒，准备烹杀刘太公。就在这即将死人的关键时刻，项伯果然出面对项羽说："天下事未可知，且为天下者不顾家，虽杀之无益，只益祸耳。"项伯之言真是既精辟又实在，洞悉人性至深，想得天下的人，哪一个不是心狠手辣？哪一个不是铁石心肠？你烹其父，刘邦保准眼都不会眨一下，反添仇恨，徒增祸患。

项羽觉得在理，悻悻而退，不烹了。

刘邦这道选择题做得"对极了"，虽似孤注一掷，但即使项羽真的烹了太公，他也不会有过多悲伤的，正如项伯所言："为天下者不顾家。"也正是因为有了这种坚定目标和铁石心肠，刘邦后来才有了汉天下。

然而，天下与父母儿女之间，难道就真的只有二选一而没有其他？不见得，单项选择有时也可转变为多项选择。比如，项羽这道题，刘邦完全可以用缓兵之计或其他什么办法，不见得就必选"分我一杯羹"，而将老子推向绝境。选择的动机，既与心理有关，更与心性有关。

比如，彭城大战大败于项羽后，刘邦在匆忙逃生的路上遇到自己的儿女，因后面追兵太急，他嫌车载过重，不惜将自己的亲生儿女推下车，而且"如是者三"，幸亏夏侯婴三番五次将他们抱上车才免死于乱军之中。他做项羽这道题与丢儿弃女时的选择，在心理和伦理层面上乃一脉相承。

所以，历史上的刘邦无论功绩多么伟大，他丢儿弃女、不管老父亲死活的经历，已然成为他光辉人生履历上最不光彩的一页。试想，一个连自己的父母儿女都不爱的人，他还会爱普天下的老百姓吗？

47. 发小也坑爹

前文有说，齐王田广、齐相田横烹了郦生，之后自己未能逃脱丢城弃地的命运，韩信马鞭一指，齐都临淄俄而即破，田广逃往高密县（治今山东高密市西南），田横逃往博阳县，从此君臣离散，国将不国。

韩信攻下临淄后，先安民，再整军，接着向田广逃跑的方向奋起直追。田广刚到高密，惊魂未定，听说韩信追击而来，更是胆战心惊，无奈之下，一方面收拾残部，准备拒敌，另一方面派出使者，以八百里加急向楚王项羽求救。

当时，项羽刚刚从梁地回军，与刘邦对峙于广武涧。项羽接见了来使，听说来意后，内心十分矛盾。你想啊，他与刘邦正对峙于广武涧，胜负难测，临时抽兵，始则影响军力，继则影响军心，终则影响战局。

但是，若不去救齐，一旦韩信占领齐国，然后挥军南下，对西楚来说，这可是一把背后尖刀啊。思前想后，项羽决定派兵救援齐国，一来想粉碎韩信占领齐国的美梦，二来阻击韩信的汉军南下，三来成全了齐国的请求，可谓一举三得。于是，项羽派出了手下大将龙且、副将周兰，率二十万大军救齐。

龙且，下相县人，与项羽是情如兄弟的同乡兼发小。项梁举事，他与项羽仗剑而从。鄣邯东征时，他与田荣合军救东阿，大破秦军。英布叛楚，受项羽之命，他领兵十万，大破英布，迫使英布丢盔弃甲逃离九江。可以说，龙且既是项羽发小，亦是其手下身经百战的大将，派他对付韩信救齐，让人放心。

汉四年十月，龙且率军风雨兼程开赴齐国，不久抵达齐境，与田广的兵马会师于潍水（即今山东境内潍河）东岸，就地安营扎寨，商议退敌办法。在龙且开赴齐国的过程中，韩信也早已得知这一消息，项羽手下，龙且是最有名的大将之一，不可小觑。因此，他赶快请求汉王刘邦，派曹参、灌婴二将率兵来助。

十一月，韩信与龙且、田广对阵于潍水东西两岸，龙且在东，韩信在西。战斗的结果是大家都知道的。韩信用计，利用夜幕掩护，在潍水上游填土袋造堰，阻塞水势。在战斗中，潍水因堰塞而突然变得很浅，韩信率军涉过潍水，去东岸攻打龙且军，先力战，再佯装败走。龙且轻敌，率军追击。韩信退回西岸后，上游士兵马上决堰，河水顿时猛涨，正在渡水的楚军被淹，死伤泰半。龙且、周兰率仅存的几千骑兵，狼狈不堪上得西岸，又遭遇曹参、灌婴伏击，韩信再杀一个回马枪，三面夹击，楚军大败，龙且被斩杀，周兰被活捉，不旋踵间，西楚二十万大军灰飞烟灭。

这一战，可以说是刘汉的一场逆袭之战，楚军丧师二十万，项羽的家底几乎掏空了。从此，楚由强转弱，由攻转守。汉则由弱转强，由防守变为大反攻，楚汉战争即将走向尾声。

然而，让人极其费解的是，身经百战的大将龙且，在决定楚国命运和前途的如此重大的战役之中，为何如此进退失据？可说是自投罗网，更是自取灭亡，不禁令人感叹：发小也坑爹！

48. 顾大局，赢天下

刘项对峙于广武涧的时候，项羽因为粮道受阻，供给不畅，希望与刘邦速战速决，因此便有了三番五次的叫阵，气焰十分嚣张。然而，汉王刘邦死不应战，他以超人的忍劲、耐力与项羽耗着，打不赢，拖死你。

诚然，耗归耗，虽没有千军万马的鏖战，但涧边的冷箭和口水仗还是间或有之，神射手楼烦不就在涧边放过一阵吗？还射杀了一些楚军，逼得项羽披挂出来，亲自叫阵，还对刘邦一顿叫骂。

刘邦打仗不行，但磨嘴皮子十分在行。项羽叫阵，他不接招；项羽叫骂，他便到达涧边，一口气罗列了项羽十大罪状：一是违背约定，二是谋杀宋义，三是擅自入关，四是烧杀抢掠，五是擅杀子婴，六是坑杀秦卒，七是分封不公，八是驱逐怀王，九是杀害义帝，十是大逆不道。

项羽一直以正统自居，你刘邦不过是借着别人的梯子向上爬的小丑，当初若不是我叔父项梁借你五千兵马，你刘邦就连老家丰邑那个小小的地方都走不出来。这种再造之恩你不仅不报，反恩将仇报，对付这种小人，就只有一个字：打。于是，震怒之下，项羽命令弓箭手到涧边，一排排利箭密密麻麻地射向了涧西。

刘邦正在涧边同项羽磨嘴皮子，一下子数出项羽十大罪状，他还在暗自得意呢，不料对面千万支利箭扑头盖脸而来，他慌忙中准备掉转马头逃跑，然而防不胜防，一支不长眼睛的箭矢不偏不倚钻进了他的胸部，幸亏扎得不深，但也实在疼痛难忍。

刘邦尽管一不长于军前打斗，二不善于阵前设谋，但他最长于把握大局。凡遇利于抢地盘、争天下的任何机会，他都不会放过；凡遇不利于抢地盘、争天下的困境，为摆脱困境，再大的痛他都能忍受，再亲的人他都可舍弃。比如此刻，他痛得几乎要晕厥，竟然没去捂他受伤的胸，却用手去摸没有受伤的脚，还故意说敌人射中了他的脚趾："汉王伤匈，乃扪足曰：'虏中吾指！'"（司马迁《史记·高祖本纪》）然后，伏鞍而归。伤胸而摸脚，当然不是脚气痒，而是为了安抚军心，不损斗志。这就是刘邦大异于他人的大局意识。

回营后，医官们给刘邦取出箭头，处理伤口，幸无大碍。然而那个痛啊！谋臣武将纷纷前来问安，刘邦有气无力地继续谎称脚趾中箭，让大家安心。只有张良来后，他才屏退左右，告之实情，然后忍痛商量下一步对策。

第二天，刘邦在他的伤口最需要静养的时候挣扎起来，让卫士们搀扶着上了车，然后乘着车在各营之间巡视了一周，神色颇从容。全军知道汉王负了伤，士气一度低落，如今看到刘邦巡视军营，跟没事一样，大家一块石头终于落了地。而另一边的项羽，得探子来报刘邦开始巡视军营，也好一阵失落。刘邦就是通过这种忍常人不能忍的坚忍，平息了将士们的猜测和担忧，重新恢复了士气。同时，他故意摆出健康如初的样子给项羽看，让本来已经处于劣势的项羽更加灰心丧气。如此，可谓一举两得。

接下来对韩信勃勃野心的处理，也可见刘邦顾全大局的性格之一斑。

话说韩信荡平齐国后，内心不由得躁动起来。韩信为刘邦攻城略地无数，功高盖世，心想按功劳，自己无论如何也要讨个王侯封赏，因此，修书一封，派人送到广武军前的刘邦手上，略谓：齐人狡诈，不易训服，齐国又南临楚国，容易串通反攻，请求汉王暂时封自己一个假齐王，一来威慑齐地残余，二来也可镇住楚军。

刘邦一听韩信打了几次胜仗，便拥兵自重，要挟自己封他齐王，怒不可遏，在军中会议上大骂道："老子困在这里，日夜盼着韩信率兵来助，他却急于称王！"骂完，就要派兵攻打韩信。一旁的张良、陈平赶紧轻踩刘邦的脚示意息怒，然后附耳说："目前汉军业已处境不利，又如何能禁止韩信称王呢？不如以怀柔之策，顺水推舟封他为齐王，命他扼守齐地，牵制楚军。否则，恐生变故。"

刘邦一听，立即会意，改口又骂道："大丈夫平定诸侯，要做就做个真王吧，何必做假王呢？"言讫，即让张良手持王印赶赴齐国，册封韩信为齐王，同时要求韩信立马回军南下，夹击楚军。

其实，刘邦震怒是再正常不过的反应。封王这种大事，是自上而下的事，怎能自己伸手就要呢？封是顺理成章，要则如同威胁、逼迫，目无尊长，以下犯上，这还了得！所以，他一听就暴跳如雷。然而，刘邦又是多么聪明的人啊，张良、陈平一示意，他瞬间领会，立马顿悟，不同意韩信的要求，万一韩信以此为由造反，后果将不堪设想。

刘邦因此强忍怒火，马上改口，封韩信为"真王"，从而使韩信对他感恩戴德。所以后来有人劝说韩信反汉自立、三分天下时，韩信始终没有答应。

刘邦之所以能够赢得天下、建立汉朝，与他的这种时刻着眼大局、忍痛顾全大局、想方设法维护大局的品质密不可分，这反映出来的，是刘邦超卓的领导素质。

49. 韩信的原则

在楚汉战争的棋局中，韩信几乎每战必赢，堪称常胜将军。不过，战争是惨烈的，朝荣夕毙乃常态，谁又能真正做到永胜不输呢？韩信也不能。你看那些横刀立马、冲锋陷阵于楚河汉界的豪杰，谁人不是如履薄冰、战战兢兢？因为即使九十九步都走对了，只要一步走错，往往全盘皆输。而对韩信来说，他一生中最臭的一着棋便是急于称王，引起刘邦的猜忌，最后自取灭亡。

汉四年二月，应韩信之请，汉王刘邦强忍怒火，最终同意封他为齐王，并遣张良赴齐，当面授印。张良到达齐国，除了给韩信送来齐王印信之外，还当面传达了刘邦的口谕，希望韩信赶快整军击楚，与广武汉军遥相呼应，对楚军形成夹击。韩信如愿以偿，心情自然畅快，对于刘邦的要求，满口应承。

就在韩信整军准备开拔之际，楚王项羽派盱眙人武涉，从楚国赶到齐国游说韩信。明眼人一看就能明白，此时的韩信，如同决定胜负的砝码，成为人人争相拉拢的对象。

武涉见到韩信后，先分析了当前形势，当然是分析对楚有利、对汉不利的形势。接着，开始数落刘邦，说他受项羽分封而反戈击楚是背信弃义，说他"侵人之分、夺人之地"是贪得无厌。

继而，武涉又根据刘邦的人品特征来判断韩信的结局，说你韩信虽然自以为与刘邦交情深厚，为他出生入死抢地盘，但以刘邦无情无义的性格，你最终将沦为他的"阶下囚"。还说："如今谁主天下，

146

关键看你，你随刘邦则天下姓刘，你随项羽则天下姓项。不过，你如果随了刘邦，那么项羽今日灭亡，刘邦明天就会收拾你。倘要防患于未然，唯一一个万全之策便是'反汉与楚连和，参分天下王之'。"你想改变将来被刘邦剪除的结局，就必须反汉中立，与刘邦、项羽三分天下。

就当时的时势来说，武涉的分析的确入木三分，他献出的策略也不失为明智之举。韩信如果想要并天下、凌万乘、举大业，进而避免兔死狗烹的结局，这还真是一个机不可失、时不再来的绝佳机会。

但是，韩信断然拒绝了武涉的建议。

因为，韩信有自己要坚持的原则。

很多人说，秦末楚汉之际，项羽是盖世英雄，如此评价，则真应了阮籍那声叹息："时无英雄，使竖子成名！"项羽不过一个只会攻城略地、暴怒屠城的勇匹夫而已。若以功成大小作为英雄的标准，则刘邦可称。可当时后世又有几人真正认为刘邦是不世之英雄？持此说的，不过成王败寇的思想作怪罢了。若以谋略和信义而论，韩信则堪称真英雄。如若不信，请看他是如何拒绝武涉的。

《史记·淮阴侯列传》记载韩信回答武涉道："臣事项王，官不过郎中，位不过执戟，言不听，画不用，故倍楚而归汉。汉王授我上将军印，予我数万众，解衣衣我，推食食我，言听计用，故吾得以至于此。夫人深亲信我，我倍之不祥，虽死不易。幸为信谢项王！"这段话最能体现韩信的为人，知恩图报、有情有义，与他以千金报漂母"一饭之恩"的举动，在精神上堪称一脉相承。

其后，韩信手下谋臣蒯通，也看到了韩信这个"潜力股"的潜力所在，也来劝说韩信。他的分析与武涉异曲同工，他说："当今两主之命县于足下。足下为汉则汉胜，与楚则楚胜。……莫若两利而俱存之，参分天下，鼎足而居……"如果说武涉的游说有离间之嫌而不可听信，那么蒯通作为韩信的智囊、自己人，他的劝说则应该是药石之言，出发点是为韩信好，分析也精准到位，言之凿凿，诚然可信。

但是，面对部下忠心耿耿、苦口婆心的劝说，面对稍作改变即有天下的诱惑，"功无二于天下，而略不世出"的韩信依然初衷不改，且义正词严地回答蒯通说："吾岂可以乡利倍义乎！"

不因利而背信弃义，这就是韩信坚定不移的原则！即使这原则要以唾手可得的天下作为交换，即使这原则要以牺牲自我作为代价。尤其是韩信回答武涉的那句"虽死不易"，至今让人佩服、敬仰和感动。至于后来韩信因为所谓造反被斩于长乐宫钟室，不过是欲加之罪罢了，试想一个已经准备抄家伙造反的人，怎会毫无防备而自投罗网呢？

50. 树未倒而猢狲散

楚汉之际，打仗最勇猛的当数项羽。然则最不能容人者，也是项羽。韩信、陈平、英布都曾是他的手下，先后离他而去；后有亚父范增，堪称国宝级谋臣，最终也因项羽的疑心而气愤出走，行至彭城，疽发背而死。一个留不住士兵的将军绝对不是好将军，他因此多次因人才出走而吃败仗，至垓下之战，他尝到了最后的苦果。

汉四年八月，在刘邦谋士侯公的游说下，项羽同意议和，双方确定以鸿沟为界，中分天下，西属汉，东属楚，然后释放了刘邦父母妻子及随侍的审食其。项羽此举，虽然丢掉了争雄的最后筹码，但他不伤敌人父母妻子的义气，是值得人敬佩的，不能以"妇人之仁"去嘲讽项羽的这一优点，优点就是优点。反观刘邦，这方面同项羽有霄壤之别，与项羽释放刘氏家人极具反差的是，为了抢夺天下，刘邦转眼就撕毁了和约，领军追杀楚军，信义皆无。

当刘邦追击项羽至固陵（治今河南太康县南），侯望韩信、彭越如约而至，夹击项羽，但久候不至。而面对恩将仇报的刘邦，项羽暴怒反击，汉军大败，刘邦只好逃回营垒，深沟高壁固守。刘邦无奈，遂用张良之策，派专使晓谕韩信、彭越二人道："并力击楚。楚破，自陈以东傅海与齐王，睢阳以北至谷城（即谷城县，治今山东平阴县西南东阿镇）与彭相国。"（司马迁《史记·项羽本纪》）即将今河南淮阳县以东至海滨，包括今安徽、江苏二省淮河以北地区给韩信，将今河南省东部及山东省西部地区给彭越，许以高官厚禄诱导之，韩、彭即刻进兵。

嗣后，汉将刘贾招降了镇守九江的楚将周殷，得到九江许多兵马，加入夹击项羽的队伍。于是，刘邦、韩信、彭越、刘贾，几路大军浩浩荡荡，星夜疾驰，不日会师于垓下，与楚军做最后的决战。

项羽因为供给匮乏，在固陵虽然大败刘邦，但不敢恋战，率军往彭城赶，结果在垓下遭遇汉军，只得安营扎寨，准备迎击。当时，汉军兵力不少于三十万，楚军也不下十万，四十万大军的交锋，势必遮天蔽日，地裂山崩，好一场生死攸关的厮杀！刘邦仍用韩信为大将，措置调兵遣将攻守对阵之事，自守大营，静待佳音。韩信用兵如神，次次布置周密，一般不出手，出手不一般。他将三十万军队安排至各地，自率三万轻骑挑战。

项羽最大的特点就是敢打敢杀，韩信挑战，他挥戟便杀入阵中，与韩信短兵相接，斗不过几个回合，韩信落败，夹马而逃。项羽眼如铜铃，血脉偾张，杀得性起，策马急追。谁知，韩信此举，本就是诱项羽深入，追杀数里，只听一声炮响，左右各杀出一路汉军，项羽宝戟横扫，冲开汉军，继续追赶。韩信走向哪儿，项羽追向哪儿，不想又是一声炮响，又有两路汉军杀出。如此，十面埋伏，相继杀出，项羽纵有三头六臂，也终难抵挡这重重围攻，于是人头滚滚，血流成河，汉军死伤不少，楚军则死伤更多。项羽只得安排钟离眜和季布等将断后，自己凭着最后的勇猛，杀开一条血路，逃回大营，清点人数，十万之众，只剩下三成。

回营后，项羽连连叹息，喝了一阵闷酒。入夜，有楚歌传来，楚军将士侧耳而听，只听见那熟悉的歌声高高低低，时长时短，让人伤心欲绝，斗志全消。项王也听到了，他大吃一惊说："怎么楚人这么多，难道汉军已经取得了楚地？"

当夜，楚军将士在歌声中悄悄逃跑，纷纷离去，就连项羽的爱将钟离眜和季布都跑了，甚至项羽的叔叔项伯也离他而去，投奔了张良。真可谓树未完全倒，那些猢狲就已作鸟兽散，第二天一觉醒来，项羽身边仅剩下八百人。

人生最悲痛的事，莫过于你最得意的时候人们纷至沓来，你最失意的时候他们却悄然离去。

51. 天下至贞数虞姬

楚汉之际，最鲁莽好斗的人是项羽，而最儿女情长的人也是项羽。鲁莽好斗与儿女情长这两种特性实谓凿枘不投，很难体现在同一个男人的身上，当然，除非有外力作用。所以要将一个鲁莽好斗的人，揉搓成一个儿女情长的人，这既要有熔铁化钢的温度，也要有春风化雨的柔情，不是天下奇女子，谁有如此魅力？可见，论当时最神奇的女子，非虞姬莫属。

虞姬从何而来？故里何处？何年生人？具体何姓？史籍皆无可考。司马迁在《史记·项羽本纪》中介绍虞姬极为简单："有美人名虞，常幸从；骏马名骓，常骑之。"项羽戎马倥偬，征战四方，掳掠无数，也阅人见物无数，但他一生只有两个至爱：一为虞姬，二为骓马。

项羽有情，估计不是好色之徒，刘邦总结项羽的"十大罪状"里，就没有一丝一毫涉及过霸占或奸淫之类。从虞姬身上透视亦是如此，正因为项羽对虞姬钟情，行军打仗都携之随行，抢掠之时自然不会延伸到女色的方向。

刘邦就不一样，他的军前或宫中就没有这样一位让自己喜爱到气短的美人，在这个问题上，刘邦既不卿卿我我，更不婆婆妈妈。比如，他在逃命过程中寄宿戚家，见戚女有姿色，便把她收为小妾。比如，他俘虏了魏王魏豹的家眷，看到薄姬漂亮，就将她夺了。他对于女人的占有，往往单刀直入，满足即可，其手段就像看到菜碗里的佳肴，不管三七二十一，夹起即往嘴里塞那么简单。

项羽对虞姬的钟情，可以让人对虞姬的形象展开无限的联想：美丽、温柔、聪明、贤惠、柳絮才高、善解人意……无论用什么形容词去形容她的娇好和智慧都不为过，这一点要相信项羽的眼光，更要相信司马迁的眼光。《史记》中所载女子不多，除了辟专章《吕太后本纪》传述诛功臣、杀宗族、最毒妇人心的吕雉外，其他如薄姬、钩弋夫人等女子，均着墨不多。而虞姬着墨更少，寥寥几笔，仅在项羽兵败垓下时安抚英雄的瞬间亮相。然而，就是这极其短暂的亮相，让人们在漫长的历史长河中记住了这个多情而又美丽的女子。

汉五年（前202年）十二月，曾经不可一世的楚霸王项羽，率部十万与刘邦三十万大军交锋于垓下，结果丧师七成，大败归营。是夜，寒风呼啸、四面楚歌，项羽大惊，想起自己曾经天下占半、诸侯毕从、振臂一呼、应者云集的辉煌，再看身边兵少将寡、包围重重，怎教他不伤心欲绝？霸王自知来日无多，然令他难以割舍的还是自己最爱的美人和骓马啊！于是，面对风雨相随的爱妾虞姬，他慷慨唱出了自己的千古悲歌：

"力拔山兮气盖世，时不利兮骓不逝。骓不逝兮可奈何，虞兮虞兮奈若何！"

虞姬之所以成为项羽至爱，不单单是美丽聪慧，关键是她对爱人的一片忠贞。面对自己爱人令人心碎的叹息，虞姬也感同身受，心如刀绞，一曲和歌随口吟出：

"汉兵已略地，四方楚歌声。大王意气尽，贱妾何聊生！"

吟罢，虞姬拔剑自刎，顿时，鲜血喷溅，美人香消玉殒。

为了让项羽不受牵绊，顺利突围，虞姬选择的是牺牲自己，保全爱人，她用一摊碧血，给项羽留下了一条通往可能东山再起的道路。在那个尔虞我诈、你抢我夺、有奶就是娘、有势就是王的战乱年代，谁能比虞姬更忠贞?

《红楼梦》中,林黛玉感叹虞姬遭际,曾在《五美吟·虞姬》一诗中写道:

"肠断乌骓夜啸风,虞兮幽恨对重瞳。黥彭甘受他年醢,饮剑何如楚帐中。"

然则在当时,叛变另投的又何止黥布(英布)、彭越二人?世界永远是那么好利而现实,都希望追随得势者得势,不愿意跟着倒霉蛋倒霉,前倨后恭、朝三暮四者众矣。

可以再次发问,谁能将项羽这样一个鲁莽人,揉搓成一个痴情汉?答曰:唯有虞姬。为了成全爱人,在最紧要的关头,虞姬付出了卿卿性命,甘为知己者死,如此刚烈忠贞,宁不令人浩叹哉!

52. 宁死不肯过江东

虞姬为了不拖累项羽，在四面楚歌之际，挥剑自杀，牺牲了自己年轻姣好的生命。项羽也是性情中人，爱姬自杀，失去了生命中的最爱，不禁悲痛万分，在虞姬的尸首旁边埋首哭泣，久久不愿起来。

经过第一次交锋后，项羽损兵折将，十万之众仅剩三成，当晚又跑的跑逃的逃，最后身边只有区区八百铁杆亲兵。项羽此时的心情，有悲有愤有恨有怨还有悔，可谓五味杂陈，各种滋味涌入心头。然而，在这紧急当口，还是保命要紧，多想无益。他匆匆埋葬虞姬后，带了这八百亲兵，乘着沉沉夜色，凭借他的勇猛和悲愤，一番猛打猛冲，挡我者死，让我者活，直接冲破汉军铁桶似的包围，向南窜逃。天快亮的时候，刘邦得报，命灌婴率兵五千，前去围追堵截。

项羽逃过淮河后，部下只剩下一百多号人了。到达阴陵县（治今安徽定远县西北）的时候，他迷了路，跑去问一个农夫。农夫听说是项王，估计平时恨他暴虐，故意欺骗项羽，随手一指说："向左。"项羽一行匆匆向左，结果陷入了一大片沼泽地，灌婴部众随后追上了他们。

项羽又只好转向东，至东城县（治今安徽定远县东南），这时他身边仅仅剩下二十八人，而追击而来的汉军达数千。项羽估计自己难以逃脱，便对这二十八名亲兵说："我举事至今，已有八载，亲历七十余仗，'所当者破，所击者服'，从无败绩，故能称霸天下，今天被困于此，'此天之亡我，非战之罪也'。今天肯定要决一死战，痛痛快快地打一仗，保证三战三胜，我将为大家冲破重围，砍倒敌旗，斩首汉将，大家可知我遭今日之结局确是天要亡我，而非我不善作战也。"

于是，项羽将这仅剩的二十八骑在高处集中，分成四队，面朝四个方向。汉军把他们层层包围了。项羽好战心起，他对大家说："我杀一员汉将给你们看。"他命令大家四面出击，策马飞奔而下，约定在东山下，分三处会合。随即，项羽大声疾呼着冲下山去，在冲破汉军的包围的过程中，汉军就像草木随风倒下一样溃败四散，恰遇一汉将，他持着长戟用力一戳，汉将登时毙命。

汉将杨喜从后面追赶上来，项羽回过头来，瞪眼大喝一声，杨喜吓得屁滚尿流，倒退好几里。项羽与二十八人突破重围，按照预先约定，分三处会合了。汉军不知项羽具体在哪一处，便将兵马分成三路分头包围上来。项羽迎着围上来的汉军冲了过去，一番长戟挥舞，又斩了一名汉军都尉，其他汉军骑兵被他杀死近百人。项羽与大家合并一处，发现经历一场大冲杀，仅损两人。项王得意地问："如何？"大家由衷佩服道："正如大王所言。"

暂时摆脱汉军以后，项羽到达乌江边，乌江亭长正泊船岸边，专候项羽。项羽只要东渡乌江，就能脱险，甚至东山再起也不是没有可能。而且，亭长还开导项羽说："江东虽小，但也纵横千里，物阜民丰，足可称王。请大王速速渡江，目前岸边只有我这一艘船，汉军即使追上来，也无船可渡。"

项羽听完亭长肺腑之言的开导，突然惨然一笑说道："天要亡我，我还渡江做什么啊！再说，当年我与八千江东子弟渡江西征，今无一生还，即便江东父老怜我谅我，拥戴我为王，但我又还有什么脸面去见他们呢？"接着，他又对亭长说，"我知道你是位忠厚长者，我无以为报，我的坐骑乌骓马，随我征战五年，我不忍心杀它，赐给你吧。"说完，后面尘土飞扬，追兵已至。项羽命令大家下马步行，与汉军短兵相接，他又杀死汉军百数十人，自己身上也伤痕累累。

战斗中，项羽遭遇汉军司马吕马童，说："这不是我的老相识吗？"吕马童跟项羽打了个对脸儿，他指给王翳说："这就是项王。"项羽闻之哈哈一笑说："我听说汉王用赐千金、封万户来悬赏我的首级，我今天就送个大人情给你吧！"说完，项羽当场自刎而死，结束了自己年仅三十一岁的宝贵生命。

项羽宁死不肯过江东，原因大家其实都知道，那就是无颜见江东父老。这说明，项羽也是个死要面子的人。

53.项羽为何颠倒众生

历史上没有哪个人像项羽一样,在后人的评价里是如此针锋相对而又水火不容。喜欢他的人由喜欢而生出爱慕,由爱慕而成为"铁粉",谁说他一句不是,便怒目相向,甚至为此爆粗口打口水仗而不顾自尊;不待见他的人可以无端生出痛恨,谁说他一句好话,就立马变脸、翻脸、黑脸,哪怕对面是自己最好的朋友。项羽作为一个昙花一现的历史人物,缘何能这样颠倒众生呢?

项羽这个人的确有其可恨之处。

他嗜杀成性,暴虐无行。项羽一生,征战无数,多次屠城杀降。襄城之战是他统兵第一战,当年二十四岁的他,血气方刚,勇猛如虎,率军进攻襄城,遭到襄城军民顽强抵抗,久攻不下,拨动了他心中那根"恶弦"。血战经旬终于攻克襄城后,他暴怒屠城,将全城男女全部杀害,这是他为逞一时之气,背千古骂名的开始。《史记·项羽本纪》里明确记载他屠城杀降恶行的就有五处:一为襄城屠城,二为城阳(即阳城县,治今山东鄄城县东南)屠城,三为新安杀降,四为咸阳烧杀,五为齐国杀降。本来还有第六次,陷外黄后他拟将全城十五岁以上男子全部坑杀,经外黄少年劝说后放下屠刀,杀降未遂。

他不讲道义,有悖人伦。在杀人的问题上,项羽历来任性,三句话不对路,就可以大开杀戒,无论战友、上级还是其他什么人。韩生讽刺他华而不实,他一怒之下便给韩生来了个"水煮活人";王陵反叛,其老母被抓后自杀,项羽竟将她的尸体处以"烹刑";北上救赵,宋义为上将，他为次将，为夺兵权，他将宋义刺杀于上将帐中；楚怀王熊心是他的主子，因为不听任摆布，他竟派人将其暗杀。他就像个暴君，让人不禁生出"不矜细行，终累大德"之叹！

他刚愎自用，任人唯亲。在用人上，他不肯放手，从不放权，过于信任家族人员，不搞五湖四海，而搞一家一姓。韩信、陈平、英布等都曾是他手下，因不能人尽其才，纷纷离去，加入刘汉集团；一个尽忠善谋的范增，竟然因一个明眼人一眼就能看出的离间计而轻易放逐，贬死途中。试想项羽若能量才器使，韩信、陈平、英布诸人未始不会有后来在刘邦手下的功绩，甚至有过之而无不及也并非没有可能。即便范增，亦至少能延缓西楚的灭亡，却逐而不用，但他叔叔项伯，处处吃里扒外，始终大权在握，言听计从。

他勇武有余，谋事不足。项羽好逞匹夫之勇，好图一时之快。在战场上，他堪称常胜将军，但在战略上鼠目寸光。自灭亡秦朝、分封天下之后，作为号令天下的霸主，他始终没有用与霸主相匹配的眼光和胸怀对待分封之后诸多事宜，无胸襟、无远见、无韬略，甚至无信义，终于导致敌人越来越多，战友越来越少，最后众叛亲离，命丧乌江。

上述几点，可以说是项羽的过失和缺点，也可以说是他最后兵败的原因。

虽如此，但是项羽这个人也有其可爱之处。

他胸无城府，快人快语。秦始皇东巡游会稽郡治吴县，项羽围观后表现出来的却不是卑微者的敬畏和仰慕，而是大声嚷嚷道："彼可取而代之！"简直豪气冲天！广武涧前，为了尽快结束战争，他隔涧当众对刘邦喊道："天下连年征战不止，不过是你我二人相争罢了。我愿与你单挑，决一雌雄，谁赢谁坐天下，免得老百姓枉受战争之苦。"

这样直白的话也只有性情如项羽者才能道出，老谋深算阴险狡诈如刘邦者，是不会这么爽快的。

他勇往直前，从不退缩。为了解救巨鹿之围，他引兵渡河，破釜沉舟，只带三日军粮，誓死不还。乌江边上，十万之众拼杀至仅余二十八人，他还谈笑自若，分兵作战，与汉军做殊死搏斗。

他英雄惜英雄，无论尊卑贵贱。"鸿门宴"上，项庄舞剑，刘邦危在旦夕，樊哙持盾强入宴会厅，撞倒数名卫士，对项羽怒视，头发上指、目眦尽裂，项羽作为一统诸侯军的霸王，不但不怪罪樊哙的无礼，反而惺惺相惜，又是请他喝酒，又是请他啖肉，还掩饰不住内心的兴奋大赞樊哙为"壮士"！真乃性情中人。

他英雄爱美，情深意重。项羽目人无数，掠得的珍宝亦无数，但他的最爱只有虞姬和乌骓马，一生不变。在虞姬面前，他常表现出男人多情和英雄气短；在生死关头，他与虞姬一唱一和，一咏三叹，充满着对爱人、对生命和对这个世界的眷恋。垓下之战，除了战火与马鸣，重围与追杀之外，还有英雄长歌，美姬应和，爱人挥剑自刎，霸王怆然涕下……这些唯美画面，定格在历史的画廊，一次次给后人以冲击，何其感人！

项羽是秦末一位叱咤风云的历史人物，他传奇而短暂的一生，在历史的星空中曾闪烁出最耀眼的光彩，以至引无数后人竞折腰，为其叹息，为其垂泪，为其鸣冤，为其立传。历史上颠倒众生的英雄不乏其人，秦有蒙恬，汉有韩信，三国关羽，南宋岳飞，明季袁崇焕等皆是，而以项羽为最。李清照《夏日绝句》诗云：

"生当作人杰，死亦为鬼雄。至今思项羽，不肯过江东。"

对英雄项羽的悲剧结局，表达了深深的惋惜。可见，李清照也是项羽的一名忠实"铁粉"。

54. 打扫龙庭坐天下

刘邦自秦二世元年在沛县起兵，与秦末各路诸侯一起，历三年而灭秦，后封汉王，又历四年多而亡楚。

消灭了西楚霸王项羽，劲敌一除，刘邦即准备打扫龙庭坐天下了。称帝之前，刘邦首先想到的是让各诸侯王罢兵归国，对左右楚汉战争胜负的两大功臣韩信和彭越进行妥善安置，尤其是韩信，手上三十万精兵不除，令刘邦寝不安席、食不甘味。所以，刘邦在继灭项羽，平楚地、鲁地之后，旋即返回定陶，直入韩信军营，迅雷不及掩耳地解除了韩信兵柄，并将韩信由齐王改立楚王，王淮北之地，都下邳。又封建成侯彭越为梁王，王魏国旧地，都定陶。

刘邦的雷霆手段，由此可见一斑。

随着项羽灭亡和其他割据势力的迅速扫平，天下已然姓刘氏，刘邦的"汉王"之称已不足以表达这种"溥天之下，莫非王土；率土之滨，莫非王臣"的尊贵和威权，改尊号可谓万事俱备，只欠一个简单的流程和仪式。

汉五年正月，楚王韩信、韩王信、淮南王英布、梁王彭越、故衡山王吴芮、赵王张敖（张耳已逝，其子继承爵位）、燕王臧荼联名上书刘邦说："先时秦为亡道，天下诛之。大王先得秦王，定关中，于天下功最多。存亡定危，救败继绝，以安万民，功盛德厚。又加惠于诸侯王有功者，使得立社稷。地分已定，而位号比拟，亡上下之分，大王功德之著，于后世不宣。昧死再拜上皇帝尊号。"（班固《汉书·高帝纪》）

请求刘邦即帝位。

刘邦得书后，特召集将相大臣们商议，并假装推辞说："我闻自古帝号，只有贤人可当，我德操不够，不敢当此号。"

群臣照例继续劝进道："大王起于细微，灭乱秦，威动海内。又以辟陋之地，自汉中行威德，诛不义，立有功，平定海内，功臣皆受地食邑，非私之也。大王德施四海，诸侯王不足以道之，居帝位甚实宜，愿大王以幸天下。"（班固《汉书·高帝纪》）

一番劝进，刘邦才半推半就，终于称帝。

于是，择良辰吉日于当年二月三日，汉王刘邦遂在定陶县城附近氾水（故道自今山东曹县西北，从古济水分出，东北流经定陶县南，注入古菏泽）北岸（今山东菏泽市定陶区官堌堆）拜祭天地，登上帝位，是为汉太祖高皇帝。随后，刘邦颁诏大赦，追封先母刘媪为昭灵夫人，立王后吕雉为皇后，王太子刘盈为皇太子，文武百官，一齐朝贺，普天同庆，欢天喜地。

接着，下了两道旨，分封二王：

一者曰："故衡山王吴芮与子二人、兄子一人，从百粤之兵，以佐诸侯，诛暴秦，有大功，诸侯立以为王。项羽侵夺之地，谓之番君。其以长沙、豫章、象郡、桂林、南海立番君芮为长沙王。"

二者曰："故粤王亡诸世奉粤祀，秦侵夺其地，使其社稷不得血食。诸侯伐秦，亡诸身帅闽中兵以佐灭秦，项羽废而弗立。今以为闽粤王，王闽中地，勿使失职。"

至此，汉高祖共分封八王八国，分别是楚王韩信、韩王韩信、淮南王英布、梁王彭越、赵王张敖、燕王臧荼、长沙王吴芮、闽粤王亡诸。其他地区，还依秦例，为郡县，置郡守县令。随后，定都于洛阳，要求各诸侯王罢兵归国。同时，派出特使，奉迎太公、吕后及子女入都，从沛县召来次兄刘仲、从子刘信、同父异母的弟弟刘交，甚至还包括旧情人曹氏、戚女等，一并召入。一大家子欢聚一堂，额手称庆，也是一个大团圆的美好结局。

162

55. 齐人多死士

　　齐人好养士，最著名的是孟尝君田文，门下食客数千，其中虽不乏鸡鸣狗盗之徒，但更多的还是刚烈之士，他们蹈节死义，忠贞不贰，常常是连生命也不惜的。

　　时至秦末，齐地此风依旧。当时，出身齐国王族的田儋、田荣、田横三兄弟，都是狄县豪族。他们继承战国养士遗风，为人豪爽，崇仁重义，广交天下豪客，追随者甚众。秦末大乱，三兄弟揭竿而起，试图复国，并相继称王。

　　秦将章邯东征，杀死了田儋。楚王项羽北伐，灭了田荣。小弟田横不惧强楚，聚集散兵数万，继续做殊死搏斗。秦亡后，楚汉相争，田横先立田荣之子田广为齐王，后来自立为王，结果为韩信所败，齐国彻底灭亡，田横如丧家之犬，东躲西藏，最后逃至梁地，投靠了当时还保持中立的彭越。

　　汉五年，刘邦灭项羽后称帝，并封彭越为梁王。但田横与汉之仇不共戴天，既不能降汉，便与手下五百人逃至东海的一个岛屿上，自耕自种，悠闲于世外。然而对汉高祖刘邦来说，田横作为曾经的诸侯王，既然不愿降汉，非友即敌，那他田横就是大汉的敌人，不会轻易放过他的。

　　果然，刘邦听说田横逃到海岛后，"以为田横兄弟本定齐，齐人贤者多附焉，今在海中不收，后恐为乱"。（司马迁《史记·田儋列传》）

认为放虎归山，将后患无穷，因派出使者，专程前往海岛，招降田横。

这等于是刀架在脖子上，但田横依然不降。他以自己曾经烹死郦食其，入汉后恐难与其弟郦商共事为借口，请使者转告汉高祖，自己不求荣华富贵，只求做个守着海岛的平民百姓就心满意足了。

刘邦说过的话，如同泼出的水，怎么能收回呢？何况如今他已是位居九五之尊的皇帝，一言九鼎，收回成命是要被人耻笑的。为招降田横，他专门给郦商下了一道诏书：

"齐王田横即至，人马从者敢动摇者致族夷！"

田横就要成为咱们阵营中的一员了，你就不要老想着为兄长报仇的那些破事了，化干戈为玉帛，就和好了吧。如若不听，谁和田横过意不去，就是和我过意不去，立刻满门抄斩！

郦商纵有天大的胆子，也不敢不听皇帝的话吧，当然报告皇帝，让他放一万个心，田横来，我待之如宾客。刘邦随即又安排专使赴海岛，告诉田横，郦商的工作已经做通，并说："你田横来，搞得好可封你为王，搞得不好也能封个侯。不过，如果抗旨不来，就等着安排人收尸吧。"

田横无法，只得与两位门客，随刘邦的使者一同去洛阳。当他到达离洛阳三十里远的尸乡驿（在今河南洛阳市偃师区西）时，他避开使者，对两门客说："当初，我与汉王都是南面称孤的王，今汉王为天子，我却成了亡国奴，还要北面事之，这已经够耻辱的了。我杀了郦商之兄，还要与他并肩事主，虽然他畏惧天子不敢动我，难道我不羞愧吗？汉帝召我，无非活要见人，死要见尸，你们可割下我的头，此去洛阳不远，面容尚可辨。"说完，自杀身亡。田横虽暴，但他深知与其屈膝而生，毋宁断头而死，倒也是个有气节的人。

刘邦得知后，感慨系之，为之动容。随后封田横两个门客为都尉，并以诸侯王之礼安葬田横。田横下葬后，其门客义薄云天，视尊官厚禄如粪土，双双在田横墓前自杀，追随田横而去。

刘邦为此大惊，觉得田横门客个个是忠烈之士，对海岛上的五百人更不放心了，便又派出使者，将这五百人召至洛阳。门客们到达洛阳后，听说田横已死，悲恸欲绝，他们唱着特意为田横创作的《薤露蒿里歌》，然后也全部自杀而死。

据西晋崔豹《古今注》载："《薤露》《蒿里》，并丧歌也。本出田横门人。横自杀，门人伤之，为作悲歌。言人命奄忽，如薤上之露，易晞灭也。亦谓人死魂魄归于蒿里。至汉武帝时，李延年分为二曲：《薤露》送王公贵人，《蒿里》送士大夫庶人。"（转引自朱剑心《乐府诗选注》）

《薤露》曰：

"薤上露，何易晞！露晞明朝更复落，人死一去何时归！"

《蒿里》曰：

"蒿里谁家地，聚敛魂魄无贤愚。鬼伯一何相催促，人命不得少踟蹰！"

诗歌哀伤而悲怆，充满着对田横浓浓的敬仰和思念之情，感人肺腑。此歌后经音乐家李延年改编为两曲后，成为历代王公贵人和士大夫庶人去世后通用的挽歌，流传不绝。

56. 战场上英雄，忠义上狗熊

　　刘邦登基后，其他诸侯国上自王侯，下至将相，都在改朝换代中忙着寻找自己的最终归宿。而作为汉朝当家人的刘邦，也在打扫战场和颁布朝纲的同时，招降隐患，剪除异己。不过，人上一百，形形色色，他刘邦能夺取万里江山，但不一定能俘获万颗人心。比如，他花大力气欲招降齐王田横，田横却为守名节而誓死不从，最后与五百义士先后引刀自刎，慷慨赴死。但与田横迥异的是，刘邦痛恨楚将季布，欲除之而后快，而季布设法钻营而来，所以，世事人心终是难以逆料。

　　季布，楚国人，以为人尚义任侠而闻名楚国，颇负时誉。后来，季布加入楚军，随项羽南征北战，厥功至伟，有人因此将他和桓楚、龙且、钟离眛、曹咎列为"西楚五大忠臣良将"。

　　那么，刘邦为什么恨季布呢？

　　《史记·季布栾布列传》记载说："项籍（项羽）使将兵，数窘汉王（刘邦）。"季布带领楚军出战，曾多次让刘邦受困，险些丧命，刘邦不但恨他，而且恨得咬牙切齿。所以，项羽败亡后，刘邦立即千金悬赏，捉拿季布，并扬言谁敢窝藏，"罪及三族"。

　　项羽败亡后，季布无处藏身，因与濮阳周家交情深厚，周家好心收留了他。当朝廷捉拿季布的通缉令发来后，周家上下惊恐万状，既忧心窝藏季布而"罪及三族"，又不希望交出季布而担上出卖朋友的骂名，便想了一个聪明的绝招，因对季布说："汉朝悬赏捉拿你甚急，眼看就要搜查到我家来了，将军如果听我的话，我才敢献个计策；倘若不愿意，我只好先自杀。"季布答应了。得到季布的许可后，周家"髡钳"（中国古代将犯人剃去头发并用刑具束颈的刑罚）季布，即剃光他的头发，用铁圈锁住颈项，伪装成刑事犯，将他和周家其他奴仆数十人，一起卖给鲁地朱家为奴。

朱家很仗义，明知是通缉犯季布，也明知是周家为转移这个烫手山芋而使的障眼法，但还是买下了，将他安置在自家的田庄，朱父还特别告诫儿子说："田间耕作的事，都要听从这个奴仆（季布）的安排，还要与他吃同样的饭菜。"几乎将季布奉为上宾。

同时，为了彻底解救季布，朱父不怕麻烦、不辞辛苦，从鲁地千里迢迢赶往洛阳，去运作解救之事。满朝文武中，最尚义气、在汉高祖面前又说话算话的，非滕公夏侯婴莫属。朱父设法面见夏侯婴，说："不知季布犯了什么滔天大罪，皇上如此急着剪除？"夏侯婴说："季布帮着项羽数困皇上，所以皇上活要见人，死要见尸。"朱父又问："滕公您看季布这个人如何？"夏侯婴说："堪称贤者。"朱父说："是啊，季布的确是贤者。然而，他听命于项羽，数困皇上，也是为臣之道，各事其主使然。项羽手下，难道能全部消灭殆尽吗？现在皇上刚得天下，就因私怨而围剿一人，器量何其狭小啊。季布无处容身，必然远走高飞，或北奔匈奴，或南投越地，这简直是驱伍子胥离楚降吴的愚蠢行为。您何不奏明皇上呢？"

其实，听了朱父一番有理有据的分析后，夏侯婴已经知道季布就藏匿在朱家，但夏侯婴亦有仁有义，同时也觉得朱父说得通情达理，随即向高祖上奏其事，反复解释，耐心做工作。最后，终于使刘邦尽弃前嫌，不但赦免了季布之罪，还在季布来京朝拜且明确表示认罪悔过之后，当面任命他为郎中。

从整件事情来看，周家也算义道人家，能够在关键处不卖友求荣。

朱家则堪称云天高谊，为救季布，不顾路遥，不怕周折，不辞劳苦，不惧险恶，最终使他死罪得免，意外升官。即便是夏侯婴，其仁厚与仗义，也颇让人感动。唯一有点遗憾的是，季布这个主人公，他对项羽背叛的速度之快，向新主求饶的态度之殷，与他当初尚义任侠的名声产生了极大反差，他的忠义不但不及战友钟离昧，就连弱女子虞姬和一个小小的乌江亭长都比不上。一个人的人格高下、节操如何，在改朝换代中往往一目了然，至于他被列为"西楚五大忠臣良将"，"良将"尚可，"忠臣"则不啻为一个笑话。

57. 恩将仇报

　　刘邦登基后，开始搜捕项羽残部，大将季布被悬赏捉拿，在濮阳周家、鲁地朱家、滕公夏侯婴的先后帮助下，关键是他自己在刘邦面前认罪态度好，终于死罪赦免，还封高官。在改朝换代之际，季布也算朝秦暮楚、卖身为奴最成功的人士之一。

　　然而，不是人人都有季布一样的"运气"，有的人甚至对刘邦有恩，却求"货与帝王家"、甘心为奴而不可得，最后送肉上砧板，自寻死路。

　　谁呀？这人就是季布的弟弟丁公。

　　丁公，名固，薛县人，季布同母异父的弟弟。季布父亲早逝，其母再嫁生下丁公。秦末大乱，丁公也与兄长季布一样，加入了项羽的楚军，成为项羽手下一员偏将。不过，他的战功和影响力远远不如自己的兄长。

　　有一件事，却让丁公与高祖有了渊源。汉二年四月，刘邦组织五十六万联军，攻打楚国首都彭城，被项羽以区区三万之师打得大败亏输。最后，刘邦身边只剩下数十护卫，仓皇逃窜，结果还是被丁公率领的楚军赶上了。两军短兵相接，楚军密密麻麻地围了上来，刘邦同他的护卫，如同几只羔羊面对成群的狮子，眼看不是被擒就是被杀，刘邦急得大汗淋漓、脸色惨白，无奈之下对丁公说："两贤岂相厄哉！"意思是，你我皆贤人，本该惺惺相惜，何必相煎太急！丁公一听，竟然立马放走了刘邦，使他后来得以东山再起，最终夺取天下。

在你死我活的惨烈鏖战之中，大家都在为刘邦这颗含金量极高的头颅拼命，他丁公作为项羽手下将领，为何会蠢到私自放走这个大敌呢？或有两方面的原因。一是刘邦的话令丁公极为感动。丁公在项羽手下地位低、影响小、颇不得志，而声名赫赫的汉王竟然与他称兄道弟，这是多大的殊荣啊，人一感动，就会做出反常的事情来。二是他有意给自己留下一条后路。你想啊，汉王与自己称兄道弟，万一哪天发达了，自己可有从龙之功，届时还不感恩戴德？于是，丁公一咬牙一跺脚，便意气用事地释放了刘邦。

项羽灭亡后，树倒猢狲散，他的旧部东逃西窜，各寻活路。丁公听说季布遇赦，还封了官，心想兄长是刘邦的仇人，尚能封官，自己是刘邦的恩人，岂不官高数级？于是，丁公也风尘仆仆赶到洛阳，拜见刘邦。谁知，新皇帝刘邦非但不记他的恩，反而命人把丁公捆绑起来，捉到军营前示众，并对将士们说："丁公为项王臣不忠，使项王失天下者，乃丁公也。"把项羽失败的原因，归咎于丁公的不忠。随后，毫不犹豫地命人将丁公推出斩首。

丁公恐怕做梦也没想到，自己会是这样一个出人意料的结局。但为什么能优容仇人而对恩人反倒卸磨杀驴呢？难道刘邦不怕担恩将仇报的骂名吗？非也，收留季布，那是给项羽的残部开辟一条招降的通道，仇人都可封官，何况那些不是仇人的人呢？但对丁公不能这样处理，因为项羽的灭亡，就是因为有一批像丁公一样不忠的部下，如今汉朝草创，正是天下归心的关键时期，在这种时势下对一个卖主求荣的人封官，忠臣会怎么看？游离于忠奸之间的人又会怎么做？所以，刘邦在担骂名与培养忠臣之间，选择了后者，这也是他的一种警示教育，因为只有这样，收拾人心才能更见功效，他的江山才能更加稳固，更加牢靠。

只可惜丁公美梦一场，最后横尸汉营，泉下有知，当后悔莫及吧。

58. 戍卒娄敬

刘邦被封为汉王时，最初定都南郑。还定三秦后，为便于东征的补给，刘邦将都迁至栎阳。汉五年，垓下之战，项羽灭亡，刘邦底定天下，在众诸侯的劝进下，刘邦即皇帝位于氾水之北。

一番赦天下、赏功臣后，刘邦命人将太公、吕后和太子刘盈以及其他亲属迎入洛阳，还召集列侯诸将，置酒洛阳南宫，对楚汉战争做了一番总结性的讲话，大有拟定都于洛阳的打算。

当年五月，齐人娄敬去陇西戍边，途经洛阳，得知新皇帝准备将洛阳当作京都，他觉得不妥，想向皇帝提个建议。然而，娄敬区区一戍卒，怎能相见？于是，他找到时在洛阳任职的老乡虞将军疏通，在他的引荐下，刘邦接见了娄敬。

刘邦同意接见一小小戍卒，也可见他新皇登基后，还是能够谦虚谨慎、礼贤下士的。

娄敬面见皇帝，便直入定都话题说："皇上定都洛阳，是打算效仿周朝吗？"

刘邦说："是。"

娄敬说："但陛下取天下，与周室迥异。"意思是汉朝取得天下的时势与周朝有着很大的不同。他从周朝的先祖后稷谈起，讲到武王伐纣、成王嗣位、周公辅佐、定都洛阳，直到最后灭亡，说明了一个道理："有德则易以王，无德则易以亡。"他分析，洛阳居于全国中心，和平年代，便于四方来朝，而战乱时期，也易四面受敌。

接着，娄敬又分析说，周朝起家靠德，而且"积德累善十有余世"。

171

而汉朝起家靠的是战，"大战七十，小战四十"，兵连祸结，生灵涂炭，哀鸿遍野，满目疮痍，哭泣之声不绝于耳。在这种情况下定都洛阳，如同将自己置身于怨恨之中，无异于自取灭亡。不如定都关中，关中之地，被山带河，四塞为固，物产丰饶，天府之国，即便山东有乱，关中还可以保全。所以，娄敬认为，定都关中乃不二选择。

娄敬身虽戍卒，卑不足道，但他上知天文、下知地理，懂进退、明存亡，对时势的理解和把握超过当时刘邦手下任何一个谋士。刘邦起于草莽，经历大小百余战，多次面临灭亡险境，深谙一步走错全盘皆输的道理。娄敬一番有理有据的说辞，让他有醍醐灌顶一般的醒悟。

于是，刘邦召来群臣计议。

谁知，臣僚诸将绝大多数都是山东人，都有故土情结，不愿意离家万里，高祖征求意见时，他们纷纷以周朝定都洛阳数百年而不亡、秦朝定都关中二世即灭亡为理由，争相要求定都洛阳。

关键还是洛阳离故乡更近。

其实，刘邦心里早已被娄敬说服，群臣的反对让他很是不爽，每每这个时候，他都会找一个人帮他下最后的决心，这个人就是"谋圣"张良。为此，刘邦单独召见张良。张良非常赞同娄敬的建议，并说："洛阳地小田薄，四面受敌，确非用武之地。关中沃野千里，易守难攻。山东安定，黄河、渭水漕运可源源不断地供给；山东有变，顺流而下，征讨方便，以此定都，确是最佳选择。"

张良的话，给了刘邦最后的定心丸。于是，随即定都关中，开始经营那个后来辉煌于世的名都长安（城名。在今陕西西安市西北六公里。西汉高帝五年置长安县，七年自栎阳徙都于此）。

而娄敬亦因首倡定都关中之功，被刘邦赐姓刘氏，拜为郎中，号奉春君。

59. 臧荼反汉

　　秦朝灭亡后，战乱连年，诸侯蜂起，你方唱罢我登场，昨日还是大富大贵的诸侯，今日却沦为身陷囹圄的囚徒，或横于疆场的尸首。无论是来源于贵族还是起步于草莽，一律是红眼的赌徒，将身家性命做孤注一掷，直到刘邦横扫诸侯，完胜西楚，这场险象环生的赌局才告一段落。然而，刘邦降服诸侯登上帝位后，是否就真的河清海晏、天下归心呢？

　　早着呢！

　　第一个站出来举起反旗的人，就是燕王臧荼。

　　臧荼，楚国人，原燕王韩广部将。秦二世二年，秦将章邯围攻赵国，各诸侯国相继派兵救赵，韩广亦派臧荼率兵驰援。打败章邯后，项羽组织诸侯联军乘势向西攻秦。在救赵与攻秦的战役中，臧荼不但屡立战功，而且与项羽结成了深厚的战斗友谊，以至于后来分封诸侯时，项羽有意撇开韩广，将他迁至辽东为辽东王，而以臧荼为燕王。韩广不服这种"山头主义"的分封，拒绝去辽东，结果被忘恩负义的臧荼追杀而死，项羽对此不仅不予追究，反而将燕和辽东之地全部封给臧荼。可以看出，项羽对臧荼极为偏爱。项羽的人情规则是，项氏族人、揭竿兄弟、灭秦战友至上，除此之外的，他几乎连正眼也不瞧一下，体现出气量褊狭和私心自用。这也是项羽在战争中逐步被孤立和最后失败的一个重要原因。

　　汉三年，北伐的大将军韩信灭赵之后，听从广武君李左车的建议，对燕国软硬兼施，一方面调派军队，做出要进攻燕国的姿态，一方面派出使者，招降燕王，臧荼为了保命，随即又背弃了对他恩重如山的项羽，投降了汉军，成为汉王的藩属。

两年后，刘邦打败项羽，一统天下，刘邦称帝，已经只剩下个登基大典和诏告天下的形式。在大势所趋的情况下，燕王臧荼与楚王韩信、韩王信、淮南王英布、梁王彭越、衡山王吴芮、赵王张敖共同上书，向刘邦劝进，把刘邦扶上了皇帝的宝座。

然而，刘邦坐上皇帝宝座后，本就性多猜忌的他，看人的眼光便渐渐不像战争时期那么温厚而宽容了。他开始考虑宝座的安全性和稳定性，所以看人的眼光开始有点斜视，有点阴森，有点疑虑，有点不安。于是，他开始了大规模的清洗行动。

刘邦的清洗行动从剪除项羽残余旧部开始。他以重金悬赏，大肆搜捕项羽旧部，先是千金悬赏捉拿季布，后将对自己有恩的丁公斩首，其他杀死于途中的项羽旧部更是数不胜数。臧荼虽然归顺刘邦已两年有余，但项羽曾经对自己高看一眼的恩情，如今成了他的心病，他费尽思量也不知道如何让自己成为刘邦的"自己人"，而不是项羽的旧部。在这种风声鹤唳、杯弓蛇影的紧张情绪下，臧荼瑟缩于燕都，坐立不安，思来想去，最后把心一横，与其坐以待毙，不如反戈一击。于是，汉六年（前201年）十月，臧荼从燕地起兵反汉，起初声势不一般，甚至还一度攻下了代地，他因此成为刘邦登基后第一个起兵反抗的诸侯王。

然而，这个时候正是刘邦一举灭亡项羽的大胜之初，又是刘邦声誉最高、力量最强、要风得风、要雨得雨的时候，兼之汉军兵不解甲，士气极旺，刘邦马鞭挥向哪里，哪里就能降服，刘邦兵戈指向哪里，哪里就要灭亡。此时反汉，与以卵击石何异？不过，尽管自己挟新胜之威，而臧荼又只是一匹不难对付的狼，但刘邦还是把他当成了万兽之王的狮子来重视、来对付，亲自率军前去征讨。结果不出所料，刘邦大举进军，以秋风扫落叶之势横扫燕国，臧荼终于被俘，枭首。

班固在《汉书·韩彭英卢吴传》中分析韩信、彭越、臧荼等异姓王反叛的原因时说："昔高祖定天下，功臣异姓而王者八国。张耳、吴芮、彭越、黥布、臧荼、卢绾与两韩信。皆徼一时之权变，以诈力成功，咸得裂土，南面称孤。见疑强大，怀不自安，事穷势迫，卒谋叛逆，终于灭亡。"将臧荼等王灭亡的原因归结于因势力强大而招致朝廷怀疑，最后无法自安，不得不反。这倒是一句大实话。

不过，臧荼即便自己不反，按照刘邦的性格，迟早也会收拾他的，因为这是剪除项羽旧部的必然，也是稳权固位的必然。

60. 韩信造反是个伪命题

汉五年，韩信自从被刘邦封为楚王后，回到封地便急不可待地做了三件事。

一是设法找到漂母，召至王宫，当面言谢，赐钱千金。

二是召来自己落魄时寄食其家的南昌亭长，丢给他区区百钱，不无遗憾地数落他说："你呀，小人一个，做件好事都有始无终。"

三是叫来那个让他受胯下之辱的恶少，非但没报复他，反而出人意料地封他为中尉，还在楚军将领们面前现身说法道："这可是位壮士啊。虽然他侮辱了我，但我正因为忍得一时之辱，才成就了今天的功业。"众将连声叫好。

韩信说得似乎有点道理，做得也没太出格，然而不知为何，让人越看越不是滋味，作秀不像作秀，显摆不像显摆。这只能证明一条，韩信是战场上的英雄，有勇有谋，却是政治上的弱智，章法全无，还颇有一副小人得志的嘴脸。恰恰是由于韩信政治上的弱智，他的命运便一次又一次地经历着赴汤蹈火的考验。

刘邦要斩尽杀绝项羽旧部，这是他称帝后坚定的决策导向。当然，除了那些死心塌地的，如萧何之辈，或死皮赖脸的，如季布之流，其他分子，只要进入高祖头脑的，曾让他挂过心的，哪怕对他恩重如山，都将插翅难飞，谁叫你是异己分子呢？于是，汉六年的某一个无事的黄昏，他便想到了一个人：钟离眛。这家伙，可是项羽手下五虎将之一，能掀波起浪的人物，这样的人物不赶快消灭掉，那是要影响睡眠的啊！

176

通缉，赶快通缉。

通缉，通缉，不承想却通缉出个天大的秘密来，钟离眛就藏在楚都下邳韩信的王府里！你说你钟离眛藏哪儿不好，偏偏藏于楚国；你投靠谁不好，偏偏投靠韩信。何况，两人既是老乡，又是多年的好友。更何况，又有人报告说韩信在楚国自矜其勇，居功自傲，出入讲排场，那架势比皇帝出巡都铺张。这一个个消息就像一根根针一样，扎在了刘邦的心上。韩信本来就是刘邦一个心病，再加上个钟离眛，这不是让他大汉晴朗的天空阴云密布、山雨欲来吗？这不是让大汉的大好形势忽然逆转、前途莫测吗？这不是明摆着与他这个刚刚登基的新皇帝过意不去吗？！

好，召集列侯诸将，大家商量商量，如何应对当前局势。打打打，杀杀杀。众将一致认为，韩信有反骨，要乘生米未成熟饭之机，赶快剪除，大家还毛遂自荐，纷纷请战。人心是有了，舆论也有了，但除韩信肯定不能如此草率，得听听谋臣们的意见。这次没找张良，因为张良已萌生隐退之意，经常请假不上朝，他找来了陈平，因为"陈平计"也是蛮有效果的嘛。

陈平经过深思熟虑，给刘邦献了一个"伪游云梦，会诸侯于陈，楚王信迎，即因执之"的妙计。也就是编造一个皇帝南巡"云梦"的借口，召集各诸侯王相会于陈地，陈地与楚地咫尺为邻，韩信当召之即来，韩信一来，肉身一个，数个武士就能生擒活捉。确实是妙计！司马迁在《史记·陈丞相世家》中所谓陈平"六出奇计"，即包括此计，分别是：

第一，巧施反间，计除范增；

第二，金蝉脱壳，脱险荥阳；

第三，穷寇宜追，垓下灭楚；

第四，潜蹑帝足，请封齐王；

第五，伪游云梦，智擒韩信；

第六，借力阏氏，解围白登。

刘邦用此"伪游云梦"之计，韩信果然束手就擒。然而，让人大跌眼镜的是，韩信自投罗网，还搭上了好朋友钟离眛的卿卿性命。之前，刘邦通缉钟离眛，韩信没将他交出；后来，刘邦单独给韩信下诏书，要求他抓捕钟离眛入京，韩信还是没听；这次刘邦南巡，既是冲着钟离眛来的，更是冲着自己来的，于是就慌了。

刘邦到达楚境时，韩信打算发兵反叛，又想自己并无死罪，马上打消了这个想法；想去拜见，又担心成为阶下囚。他左右为难，不知如何是好。为此，他召来钟离眛，哭丧着脸，夹七夹八地说这言那。

钟离眛知道他心里想什么，还开导他说：

"汉所以不击取楚，以眛在公所。若欲捕我以自媚于汉，吾今日死，公亦随手亡矣。"

钟离眛比韩信清醒，知道高祖暂不动手是因为有韩、钟一起，一旦击破其一，另者便可轻巧取之。然而，对钟离眛的话，韩信不为所动。

钟离眛知再说无用，骂了句：

"公非长者！"

你不过一反复小人罢了！

钟离眛随即自杀身亡。韩信提着钟离眛的人头，屁颠屁颠地跑到刘邦面前求饶，刘邦却喝令左右拿下了韩信。至此，韩信才恍然大悟，他长叹一声道：

"果若人言：'狡兔死，良狗亨；高鸟尽，良弓藏；敌国破，谋臣亡。'天下已定，我固当亨！"

然而，后悔已迟。

刘邦将韩信抓至洛阳，本已有杀韩之心。这时，大夫田肯来觐见，一面唠叨说陛下拥有秦地好啊，被山带河，二万人可当诸侯百万人；齐地好啊，二万人可当诸侯十万人。陛下既居秦中，也要重视齐地啊。他不厌其烦地唠叨着，高祖终于听出了弦外之音，这是为韩信乞命啊，因为定三秦、平齐地，可都是韩信的功劳啊！

于是，刘邦赦免了韩信的死罪，将他贬为淮阴侯。

这几个人中，钟离眜算得上忠烈，田肯算得上忠义，而韩信呢？举棋不定，首鼠两端，既做不到忠，又做不到义，表面上看是战场上的英雄、政治上的弱智，实际上是内心脆弱，当断不断，反受其乱，最后不但被刘邦玩弄于股掌之中，还背上了出卖了自己朋友的恶名，丢掉了朋友的性命，从为人上来讲，几乎是全盘皆输。这样的人，怎么可能在意志坚定、心狠手辣的刘邦面前造反呢？

所以，韩信的所谓造反，从根本上来说就是一个伪命题，因为他即使有那个贼心，也没那个贼胆。

61.有谦让之风，懂进退之理

古人云："争是不争，不争是争，夫唯不争，故天下莫能与之争。"汉初被誉为"谋圣"的张良，便用自己的行动证明了这个道理。

汉六年正月，天下已定，汉高祖刘邦大封功臣，封了二十余人，分别是：萧何封为酇侯，曹参封为平阳侯，周勃绛侯，樊哙舞阳侯，夏侯婴汝阴侯，灌婴颍阴侯，等等。

其他人好说，但封萧何为酇侯，而且食邑最多，功臣们有意见了。他们在朝堂之上，当场向刘邦表明不同意见说："在举大事的道路上，臣等披坚执锐、攻城略地，多的经过百余战，少的也有数十战，虽有大小差异，但按功行赏，都能接受。然而，此次分封的人中，唯独萧何无尺寸之功、汗马之劳，却封侯比人大、食邑比人多，反居臣等之上，这是何解呢？"

刘邦见有意见的人还蛮多，便让大家安静下来，然后给他们上了一堂"战争哲学课"，他说："你们知道狩猎吗？知道猎狗吗？每次狩猎，追杀猎物的，是狗；而发指示驱使猎狗猎取猎物的，是人。你们攻城略地，不过猎取猎物而已，是功狗；而萧何恰如那个发指示的，是功人。何况，你们只身随我，多的一个家族也不过两三人。而萧何呢？他可是举全族之力随我，多达数十人，功不可没啊！"功臣们无话可说，悻悻而退。

在讨论"英雄排座次"的朝会上，刘邦仍有意将萧何排位第一，功臣们又不答应了，他们说："平阳侯曹参功劳最大，应居第一。"

刘邦正在沉吟之际，关内侯鄂千秋出班说道："大家其实都想错了。曹参虽有功，不过是阵前拼杀，乃一时之功。皇上与楚相争数年，常常败北，萧何镇守关中，要兵给兵，要粮运粮，馈饷不绝，乃万世之功。少一百个曹参，汉亦是汉；少一萧何，汉必不成。建议萧何排第一，曹参列第二。"于是，刘邦下令以萧何第一，并赐他剑履上殿，即可穿鞋佩剑入殿。

为了分封功臣这件事，"群臣争功，岁余功不决"。大家吵吵闹闹争执了一年多，你看这些人的心态是多么糟糕。只有张良，静静待着，与世无争。对于张良，刘邦视其为左右手，认为"运筹策帷帐中，决胜千里外，子房（张良）功也"，自然高看一眼，厚爱三分。为了分封，他单独召见了张良，当面锣对面鼓，让他自己选择齐地三万户，要封他个万户侯。这等于是给张良"开小灶"，搞特殊。

然而，张良不但不争，对这种特殊关爱，还推辞不受。他说："臣刺秦后逃难于下邳，与皇上相会于留县，这一定是上天将臣授予陛下吧。陛下用臣之谋，幸而偶有成功，功劳不过如此，封三万户，实不敢当，封臣留侯足矣。"刘邦还想说服张良，无奈张良竭力推辞，刘邦最后只好随其意，封他为留侯。

在分封列侯的过程中，那些无论功大功小的将领，纷纷以己之长，较人之短，争执不休。只有张良极力推辞，这种人，真堪称谦谦君子，有长者之风也。张良不贪恋权位，多次萌生去意，曾对刘邦说：

"愿弃人间事，欲从赤松子游耳。"

可见，张良亦是范蠡、李泌一类的人物，有谦让之风，懂进退之理。而且，也正是这种懂谦让、知进退的良好品性，让他远离了尔虞我诈的权力争斗，得以安度晚年，高位善终。

62. 分封仇人

　　刘邦处理韩信所谓谋反一事，大夫田肯为韩信说话的过程中，曾建议高祖要像重视关中一样重视齐地，还强调："非亲子弟，莫可使王齐。"建议非他亲属子弟，不能封齐王。汉六年，刘邦分封完功臣之后，便想起了田肯的这句话，不但分封齐王，还要将自己的子弟封到各地去做王，异姓王毕竟没那么可靠嘛。

　　堂兄刘贾，还定三秦时，他就是将军。楚汉战争期间，绝项羽粮道、使项羽军需受困的，是刘贾；后来招降项羽大司马周殷，并在周殷的协助下攻破九江的，也是刘贾；后来灭临江王共尉，还是刘贾。可见兄弟中，刘贾功劳最大，刘邦因此以淮河为界，将原楚国分为荆、楚二国，"立刘贾为荆王，王淮东（地区名。隋、唐以前，从中原地区通向长江下游一般都在今安徽寿县附近渡淮，这一段淮水的流向系自南而北，因习称今安徽淮河南岸一带为淮东）五十二城"。（司马迁《史记·荆燕世家》）

　　长兄刘伯在刘邦发迹前已早早去世，不过，二兄刘仲和弟弟刘交，与刘邦皆为一父所生，亲骨肉，当然要分封。于是封刘仲代地，为代王；刘交封淮西（习称今皖北、豫东淮河北岸一带为淮西），为楚王。至于儿子，当然更加重要，分封也格外厚重：长子刘肥（刘邦与曹氏所生）封齐王，辖齐地七十三县，印证了田肯那句："非亲子弟，莫可使王齐。"此时，高祖与吕后所生次子刘盈才九岁，已封皇太子。戚夫人所生三子刘如意更是少不更事，此时未予分封，后封为赵王。

刘邦有个侄儿，叫刘信，就是长兄刘伯之子。当年刘伯在世时，刘邦不事耕作，却好交朋结友，经常呼朋引类到兄长家蹭饭吃。大嫂嫌弃，丈夫在世时还只是唠叨，丈夫去世后，刘邦去大嫂家就很难蹭到饭了。后来有一次，刘邦带了一帮朋友去蹭饭，大嫂却以瓢猛刮锅底以示无食，让刘邦在朋友们面前丢尽了面子。为此，刘邦记恨至今，许多人都封了王，唯独刘信不得分封。太公以为刘邦忘记了这个侄儿，去提醒他，高祖余恨未消，但父命又不得不从，因此给了刘信一个颇具嘲讽性的封号，为羹颉侯，仅领两县。

从封侄儿羹颉侯这件事可看出，刘邦也是个器量狭小、锱铢必较的人，记怨如此，记仇当然更甚。虽然分封了诸将和兄弟子侄，但皆是亲近之人，其偏私之心昭然若揭。试想，打下偌大一个汉朝，其功臣宿将恐怕远远不止他所封的这些人吧，除了亲近之人，心有不平甚至怨愤者当在少数。

不过，刘邦最大的优点就是从谏如流，特别是对张良、陈平这些人的建议，几乎言听计从。

有一天，刘邦在洛阳南宫（此时长安在建，暂驻洛阳）远眺，偶然看到复道（高楼间或山岩险要处架空的通道）上许多将领聚在一起交头接耳，窃窃私语，像在商议什么见不得人的事。高祖叫来张良，询问究竟。

张良说："陛下和诸将共取天下，如今已成天子，而所封赏的，都是自己的亲属和故友，所诛杀的，都是昔日的仇人。他们认为天下地少而功多，不可能人人都能得到封赏，加上陛下又偏私，他们感到封赏无望，故凑聚一起，准备谋反。"

高祖赶紧向张良征询解决的办法。

张良说："找一个陛下平时最憎恨的人，而且是众所周知的，先封赏他以安人心，危机将迎刃而解。"

大家都知道高祖最恨雍齿，因为当年高祖安排雍齿镇守老家丰乡，他却投降了魏王，献地谋反，让刘邦有队不能归、有家不能回。刘邦也的确最恨雍齿，如今虽然让他在军中，也不过是暂寄头颅于他颈上而已。经过张良一劝，刘邦立马封雍齿为什邡侯。

大家听到雍齿封赏的消息，纷纷额手相庆道："雍齿尚且封侯，我辈何忧？"

一场危机，就这样解决了。

63. 父与子

中国历史上第一个使用"太上皇"这一称号、尊父亲为太上皇的，是秦始皇嬴政。

秦灭六国建立大一统国家后，秦王嬴政以王号不足以显其上古以来未曾有过的显赫业绩之故，自称皇帝。随后，与丞相王绾、御史大夫冯劫、廷尉李斯等人商议如何给父亲秦庄襄王上尊号。因曰：

"朕闻太古有号毋谥，中古有号，死而以行为谥。如此，则子议父、臣议君也，甚无谓，朕弗取焉。自今已来，除谥法。朕为始皇帝。后世以计数，二世三世至于万世，传之无穷。"（司马迁《史记·秦始皇本纪》）

意思是说，远古时候的皇帝，活时有封号，死后无谥号。中古时候的皇帝，活时有封号，死后有谥号，但这个谥号，是根据此皇帝生前的所作所为来议定的。这样，就如同儿子评价老子，臣子评价君王。始皇帝觉得，这样子非常不好。所以他要废除谥法，追尊庄襄王为太上皇，他为始皇帝，后世则以数计，二世三世以至传之无穷世。

其实取号就是一个代称，如此纠缠于这个名称，一来是为了加强皇帝权威，二来是不希望死后被子孙和臣僚们评价他的是非过错，老子天下第一！

这就是历史上第一个太上皇的来由。

按照秦始皇的编排，第二个能够成为太上皇的，应该是秦二世胡亥。可惜通过阴谋诡计上台的胡亥倒台太快、死亡太早，还没等到有人来尊他为太上皇，秦朝就寿终正寝了。所以，中国历史上第二个太上皇，便是刘邦的父亲刘太公。

刘邦尊太公为太上皇，其中还有一个曲折过程和故事。

汉六年，长安还在建，刘邦家属暂住栎阳，自己则驻跸洛阳。

刘邦虽在外冲冲杀杀多年，但他始终想做个孝子。有一次他到栎阳，看望父亲，其间无论多忙，都会五天去朝拜父亲一次。有人因此劝诫太公说："天无二日，地无二王。如今汉皇虽是您儿子，但他更是万民之君。你虽是乃父，亦属人臣。如何能让人主拜人臣呢？这样，人主就失去了威严。"

太公听后，深觉有理。

后来，刘邦来朝拜父亲，太公就抱着扫帚，在门口迎接，倒退着行走，以示尊敬。刘邦见此大惊，赶快下车搀扶。太公说："皇帝是万民之君，怎能因为我而乱天下纲常法度呢？"

刘邦无奈，经与群臣议定，乃于当年五月尊太公为太上皇。其诏曰：

"人之至亲，莫亲于父子，故父有天下传归于子，子有天下尊归于父，此人道之极也。前日天下大乱，兵革并起，万民苦殃，朕亲被坚执锐，自帅士卒，犯危难，平暴乱，立诸侯，偃兵息民，天下大安，此皆太公之教训也。诸王、通侯、将军、群卿、大夫已尊朕为皇帝，而太公未有号。今上尊太公曰太上皇。"（班固《汉书·高帝纪》）

由此看来，刘邦的确是一位非常孝顺的儿子，与同项羽对峙广武涧所说"吾翁即若翁，必欲烹而翁，则幸分我一杯羹"时判若两人。不仅如此，后来搬至长安，太公因居深宫烦闷想家，高祖还兴师动众，为他老人家在长安附近打造了一个与家乡丰邑一模一样的地方，谓之新丰，汉刘歆所撰《西京杂记》卷二记载此事说：

186

"太上皇徙长安，居深宫，凄怆不乐。高祖窃因左右问其故，以平生所好，皆屠贩少年，酤酒卖饼，斗鸡蹴鞠，以此为欢，今皆无此，故以不乐。高祖乃作新丰，移诸故人实之，太上皇乃悦。"

皇帝也是凡人，也有七情六欲，也有对寸草春晖的感激，虽然富有四海，位居至尊，但孝道不忘，尊其为太上皇，也是对养育之恩的一种回报啊。何况，万民还在看着呢，史书还会记载呢，儿孙还会效法呢。如此，也算一举数得，功德圆满。

64. 儒生之"谀"

儒生出身的叔孙通，最精通儒术，也擅长阿谀，既是儒生，亦为"谀生"。

叔孙通，薛县人，少习儒术，初为秦朝待诏（初指应皇帝征召随时待命，以备咨询顾问。汉代皇帝征召才术之士至京，以其所处性质不同，有待诏公车、待诏金马门、待诏博士、待诏射声士等名目。后渐演变为官名）博士，也算是儒生中较大的官儿了。然而，秦朝一入颓势，他便投奔项梁，不久又投楚怀王，再投项羽，楚国落败，他又投奔汉王刘邦。可谓反复无常、朝秦暮楚的典型。

不过，有些人就是有本事朝秦暮楚，叔孙通就是这样的人。

那么叔孙通朝秦暮楚凭的是什么呢？

一者当然是儒术，二者便是阿谀。

比如，秦二世胡亥时，当陈胜起义的消息传到咸阳时，惊慌失措的胡亥问计于儒生们："楚地戍卒攻下蕲县，窜入陈县，诸位对此事有何看法？"

博士和儒生们异口同声地说："这是造反，罪不可赦，请陛下快快发兵征讨。"

胡亥一听有人说造反，顿时变脸，勃然大怒。大秦朝才二世，如日中天，还要"三世四世至于万世"，怎么可能有人造反呢？简直胡说八道。

这时，叔孙通上前说："他们的确在胡说八道，咱大秦毁城池、销兵器，上有明主，下有严法，天下合一，万众归心，朗朗乾坤，太平盛世，谁敢造反？此不过几个鸡鸣狗盗之徒罢了，何足挂齿。郡守们正在抓捕，陛下大可高枕无忧。"他的一番话，说得胡亥心里头那个舒坦啊，连连称善。后来，这批人有的被治罪，有的被免职，唯独叔孙通加官进爵，被重用为博士。他阿谀的本领是不是技高一筹？

投奔汉王刘邦后，叔孙通平时好着一身儒服，刘邦本楚人，讨厌儒服那别扭的装束。叔孙通见刘邦不高兴，立刻改头换面，穿上按楚地习俗裁制的短袄，刘邦一见便喜。不久，也重用他为博士，封稷嗣君。他察言观色的功夫是不是炉火纯青？

叔孙通的最大功劳就是为汉朝制定了朝仪，帮助刘邦确定了汉朝的规矩。刘邦统一天下后，取消了秦朝某些繁文缛节、严苛礼仪，只确定了一些简单的规矩。然而，他那帮一起从沛县出来的兄弟可是连简单的规矩也没有的，虽然身为王侯将相，却经常在朝堂之上饮酒争功，醉了就大呼小叫，吵吵闹闹，有的甚至拔剑击柱，令刘邦深感无奈，十分头疼。

叔孙通最大的优点就是，皇帝哪里有需要，他就会在哪里进言、着力。他不失时机地向刘邦建议，由他牵头，带领儒生们"采古礼与秦仪杂就之"，制定全新礼仪。刘邦开始持怀疑的态度，什么礼仪能管住那群令自己都莫可奈何的无法无天之徒呢？不过，他愿意给屡试不爽的叔孙通一个再试牛刀的机会。

迨刘邦同意，叔孙通便与他从鲁地征召来的那批儒生，还有皇帝侍从、自己的学生共百余人，在郊外讨论、编排、演习月余，又请来刘邦观摩了一次，最后决定在十月的岁首朝会正式演练。

汉七年（前200年），岁首朝贺，列侯诸将、文武百官齐聚，按照叔孙通新定的规矩，依大小、尊卑、班序上朝，传达有谒者，殿下有郎官，保卫有车骑步卒，刀光剑影，彩旗飘扬，仪仗威武，禁卫森严。谒者一声"趋"，殿下郎官们便在台阶两旁依次排列，百官入殿，武将站西边，文官立东边，整齐划一。

这时，皇帝乘御辇从后宫出来，百官举旗警备。接着，王侯将相，逐班进见。随后，安排筵席，依次向皇帝敬酒祝贺，酒过九巡，才罢酒撤席。礼毕后，御史将礼仪不合格的大臣拉出去问罪。这群平日里自由散漫、毫无体统的文官武将哪见过这阵势，一律诚惶诚恐，肃然起敬。仪式结束后，刘邦不禁连连感叹："皇帝原来这么好当，我到今天才真正体会到了做皇帝的尊贵啊！"

从此，汉朝在朝规礼仪上，就按照叔孙通当时确定的规矩施行，这就是所谓"汉官威仪"。

之前，叔孙通到鲁地召集儒生去为刘邦制定朝仪时，有两儒生打死都不去，并讥笑叔孙通说："你前事秦，后事楚，再事汉，十易其主，均是通过阿谀奉承而成新贵。如今天下刚刚安定，死者未下葬，伤者未康复，便急于兴礼乐，这不合古。古人积德百年才可兴礼乐，你这样遽然兴起，不过是借此阿谀而已。"

叔孙通闻之，不屑道："真乃鄙儒，不知时变。"

儒生评价叔孙通阿谀，可谓眼光精准，一语中的。但叔孙通的回答也有一定的道理。与时俱进乃推动社会发展的原动力，没有发展的眼光，没有与时代共振的心态，没有与时俱进的思想，没有积极进取的精神，社会也好，个人也好，都会像韩非子笔下那个守株待兔的农夫一样，最后只能成为一个被人耻笑的人、一个被时代抛弃的人。

所以，有时候看人不能只看一面，人是有多面性的。叔孙通虽然是一阿谀之徒，但瑕不掩瑜，因为他懂得与时俱进。而且，他也的确为汉朝的整章建制工作，立下了汗马功劳。正如司马迁所说：

"叔孙通希世度务，制礼进退，与时变化，卒为汉家儒宗。"

称其"汉家儒宗"，实非过誉之词。

65．叔孙通的人才观

班固《汉书·高帝纪》载：

"天下既定，命萧何次律令，韩信申军法，张苍定章程，叔孙通制礼仪，陆贾造《新语》。"

记载中的这些人，都是帮助刘邦拟规矩、定制度的人，通过他们的努力，汉朝的典章制度初步得到确定，这为汉朝的发展与兴旺奠定了坚实的基础。这几个人中，叔孙通算是相对人微言轻者，他之所以有机会为刘邦拟规矩、定制度，而所拟的规矩又能为皇帝所接受，并以制度形式确定下来，一以贯之，关键得益于他对时势的把握。

秦朝灭亡后，诸侯混战，规矩全废，而那些起于草莽的功臣悍将，更是不懂规矩、不管规矩，也从无规矩。要管理朝政，首先得管住身边的人，再按照尊卑贵贱，按层级、依程序、梯次管理到基层。这样，拼命打下来的江山才可能稳固，自己家族的利益才能保住，刘氏至尊地位才可能延续和传递。倘若没主没次、没大没小、没上没下，那皇帝还怎么成其为皇帝呢？

在这种情况下，叔孙通提出为刘邦制定朝仪，确定汉朝官场的规矩，既是揣度了刘邦的心思，同时也是时势所需。他对时势的把握，与同时代的其他儒生相比，堪称云泥之别，故他那些弟子评价他"知当世之要务"，深中肯綮。刘邦对叔孙通的印象极佳，叔孙通投靠的时候，刘邦还是汉王，未打败项羽，就视叔孙通为核心智囊团成员，毫不犹豫地拜他为博士，封稷嗣君，可见十分倚重，信任有加。

叔孙通是值得信任的，不但因为他在制定礼仪上的卓越能力，更在于他独特的人才观，以及他在推荐人才方面的作为，可谓知人善荐。根据《史记·刘敬叔孙通列传》记载，他对于人才的观点之一是："儒者难与进取，可与守成。"他是这么认为的，在服务刘邦的过程中也是这样做的。

叔孙通投靠刘邦的时候，随他一起助汉的儒生弟子共百多人，但在随刘邦南征北战、建言献策的过程中，这些人才他一个也不推荐，专门推荐那些绿林大盗、亡命之徒。弟子们纷纷抱怨说："我们侍奉先生多年，有幸随先生一同投汉，但如今您一个也不推荐我们，专门推荐那些奸诈狡猾之人，这是为什么呢？"叔孙通回答说："汉王正冒锋镝矢石打天下，试问诸位有横刀跨马、冲锋陷阵、断头流血之勇吗？所以呀，我先要推荐那些擅攻城野战、斩将搴旗之士，诸位姑且等等，我不会忘记大家的。"

叔孙通说到做到，他帮助刘邦制定好礼仪、规范了朝规，迨天下渐渐安定之后，他就向皇帝刘邦进言道："诸弟子儒生随臣久矣，与臣共为仪，愿陛下官之。"叔孙通献了那么多良策，立了如此大功劳，刘邦焉有不听之礼？于是，刘邦将叔孙通的弟子们全部封为郎官。叔孙通出宫后，不仅带给弟子们封官的好消息，还将刘邦赏赐给他的五百斤金，全部分给了他们，自己一个子儿不剩。

弟子们感激不尽，纷纷赞叹叔孙通为圣人。

叔孙通是一个讲信用的人，同时也是一个有能力讲信用的人。倘若没有对时势的精准把握和在人才上的卓识远见，他又怎能知人善荐，且一荐就用呢？

66.草原雄鹰崛起

匈奴作为雄踞于中国北方的一个古老的游牧民族,本与华夏同源。夏朝灭亡后,夏桀的后裔逃窜到北方,打败了其他部族,渐渐形成了匈奴一族。匈奴兴起于公元前3世纪前后,司马迁《史记》中有《匈奴列传》一篇,记载了匈奴的来源、形成、发展以及部族特点。

司马迁在文中记载了匈奴部族的几个特点:

一是:"逐水草迁徙,毋城郭常处耕田之业",追寻水草而迁徙,没有城郭和常住之方,不事农业。

二是:"毋文书,以言语为约束",没有文字书籍,用言语约束人们的行动。

三是:"宽则随畜,因射猎禽兽为生业,急则人习战攻以侵伐",平常随意游牧,以射猎禽兽为业,形势一急,则人人习战侵掠,上马为战士,下马为牧民。

四是:"利则进,不利则退,不羞遁走",形势有利则进攻,不利便后退,不以逃跑为耻。

五是:"咸食畜肉,衣其皮革,被旃裘",皆以畜肉为食,穿皮革,披皮袄。

六是:"壮者食肥美,老者食其余。贵壮健,贱老弱",这恐怕是世界上最嫌弃老弱的一个民族了。

七是:"父死,妻其后母;兄弟死,皆取其妻妻之",父亲死了,儿子继承父亲位置的时候,也顺便接收了父亲的小妾。兄弟死去,活着的兄弟则娶其妻为妻。而这一点，在世界民族之林中，恐怕绝无仅有。

到秦汉之际，族人头曼以今黄河河套地区和阴山为中心，建立了强大的部落联盟国家，成为匈奴第一代单于。秦始皇实现统一后，命令大将蒙恬率三十万大军北击匈奴，将其逐出河套以及河西走廊地区，按西汉贾谊《过秦论》中的话说是：

"（秦始皇）乃使蒙恬北筑长城而守藩篱，却匈奴七百余里。胡人不敢南下而牧马，士不敢弯弓而报怨。"

而正是这一时期，匈奴内部因为单于大位继承问题，发生了剧烈的冲突。

事情是这样的：匈奴的国王称单于，王后称阏氏（一作焉提、阏支。匈奴语。指匈奴单于及诸王之妻妾）。头曼建立了匈奴大国，自然勇猛而有智。他的长子叫冒顿，被封为太子，勇悍不让乃父，凶残亦有过之而无不及。头曼虽然立了冒顿为太子，但因后来续立了一位阏氏，又生下一个儿子，对母子二人溺爱有加。随着小儿子慢慢长大，便渐渐萌生废长立幼的想法，竟命令太子冒顿为人质，遣送去西边的月氏国，且在冒顿到达月氏国不久，派大军尾随其后进攻月氏国。其意明显，希望借月氏国的复仇之刀，杀死自己的亲生儿子。

月氏国得知头曼来攻，果然牵怒于冒顿，准备杀他泄愤。但冒顿这个人不但勇悍，而且很狡猾，他一觉察到形势不对，就偷了一匹良马，三十六计走为上计，快马加鞭往回逃跑。逃跑途中，冒顿恰遇父亲率领进攻月氏国的军队，头曼一见儿子，十分意外，只好自己拐弯，找台阶下，命令冒顿率军一万余人，与月氏国迎击而来的军队打了一仗，不分胜负，最后各自罢兵归国。

回来后，冒顿彻底明白了父亲的用意，开始密谋除掉父亲，还有那让人讨厌的后娘和异母弟弟。他想的办法很另类，可谓前无古人，后无来者。冒顿既狡猾，也聪明，他造了一种响箭（鸣镝），然后训诫部下说："凡我响箭所射的目标，大家要一齐射，谁不全力射击，立斩。"他带领部下射猎鸟兽，他箭射向哪只鸟兽，部下都要射向那只鸟兽，谁不射，就把对方斩首。后来，他以响箭射自己的良马，左右有不敢射的，他立即杀了他们。他用响箭射自己的爱妻，左右当然有不敢的，不敢射击，冒顿又杀了他们。从此，冒顿响箭到处，部曲无不群起射之。在一次打猎中，他用响箭射击父亲头曼单于的良马，部下们便毫不犹豫地跟着射。这预示着大功即将告成。最后，冒顿跟随自己的父亲头曼去打猎，乘父亲不注意，他拉弓就向父亲射出了响箭，他部下也跟着射击，头曼还没明白怎么回事，就被射成了一个刺猬，死了。这就是历史所谓"鸣镝弑父"的来由。

嗣后，冒顿自立为单于，成为匈奴大国的新当家。不过，他在继承父亲单于大位的同时，并没有顺便接收父亲的女人，而是将他的后母以及那个无辜的弟弟一并杀死了。

匈奴冒顿杀死父亲自立为单于时，正是秦二世元年。当时，秦祚衰落，俄而楚汉交兵，皆无暇顾及北方，冒顿乘机扩张，他先灭掉东胡，又向西打跑了月氏，向南吞并了楼烦及白羊河南王，一举收复了蒙恬曾从匈奴夺去的土地。刘邦建立西汉之际，冒顿领导下的匈奴已称雄于北方，拥劲旅三十多万，其领土北临贝加尔湖，东到辽河，西至葱岭，南及长城，崛起成为令人望而生畏的草原雄鹰。而且，野心勃勃的冒顿开始对南面的中原王朝虎视眈眈，剑锋直抵燕、代之地，成为刚刚建立的西汉的心腹大患。

67．韩王信的"三宗罪"

　　无事的时候，琢磨过一个小问题，就是刘邦汉初所封八位异姓王中，到底哪一个是他最信任的人呢？楚王韩信？显然不是，刘邦忌惮他日久，几番解其兵权。梁王彭越？最会打游击，但对刘邦常常若即若离。赵王张敖？张耳的儿子，刘邦的驸马，不过，刘邦似乎对这个驸马不怎么待见，因其懦弱而鄙视他，经常对他无端责难谩骂。淮南王英布？跟项羽的时间太长。燕王臧荼？刘邦后来第一个收拾的对象。长沙王吴芮？八王中，他与刘邦应该说是比较疏远的。闽粤王亡诸？更不是，亡诸应该算"笼络式"分封对象。最让刘邦信任的，恐怕就是剩下的那位韩王韩信了。为什么这样说？其原因约略有四。

　　一是韩王信非项羽阵营投奔过来，也非项羽分封时所立，政治上靠得住。

　　二是自为韩将开始，他一直追随刘邦，入武关、进咸阳、到汉中，始终如一。

　　三是彭城大败之后，刘邦组织的"反楚联盟"迅速瓦解，赵、魏、齐、燕这些诸侯纷纷离他而去，投入了项羽的怀抱，只有韩王信不离不弃，后来虽为保命短暂投靠过项羽，但他身在楚营心在汉，是为"诈降"，转眼便逃归了刘邦。

　　四是都知道大将军韩信的"汉中对"，其实，韩王信一入汉中后，即劝刘邦说："项羽封王，独安排您去南郑，这无异于贬谪。汉军部众皆为山东人，他们思乡情切，汉王若能将这一情绪好好利用，将思乡之情化作冲锋陷阵的勇气，则大功可成，因建议汉王率兵东进，争夺天下。"可以说，韩王信献策比韩信更早，他才是第一个为刘邦献出还定三秦、争雄天下战略的人，功不可没。

刘邦手下，不单韩信、曹参、周勃、灌婴、樊哙诸将勇猛，韩王信也不啻是一位虎将。当初，项羽分封天下，因韩王韩成未随其入关之故，没封韩成而封了一名不见经传的郑昌为韩王。刘邦东征，命他攻打韩地，承诺韩地打下就封他韩王，他连下十几座城池，最后甚至还活捉郑昌，可见其勇猛名不虚传。楚汉相争，在消灭项羽势力的各大战争中，韩王信都一直是冲锋陷阵的将领之一，战功卓著。所以，天下大定，他成为刘邦所封八位异姓王之一。

还有一件事，可以看出刘邦对他的信任，《史记·韩信卢绾列传》载，汉六年，刘邦因韩王信英勇善战，特将他迁往太原以北，定都晋阳（春秋时晋邑。即今山西太原市西南古城营），将防御北方匈奴的重担交给他。刘邦的这种信任，与他对待自己的发小、后来被封为燕王的卢绾堪称伯仲之间。不久，为更好地防御匈奴，韩王信向刘邦请求将都城迁至马邑县（治今山西朔州市），得到许可。

然而，韩王信虽然在刘邦阵营中是一个猛将，但面对胆大残忍至能弑父杀弟的匈奴单于冒顿，他的勇猛便相形见绌了。所以，冒顿挥鞭南下，将马邑团团包围后，韩王信到底怕死，多次派出使者，向冒顿求和，希望能化干戈为玉帛。然而，他向冒顿求和并未征得刘邦同意，当刘邦得知情况后，在派兵前去救援的同时，还专门派人前去痛斥辱骂。在进退两难的抉择和担心刘邦诛杀的恐惧中，韩王信索性投靠了冒顿，并甘当他的马前卒，倒戈击汉，攻打太原。

在这种情况下，汉七年冬，刘邦亲征太原，在铜鞮县（治今山西沁县南）大破韩王信，损兵折将的韩王信只得逃往匈奴。此后，韩王信成为匈奴一将，常率军骚扰汉境。

汉十一年（前196年），韩王信率匈奴骑兵入侵代地参合县（治今山西阳高县南），刘邦派柴将军柴武提兵迎击。在两军相持期间，柴将军给韩王信写了一封信，或也是转达刘邦之意，劝他迷途知返，重新归汉，并委婉表达了归来后，可恢复原爵、不加诛杀的意思。韩王阅后随即给柴武复一信，信中谈到了自己的"三宗罪"，并表达之所以"好马不能吃回头草"的种种无奈。

他总结了自己的"三宗罪"：

当年荥阳之战，未能战死，结果为项羽所俘，此罪一；

匈奴兵攻马邑，失守投敌，此罪二；

今充当匈奴马前卒，领兵与将军作战，此罪三。

他在信中接着说，文种、范蠡无一罪而或死或逃，如今我有三罪而指望活命复爵，简直是笑话。我哪里不想回归汉朝，我现在如同逃亡于山谷密林之间，每天靠仰蛮夷鼻息过日子，我那思归之心，直如驼背者盼望直立、盲人盼望睁眼一样，不是不想，是情势所不允许啊！

因此，韩王信拒绝了劝降，最终被柴武斩杀于阵前。

司马迁在《史记》中评价韩王信，说他侥幸于机变，以诈力而功成名就。意思是韩王信由一没落贵族而至于南面称王的成功，其根源并非因为贤良之才德、不世之功勋，言语间颇有鄙薄。然而，他分析韩王信之死是因为势力渐大而受到刘邦猜忌所致，倒是一语中的。其实，韩王信无论是否投降匈奴，他的命运，与臧荼、韩信、彭越等异姓王将并无二致。而且，兔死狗烹的结局，韩王信自己也早已洞若观火，否则，他给柴武的回信，便不会有那抉择艰难到无望的心如死灰的表达了，他内心明白得很啊！

68. 白登山之围

　　陈平一生追随刘邦，屡献奇计，屡建奇功，虽说他智谋不及张良，但亦功不可没。总结其一生，他曾为刘邦献了六大奇计，此处说说他这第六计：借力阏氏，救主白登。

　　韩王信背叛刘邦投靠匈奴冒顿后，冒顿以韩王信为先锋，直攻太原，南侵的气势更加凌厉。当边关急报雪片般飞向案头，刘邦到底坐不住了。汉七年冬，刘邦引兵三十二万集结晋阳，准备北逐匈奴，进击外敌。前锋到达铜鞮，恰与韩王信的兵马相遇，仇人相见，分外眼红，好一场厮杀！结果，韩王信损兵折将，仓皇逃奔匈奴。

　　不久，韩王信旧部曼丘臣和王黄等人，拥立赵国后代赵利为赵王，聚集残部，并联合韩王信和冒顿，继续反叛。而后，冒顿命令左右贤王，率铁骑万余，与曼丘臣、王黄会合，组成联军，再攻太原。两军交战于晋阳，结果联军又被汉军打败，一路狂逃，汉军一路直追，直追杀至离石县（治今山西吕梁市离石区），大获全胜，才鸣金收兵，归于晋阳。

　　刘邦率军抵达晋阳后，得知前锋锐不可当，连连大捷，不胜欣喜，拟星夜疾驰，乘胜追击，以雪心底仇恨。当时，冒顿大军已屯代谷（在今山西代县西北）。为谨慎起见，刘邦先派出侦察骑兵，打探敌情，骑兵回来报告，说冒顿手下，不过是一些老弱残兵，无须多虑。刘邦还有点不放心，又叫来刘敬，请他前去了解实情。但在刘敬去后不久，刘邦到底急不可耐，遂未等刘敬回报，即领兵向广武县（治今山西代县西南）开拔，追击匈奴。

刘敬是谁？就是向刘邦建议定都关中的娄敬，因说服刘邦定都关中有功，赐刘姓。刘邦抵达广武时，到前线打探的刘敬回来报告说，匈奴大军不可小觑。刘邦问为何。刘敬说："两国交战，士兵当斗志昂扬，但我所过之处，匈奴兵全是老弱，有气无力的样子，这绝对是圈套。"于是劝其罢兵。

然而，此时刘邦追击匈奴的信心十足，而且，他的内心是有一些想法的，韩王信反叛，让他对异姓王伤透了心，他急于攻打匈奴，一是抵御外敌；二是想彻底打垮或消灭韩王信，平息内心怒火；三是希望通过打败匈奴，来提升自己在军中的影响力和号召力。他抵达广武县后，这种想法愈加坚定，在此骑虎难下的态势中，谁劝他都是找骂招打。所以对刘敬的劝说，刘邦非但充耳不闻，反而以扰乱军心之罪将他关进了广武县监狱中。

而后，刘邦大军挺进平城县（治今山西大同市东北）。然刚抵平城，战马未食，步卒未歇，忽见尘烟四起，炮火声、呼喊声、吆喝声、战马嘶鸣声大作，冒顿亲率匈奴兵铺天盖地掩杀而来。汉军立足未定，顿时大乱，刘邦只得随人流向东北角的白登山方向退去，然后命令扼住山口，拼死抵御。匈奴兵不断拥来，越积越多，最后将白登山团团围住。刘邦汉军虽三十万众，但冒顿手下精兵更达四十万骑。刘邦进退无据，龟缩于白登山一隅，前无援兵，后无退路，一筹莫展，连连叹息当初没听刘敬之言。

这一围就是数日，时值隆冬，天气奇寒，补给断绝，将士们缺衣少粮，再这样下去，不被冻死，就要饿死，刘邦与众将和谋士们商议多次，均无良策。到了第六天，陈平来报告说，通过数日观察，他发现冒顿在军营还带着一位阏氏，在营前同出同进，甚是恩爱，若要突围，从这位阏氏身上突破，或能成功。

对刘邦来说，目前只要有突围的希望，什么都可尝试。于是，在张良的策划下，刘邦安排一特使，买通番卒，再花重金收买阏氏，反复做她的思想工作，请她说服冒顿给汉军放行。当然，按常情来说，两军交战，一方统帅之妻，是不可能当敌军说客的，要使她成为说客，单花重金显然是不够的。张良的计策最神奇的地方在于，他软硬兼施。据说，他安排特使，一方面厚遗金银珠宝贿赂阏氏；另一方面又暗示，若阏氏不同意当说客，汉军将送最漂亮的美女给冒顿，并在冒顿前争宠固位，令其疏远阏氏。阏氏担心冒顿移情别恋，又有钱财诱惑，便顺从了。她在冒顿面前娇声滴滴，哭泣声声，从担心冒顿安危的角度劝说冒顿放汉主一条生路，奇怪的是，平时杀人不眨眼的冒顿，最后竟然被她说服了。第七天，刘邦在重兵的掩护下，乘着大雾，在冒顿让开的通道中谨慎出逃，然后急奔至平城，才总算喘过一口气来。当时，刘邦的后援也已到达平城，不久，冒顿大军即撤离北去。刘邦经历了最惊险的七天，也算死里逃生。这美女换出路的功劳，当然是陈平的。

刘邦曾说张良、萧何、韩信三人"皆人杰也"。陈平虽非刘邦口中"人杰"，但在关键时刻，他也是能抵百万师的智者。若非陈平，刘邦丧命白登山，不过俯仰间事，谓之"人杰"，亦不为过。

69. 刘敬的"三个点子"

历代皇帝都有一个共同的爱好，就是喜欢给异姓功臣爱将或外藩诸侯赐国姓。

皇帝赐姓传统，自汉高祖刘邦开始，此后，效法的帝王多如过江之鲫，唐朝皇帝赐姓李，宋朝赐姓赵，明朝赐姓朱……

为什么给人赐姓呢？当然是奖励和褒扬，以示宠爱，并起到一种激励和示范作用，以笼络人心，巩固统治。

史载，刘邦曾经给娄敬和项伯赐姓，为刘敬、刘伯。项伯大家都熟悉，项羽的叔叔，因在楚汉战争中暗助刘邦，使他最后战胜项羽夺得天下，对汉朝来说，功劳卓著。而娄敬则向刘邦出过"三个点子"，提过三条建议，在为刘邦建立汉朝和延续汉朝过程中亦功劳不斐。

娄敬最大的功劳就是成功说服刘邦定都关中。当年，娄敬戍边陇西，经过洛阳听说新皇帝要将洛阳定为首都，觉得非常不妥，希望向此时正好在洛阳的刘邦提个建议，在老乡虞将军引见下，小兵一个的娄敬不但亲眼见到了刘邦，而且作为皇帝的刘邦还招待他吃饭，认真听取了他的建议。娄敬从天时、地利、人和等几方面，分析刘邦效法周朝定都洛阳的不妥，并分析关中得天独厚的条件，建议定都关中，刘邦最后听从了他的建议。于是，娄敬以才学和见地进入了新皇帝的视野，刘邦因此赐他姓刘，还封官拜爵。

汉七年，刘邦率大军三十二万北击匈奴，在先锋部队接连打了几次胜仗后，刘邦拟乘胜追击。当时，做过一番侦察的刘敬，以匈奴军队看上去都是一些老弱残兵，应该是诱敌之计为由，认为"匈奴不可击"，力劝刘邦不要堕入匈奴的诱敌之计。然而，当时的刘邦已经被胜利冲昏了头脑，不仅听不进劝告，还讥笑刘敬"以口舌得官"，甚至以扰乱军心之罪将他关进了监狱。结果，刘邦钻入了匈奴单于冒顿所设的圈套，被围平城白登山七天之久，险遭覆灭。当九死一生的刘邦逃回，后悔当初没听刘敬之言，赶快释放了刘敬，并封他建信侯，食两千户。此为刘敬给刘邦献出的第一个点子。

当年，刘敬请虞将军引见过程中，有几个细节颇有趣味。见刘邦前，刘敬长途奔波，一路风尘，衣服又破又脏，可谓衣衫褴褛，满面风尘。虞将军让他换一身新衣服再去见皇帝，刘敬却一口拒绝说："臣衣帛，衣帛见；衣褐，衣褐见。"虽然只是穿着上的小事，却可见刘敬的性格：不修边幅，不拘细行。而这种性格特点反映在当参谋、提建议上则必然是：快人快语，直言敢谏。

后来，刘敬在为刘邦服务的过程中，还提过两条对汉朝乃至后来影响深远的建议。

一是建议与匈奴的和亲。在他的建议下，刘邦以宗室女子和亲，与匈奴联姻。虽说为了政治而伤害了家庭，牺牲了个人幸福，但置于当时的历史条件下，也确实起到了加强民族交流，缓解敌我矛盾，巩固国家统一的作用。

二是建议移民关中。鉴于当时关中因战乱经年而人丁稀少、生产落后、边备松弛的现实，刘敬建议移世家大族、六国后裔充实关中。刘邦因此下令将关东十多万人口迁入关中，增加了人口、促进了生产、巩固了边防。这对于后来关中的繁荣和整个西汉的逐渐兴盛，都做出了一定的贡献。

司马迁评价说"刘敬脱挽辂一说，建万世之安"，是有一定道理的。刘邦起于草莽，人单力薄，最后却能夺取天下，延续数百年基业，靠的是"一个好汉三个帮"，靠的是众多良臣猛将和张良、陈平、刘敬这些"智慧达人"；倘无他们，莫说数百年，就是楚汉战争这短短几年也是撑不下去的。项羽最后落败，原因亦在于此。

70. 双簧

刘邦追击匈奴，轻敌冒进，被匈奴单于冒顿围困于白登山达七日之久，幸亏陈平献"借力阏氏"之计，得以逃脱。不过，尽管已全身而退，但也经历了一次魂飞魄散的惊吓，故在退回关中的过程中，行色既仓皇，脾气也蛮大，有两个人便恰恰在这种敏感的时刻撞到了刘邦的气头上。

一个是赵王张敖，刘邦的准女婿，虽暂未完婚，却已有媒妁之约。刘邦到达赵国，张敖得报，携文武百官，皆郊外相迎，思想上特别重视，态度上特别卑恭，不想却招来刘邦劈头盖脸的一番奚落和咒骂，吓得他心惊肉跳。

另一个是代王刘仲，刘邦的二哥。当时，刘邦已经到达洛阳，心情也是够郁闷的，不想这时，刘仲匆匆逃回。原来匈奴进攻代国，刘仲胆小，几乎没做任何抵抗，就首先当了逃兵，置国土与百姓于不顾。刘邦听说他弃国逃回，大怒，本拟重责，后来在大家的劝说下，以革王爵，降其为合阳侯做惩罚。

这一年为汉七年，对刘邦来说，正是流年不利。

前文已述，刘邦登基称帝时，准备定都洛阳，在刘敬和张良的劝说下，决定定都关中，并将咸阳更名为长安，安排萧何牵头，着手营建长安宫阙。至汉八年（前199年），大功告成，萧何便向刘邦报告，请刘邦亲往视察。

刘邦到达长安，一看那宫殿，高大壮丽，最大的一座名为未央

204

宫，更是富丽堂皇，奢华宏伟，周围足有二三十里，与早前修建的长乐宫，构成了规模宏大的建筑群。刘邦看到如此豪华的宫殿，当场对萧何勃然大怒骂道："秦亡以来，征战连年，哀鸿遍野，满目疮痍，目前天下未定，老百姓仍处于水深火热之中，怎么能修建这样奢华的宫殿呢？！"

萧何不慌不忙地回答说："正因为目前天下未定，所以更要壮大宫室。天子以四海为家，倘若不把宫室建得壮丽一些，怎么树立起天子威严呢？何况后世子孙，仍要改造，反而多费功夫，不如一劳永逸。"刘邦听后，顿时转怒为喜。

那么，刘邦看了自己将来要享用的宫殿如此壮丽，为何还会对着功臣萧何发怒呢？为何又转瞬和颜悦色眉开眼笑呢？这里边，蕴含着玄机。明朝人张燧在《千百年眼》一书"萧何治未央宫有深意"条中说曾说："高帝之都关中，意犹豫未决，嫌残破故也。"张燧认为，当时刘邦不打算定都关中而想定都洛阳，真正的原因并非部下那些文臣武将都是山东人，居于关中会人心不稳，而是咸阳被项羽一把大火烧成灰烬之后，嫌其残破。

那么，宫殿修得如此奢华，为什么又会当面发怒呢？这就要从人的心理层面去分析了。正如宋太祖赵匡胤在那些部下将黄袍披到他身上拥立他为皇帝时，他也是在生气和发怒中推辞，先是怒斥："不，不，不！"后是无奈："好，好，好。"最后还是黄袍加身，当上了皇帝。一时的推辞，不过是做做样子。"谦"是皇帝应有的品德，"让"是享受的必然姿态，并对可以预见的舆论适当缓冲——毕竟曾经推辞过嘛。

一般人在面对情理上过不去的事情时，都是谦让、推辞或拒绝，何况刘邦这堂堂一国之君？秦朝因为营建阿房宫而得罪天下，最后导致了灭亡，项羽火烧阿房宫，也可以看作老百姓对这座豪华宫殿痛恨的一种发泄。如今战争稍一消停，就花费巨额民脂民膏去修奢华宫殿，朝中会怎么看？坊间会怎么说？百姓会怎么评？所以才有当时对萧何的怒骂。但萧何对皇帝的态度心知肚明，所以回答是那么从容不迫。

再从另一方面说，如果刘邦真的反对过度奢华的话，萧何营建宫殿数年，他就不会叮嘱或提醒一二？如此浩大的工程，萧何不可能连个设想都不向他汇报。因此，君臣二人的一唱一和，不过是给臣僚和百姓上演了一出心照不宣的"双簧"罢了。

71. 忠信比生命更重要

　　秦末汉初之际，诸侯割据，战争频仍，莽汉与赌徒齐聚，英雄为滥赌而来。既为赌，则只顾输赢，无论道义。为一己之私而奴颜婢膝者有之，为保身家性命而改旗易帜者有之，良心、尊严成了随意甩卖的贱货，丝毫也不会让那铁青的脸上泛出红晕。因此许多所谓英雄好汉，朝为秦臣，暮为楚将，旋又做了汉家奴。至于忠信之士，寥若晨星，须用放大数十万倍的显微镜去寻找。不过，这种人尽管凤毛麟角，但毕竟还有，赵相贯高即是。

　　贯高服务于赵王张敖——已故赵王张耳之子、汉高祖刘邦的驸马、鲁元公主的丈夫。刘邦对这个驸马爷一直不怎么待见，见面经常将他无端责骂。汉七年，刘邦自平城经过赵国，张敖亲自安排饮食起居，礼节周到，恭敬有加。但刘邦无视女婿的周到和恭敬，依然如仇敌一般，对张敖不断呵斥辱骂，让这个一国之王在其臣僚面前十分难堪。

　　贯高原是张耳门客，张敖继位后任相，一生服务于赵国，勤勉为国，忠心耿耿。所以刘邦骂张敖，骂声却如利箭一样射在了贯高身上，他为此勃然大怒，并批评张敖太懦弱说："如今群雄并起，能者皆自己做主，大王对皇帝恭恭敬敬，却招来谩骂侮辱，让我替大王杀死皇帝吧。"贯高一番话，吓得张敖面如土色，立即咬破手指，滴血发誓，责怪贯高不该如此大不敬。贯高见张敖懦弱不堪，便联合同为赵相的赵午及其他十余人，准备暗杀刘邦雪耻，并说："事成功归赵王，事败我贯高独自担责！"于是，就有了行刺的预谋。

第二年，刘邦出兵追剿韩王信余党后，南归过赵。贯高利用职务便利，获悉刘邦将在柏人县（治今河北隆尧县西）过夜，便与赵午诸人议定，于刘邦拟将宿营之地布置伏兵，只待虎入牢笼。谁知，刘邦抵达后，听说这里县名为"柏人"，心有所感，默念道："柏人者，迫于人，不吉！"竟不宿而去。

事情本来就这样神不知鬼不觉过去了，但天下总不乏多事之徒。贯高有一仇人，不晓得从哪儿得知此事，便向朝廷告发贯高行刺皇帝。这还得了！刘邦立即下令将张敖、贯高、赵午等以谋逆罪逮捕。赵午等人一听说刘邦派人来捕，纷纷打算自杀。贯高见此大骂道："大王未参与行刺，却即将遭到逮捕，倘都这样轻易死了，谁替他洗刷冤屈呢？"贯高因此从容就擒，随张敖一起被关进槛车，押解去长安。

押至长安后，贯高被交廷尉审讯。汉朝的廷尉，以严酷著称，何况这种谋逆之罪？何况刘邦揣度中的刺杀主谋，又定为张敖无疑？于是，贯高被鞭笞数千，打得一佛出世，二佛升天，浑身还用铁器刺了一遍，死去活来。但是，无论遭受多大的痛苦，贯高始终坚持张敖没参与、自己才是唯一主谋的口供。

刘邦听说后，不禁对贯高的坚强和忠贞暗自赞叹起来。刘邦示意与贯高有旧的中大夫泄公亲往狱中，当面向贯高求证张敖到底有没有参与谋逆。面对旧友，贯高涕泪俱下，实话实说道："赵王的确未参与，都是我自作主张。"刘邦得到确信，加上鲁元公主母亲吕后的从旁劝说，立即释放了张敖。

刘邦因贯高忠义，信守承诺，又让泄公代表自己去赦免他。当贯高听说刘邦释放了赵王后，如释重负，他拒绝了刘邦的特赦，并仰天长笑道："我之所以被打得九死一生还未自杀，不过是为赵王鸣冤。如今，赵王无事，我的使命也就完成了。"随即自杀身亡。

有人或许会说，张敖与明朝方孝孺一样，都是愚忠蠢汉的代表。辱国也好，辱王也罢，人家赵王都心甘情愿，你一介臣子，瞎操什么心，还拿命去争，把忠信看得比生命更重要，这难道不是愚忠蠢汉的"傻气"吗？

这种说法看似有理，实则是一种毫无底线坚守的悖论，人倘若没有这样一股可以拿"命"去换的"气"，那就真的只剩下朝秦暮楚和见利忘义了。无论什么时代，忠贞不贰、舍生取义，都是一个民族永远也不会过时的精神财富。正是这种所谓"傻气"，让历史上那些无论是居庙堂之高的朝士，抑或处江湖之远的庶民，都找到了一种精神支柱，找到了安身立命之本，为之坚守、为之奋斗，因而留下了许多可歌可泣的故事，令人感佩。而这种"气"，在封建时代可表现为对君主的"忠"，今日则可继承为对国家和人民的"义"。当这种"气"上升为一个民族的精神时，那些背信弃义的事、见利忘义的人，便会日渐稀少，人人必讲公德，个个必有诚信，如此，国家才有前途，民族才有希望。

72. 刘邦的"粗豪之习"

凡成大事业的枭雄，在关键时刻，往往六亲不认。在这一点上，刘邦是身体力行的大胆实践者，也是舍子弃父的最大获利者。

刘邦有句名言曰："吾翁即若翁，必欲烹而翁，则幸分我一杯羹。"（司马迁《史记·项羽本纪》）

他是在什么情况下说出这句话的呢？

当时，刘邦利用项羽率军收复梁地的机会，设计挑逗坚守当时项羽西征大本营成皋的曹咎，曹咎中计，刘邦遂一举占领了成皋，"尽得楚国金玉货赂"，几乎把项羽的家底给夺了。暴怒之下，项羽迅速率领精兵强将回军向西，与刘邦汉军对峙于广武涧，即所谓鸿沟。

对峙鸿沟后，项羽不断向刘邦挑战，天天叫阵，但是，单打独斗也好，三军拼杀也好，刘邦就是不接招，只坚守，不交手，哪怕项羽安排人在鸿沟边不停地羞辱谩骂，也默默忍着，不作声。

如此胶着对峙数月后，因为粮草军需不继，项羽决定使出撒手锏，他手里攥着俘获的刘邦家属嘛，尤其是刘太公，那可是刘邦的亲生父亲。所以，项羽命人将太公绑在案板上抬出，向鸿沟那边的刘邦喊道："如果不投降，我就活煮你的老父亲。"

于是，就有了刘邦上面那句"经典名言"的回答："我和你同受怀王之命，曾'相约结为兄弟'，这么说来，我老子也是你老子，如果你一定要煮了你老子，希望分我一杯羹汤啊！"

刘邦这句话，给后人留下了深刻的印象。

太公自汉二年彭城大战期间被俘，至汉四年楚、汉鸿沟对峙，他老人家被作为人质已关押于楚营时间长达两年之久啊。为立于不败而说出如此诙谐幽默的"妙语"，你不得不佩服刘邦的"机智"，尽管，谁也不能预测项羽到底会不会真的将太公活煮。

应该说，彭城之战的失败，让人们看清了刘邦的为人，哪怕隐藏在内心最深处的隐私，也一览无遗。对自己的亲生父亲态度如此，对其亲生子女的态度就更好不到哪儿去。彭城大败后，在逃跑的路上，因后有追兵，马车上人多，马跑得太慢，他竟然三次将自己的儿子和女儿推下马车。为了自己能活，为打仗能胜，置父亲子女于死地而不顾，心硬若此者，刘邦可谓绝无仅有。

刘邦不但有坚硬心肠，有时也有小人嘴脸。

汉九年（前198年），长安未央宫落成，恰逢太公寿诞，刘邦置酒前殿，与群臣一起，为太公祝寿。酒酣之际，刘邦想起自己拥有九州四海之地，不无得意地对太公说："您老当年常常说我没出息，不能置业治产，万事不如仲兄，如今您看，我所置产业与仲兄相比，谁多谁少呢？"《史记》中没有记载当时太公做何回答、有何表情，想必挺尴尬的吧。

民国著名历史小说家蔡东藩先生在《前汉通俗演义》中评价刘邦"总不脱一粗豪之习"。这"粗豪"二字，用在刘邦身上真是再也恰当不过了。粗豪者，不苟小节，没有规矩，不讲人伦，无法无天。然而，历史上恰恰是这种人能成大事，无所牵绊，无所敬畏，无所顾忌，无往不胜。

73. 直臣周昌

汉朝的直臣，周昌是较早闻名而又声名最显的一个。

周昌与堂兄周苛，当年都是泗水郡卒史（秦、汉官府属吏）。刘邦沛县举事，击破泗水郡后，周昌兄弟投靠了刘邦，后随其入关，是刘邦最早的追随者之一。刘邦受封汉王后，即以周苛为御史大夫，协助丞相处理全国政务；以周昌为中尉，主管京城治安。均倚为股肱之臣。周苛在荥阳保卫战中牺牲后，刘邦命周昌继兄为御史大夫。楚汉战争中，周昌随刘邦南征北战，屡立战功。刘邦称帝后，周昌因功封汾阴侯。

周昌品格正直，为人耿介，凡认为错误的事情，哪怕是面对威严的皇帝，也敢于直言，甚至怒骂。一次，周昌有事进宫入见刘邦，到达内殿，却见刘邦正搂着戚姬在调情取乐，周昌见此，掉头就走。不想刘邦发现了周昌，遂放下戚姬，追了上来，周昌只好下跪拜见，不想刘邦却搞笑地顺势骑在了周昌的脖子上，还问："你说我是个怎样的皇帝呢？"周昌憋得满脸通红，仰起头没好气地回答说："陛下乃夏桀、商纣一样的皇帝！"面对周昌比咒骂还难听的批评，刘邦没有动怒，只是尴尬地笑了笑，让周昌离开了。从此，刘邦对周昌敬畏有加。

戚姬作为宠妃，恃宠争利，经常在刘邦面前软磨硬泡，希望刘邦废掉太子刘盈，改立自己的儿子刘如意。刘邦自己也不太喜欢性格软弱的刘盈，而喜欢又聪明又更像自己的如意。所以时间一长，刘邦被说动了，准备立如意为太子。大臣们听说后，虽有许多人反对，但刘邦不听，执意要改立。在朝堂之上，周昌拼死廷争，在历史上留下极其令人难忘的一幕。

周昌本来说话就有点结巴，狂怒起来更是语不成句，他说：

"臣口不能言，然臣期期知其不可。陛下虽欲废太子，臣期期不奉诏！"

意思是我虽口才不好，但知道这样做不对。陛下打算废掉太子，我坚决不接受这个诏令。

周昌大庭广众之下咆哮朝堂，与皇帝明火执仗似的面折廷争，让作为皇帝的刘邦颜面尽失。然而奇怪的是，刘邦非但没有动怒，看到周昌口吃激动的样子，反而欣然而笑，后来甚至还取消了这个废长立幼的决定。

其实，周昌不仅敢言，而且不畏强权，有责任，敢担当。年仅十岁的刘如意被封为赵王后，刘邦为保全与吕后有隙的戚姬母子，特委任周昌为赵相，一则辅佐赵王，二则保护他们母子免受吕后迫害。周昌本不想去赵国为相，在刘邦反复劝说下才接受这一任用。不过，周昌的性格就是这样，凡事要么不答应，答应了就会尽心竭力，哪怕赴汤蹈火。

刘邦去世后，吕后果然准备收拾戚姬母子，她命人去赵国召赵王刘如意进京，周昌让如意称疾不行。吕后连续三次派人前去逼如意到京，三次都被周昌挡了回去，吕后为此非常恼怒。在这种情况下，吕后用调虎离山之计，不召赵王了，她派人召周昌，周昌只得应召来京。随后，吕后再派专人去召如意，周昌不在身边，没人能搪塞吕后之命，所以如意只得乖乖就范。来到长安不到两个月，如意便被吕后毒死。周昌悲恸欲绝，从此称病不朝，三年后，抑郁而终。

刘邦的那些手下，虽然有很多是与他一起白手起家的发小、哥儿们，但在后来已经称王、称帝的刘邦面前，却个个唯唯诺诺，曲意奉迎。即使是萧何、曹参这样的一等功臣，也莫不战战兢兢、唯命是从，轻易不敢表示反对意见。又如张良，在刘邦称帝后便有隐退之意，这都源于内心的忌惮和畏惧啊。在那成王败寇、俯仰百变的王朝更迭的特殊环境下，从俗浮沉亦是一种"明智"的自保啊。唯有周昌，功没他们大，爵没他们高，但不畏权威，坚持正道，路见不平一声吼。试想，一个臣子骂皇帝为"桀纣"的，又有几人脑袋不搬家的？至于无法保全戚姬母子，那是因为已经没有保全的权力和机会了，他之所以称病不朝，也是在做最后的抗争吧。

74. 被"疑反"的陈豨

在秦末汉初的历史中，陈豨是一个死得明白，却生得糊涂的人。

为什么这样说呢？试想：一个跟了刘邦那么多年、后来还被封侯拜相的将领，在秦末大起义和楚汉大比拼中，他的行迹和战绩竟然是一片莫名其妙的空白，史书中竟没留下只言片语，司马迁在《史记》中淡淡一句"不知始所以得从"就一笔带过了，说他不知怎么就跟了刘邦，着实让人如丈二和尚，摸不着头脑。

按说，陈豨记录少，战绩断不会比其他列侯如韩信、曹参、樊哙等将多，功劳也不会比萧何、张良、陈平等人大，但他照样封了侯。这说明什么？说明刘邦对他高看一眼，厚爱一层。

陈豨是宛朐县（即冤句县。治今山东曹县西北）人，当年随刘邦反秦入关，后封阳夏侯，赵国相国，总掌赵、代二地兵马。赵、代之地是抵挡匈奴的前沿阵地，自是兵强马壮，正如韩信曾对陈豨所言：

"公之所居，天下精兵处也。"

刘邦将天下精兵交陈豨掌管，既见刘邦对他的倚重，当然也见他平时对刘邦的忠诚，这是互为表里相辅相成的。

既然君对臣倚重，臣对君忠诚，后来陈豨怎么操切到举兵谋反的呢？我想，原因应该是刘邦思虑太重，过度怀疑，让陈豨手足无措，最后逼反了他。

先试看刘邦怀疑陈豨谋反的唯一理由：蓄养门客。

这是赵相周昌向刘邦告发陈豨最关键的一条"罪状"。《史记·韩信卢绾列传》记载说：

"（陈）豨常告归过赵，赵相周昌见豨宾客随之者千余乘，邯郸官舍皆满。豨所以待宾客如布衣交，皆出客下。豨还之代，周昌乃求入见。见上，具言豨宾客盛甚，擅兵于外数岁，恐有变。"

在那个时代，一个封疆大吏或部队首长告假回乡，多带几个随从亦是司空见惯。刘邦本人的《大风歌》不也说"大风起兮云飞扬，威加海内兮归故乡"吗？那排场，当更是铺天盖地、浩浩荡荡。陈豨上行下效，多带几个随从，顶多是个作风问题，算不上谋反罪行。而且，周昌告状，所谓一千多辆车子相随，邯郸官舍全部住满，恐怕也是夸大其词。欲加之罪，往往添油加醋。甚至，陈豨待人谦恭、礼贤下士都成了周昌眼里的罪状。说到底，是同为相国的周昌看不惯陈豨那铺张的习惯和张扬的做派，同行相妒使然。

其实，对于这一点，明眼人一看便知。但作为皇帝的刘邦，神经过敏，"疑罪从有"，于是，"上乃令人覆案豨客居代者财物诸不法事，多连引豨"。刘邦立刻命人审查陈豨的门客，一些违法乱纪的事，不少牵连到陈豨。凡捕猎，一般会从外围入手，慢慢形成包围圈，待猎物变成困兽，再瓮中捉鳖，手到擒来。猎动物要这样，而"猎人"又何尝不是如此？要办主人的罪，先把奴仆给关了，想方设法，让奴仆捕风捉影地揭发，然后"证据确凿"，或捕或杀，顺理成章，不明就里者还拍手称快。这就是典型的"构陷"。

陈豨伴君这么多年，对刘邦的手段既有耳闻又曾亲见，这次亲历，自然惊恐万状，惶惶不可终日。汉十年（前197年），太上皇去世，刘邦安排人召他入朝，陈豨称病，不敢应召，随后就自立为代王，举兵反叛了。

虽然陈豨最后兵败被斩，但他的反叛令人深思。俗话说："用人

216

不疑，疑人不用。"刘邦既然将戍国守边的千钧重担交付与陈豨，便不应对一些生活细节疑神疑鬼，就连司马迁都对陈豨结交门客的行为不以为然，说他：

"招致宾客而下士，名声过实。"

外面的招摇并非谋反的准备，与周昌所检举的罪行有着本质的区别。

但是，作为一代君主的刘邦，对国之重臣轻下论断，草率从事。刘邦疑心一起，则注定了陈豨的灭亡，反也是死，不反亦是死，终于逼反了陈豨。而刘邦，也未因此得到任何好处，反而暴发内乱，被逼亲征，劳民伤财，损兵折将，也是自取其咎。

75．韩信必死

楚汉战争中的赫赫虎将，韩信无疑是安坐头把交椅的翘楚。

在楚河汉界的疆场上，他一身传奇；在东进北伐的征程中，他战功无数。明修栈道暗度陈仓、背水一战、拔旗易帜、沉沙决水、传檄而定、四面楚歌、十面埋伏……这些而今耳熟能详的成语，都是韩信用智慧、神勇和鲜血创造出来的。他出陈仓，定三秦，破魏、代、赵、燕、齐，最后打败项羽，全歼楚军，为汉朝的建立，立下了汗马功劳。连阅人无数、手下猛将成群的刘邦也不得不承认"连百万之军，战必胜，攻必取，吾不如韩信"，赞之为"人杰"。然而，正是这位连刘邦都自叹不如的"人杰"，最后死于妇人之手、钟室之中，让历代的人们为之叹息不已。

汉十年，刘邦亲征叛将陈豨，安排皇后吕雉留守长安，萧何协理。就在刘邦亲征期间，淮阴侯韩信被人举报谋反，吕后命人假扮成刘邦的信使，由北而来，入长安，谎称刘邦亲征得胜，杀死了陈豨。于是，群臣争相入朝祝贺。吕后准备召见韩信，又担心他不来，让萧何出面相邀。韩信对樊哙等宿将嗤之以鼻，不甘为伍，独对萧何言听计从，因为萧何于他有知遇之恩。当萧何邀其入宫，韩信毫不犹豫跟了去，结果等待他的却是早已埋伏的武士。这位当初被萧何誉为"国士无双"的大英雄，又被萧何送到了吕后的铡刀下，这就是民谚"成也萧何，败也萧何"的典故出处。汉十一年（前196年）春，吕后将韩信斩于长乐宫钟室，随之遭受屠戮的，还有韩信三族老小，顿时，血流成河。

其实，即使萧何不召，韩信也必死。为什么呢？

自从韩信将过半江山打下来，让刘邦轻松坐上皇位之后，刘邦就开始对这个功臣和异姓王十分忌惮了。七年前，韩信荡平齐国后，希望刘邦封他一个假齐王，刘邦表面封了他齐王，鼻子里却已"哼哼"。六年前，刘邦将他改封为楚王，表面上地盘大了，实际上是将他置于诸侯的包围之中，给他埋下了一个"四面楚歌"的伏笔，对他已心怀警惕。五年前，当得知韩信在老朋友钟离眛落难时收留了对方后，刘邦用陈平"伪游云梦"之计，将他抓至洛阳，刘邦当时杀机已动，不过在大夫田肯苦口婆心的劝说下，才暂缓下手，又将他左迁为淮阴侯，软禁于身边。

上述几件事，都可算作韩信之过。反倒是后来淮阴侯国舍人之弟，状告韩信联合陈豨谋反一事，颇不合常理，越看越像预谋。当时韩信遭到软禁，自身难保，他做内应，一无天时，二无地利，三无部众，何以为反？他释放几个囚徒来消灭吕后及太子，那刘邦和他的百万大军都是吃干饭的？甚是荒唐。怎么看都似圈套。

不过，韩信固然有过，但过不致死。由齐王、楚王至淮阴侯，刘邦将韩信一路降职削爵，最后软禁于身边，让他饱受冷遇和打击，给予了应有的惩处。而最终致死的根本原因，还是刘邦的疑心作祟，因为韩信战功太高，名声太大，在军中威望如日中天，有"功高盖主"之嫌。加上韩信言语不谨，小节不拘，粗豪重义，任性率直，容易形成威胁。韩信的存在，始终是刘邦的一块心病，如背上之芒、眼中之刺，让他的皇位和家族有了一颗如定时炸弹一样的潜在威胁。一般人遭受威胁都会落井下石地构陷，而皇帝手握生杀之权，往往明火执仗。

吕氏与刘邦乃结发夫妻，在风雨和战火中并肩走来，对于刘邦的心思，即便是那些未曾用言语明示过的心思，皆洞若观火。她之所以果断处置，痛下杀手，其实是帮了刘邦一个消灭异己的忙，既顺水推舟地给刘邦消除了心腹大患，又为刘邦免除了"杀功臣"的嫌疑，不至于在军中引起骚动甚至叛乱，可谓一举三得。这也是刘邦作为皇帝，在收拾韩信过程中没有亲自"明火执仗"的原因，倘吕后不为，假以时日，刘邦亦自当亲力亲为了结韩信，这是毋庸置疑的。

同时，刘邦带兵在外，吕氏一女流之辈留守当家，韩信自然疏于防范，下起手来更加便利和容易。比如，一只老虎在附近，人家自然枕戈待旦，万分警惕；而如果是一头温驯的母牛在身边，那人便会酣睡如故，戒备之心全无。然而，母牛有时发起威来，比下山的猛虎有过之而无不及，置人于死地常常易如反掌。

至于民谚所谓"成也萧何，败也萧何"，也不过一句为尊者讳、为帝王遮羞的托词。萧何既不是致韩信死的动因，也不是致韩信死的关键，没有萧何出谋，自有赵何、钱何、孙何划策，萧何不过食人之禄、受人之命罢了。韩信之所以必死，既非萧何促成，亦非吕后主谋，最初的算计来源于刘邦，他平定陈豨之乱归来，听说韩信已死，"且喜且怜"便是证明。所以，韩信没有谋反，反被谋杀，是作为皇帝的刘邦，亲自制造了这起汉朝第一大冤案。"成也萧何，败也萧何"，实质要改成"成即萧何，败则刘邦"，因为"君要臣死，臣不得不死"啊！

临死，韩信仰天长叹道："我悔不用蒯通'参分天下，鼎足而居'之言，如今反为女流之辈所诈，岂非天命？"这更说明，韩信从来就没有下过谋反决心、有过谋反行为，否则以其当初的实力、人气和谋略，不说取刘邦、灭项羽，如蒯通之言，与刘、项"参分天下，鼎足而居"当绰绰有余，哪里还会有他们刘家的天下一统呢？

76. 最厉害的嘴

秦末汉初最厉害的一张嘴，不是张良、陈平，不是萧何、范增，更不是陆贾、郦食其之流，而是曾经服务于韩信且在群雄逐鹿中并不起眼的蒯通。为什么说得如此高调？皆因蒯通虽如一个江湖术士一般游走于诸侯之间，却不鸣则已，一鸣惊人。

比如，他助武臣纳降赵地，不战而屈人之兵。秦二世元年，陈胜自立为张楚王后，命武臣、张耳、陈余等北略赵地，蒯通硬是凭着自己那乖嘴蜜舌，游说于武臣和范阳县令徐公等秦朝守将之间，使武臣一连招降三十余城，实现了他向武臣保证的目标：

"毋战而略地，不攻而下城，传檄而千里定。"（班固《汉书·蒯伍江息夫传》）

又如，他助韩信果断出兵，平定齐地，使韩信一举而成为诸侯王。受刘邦之命开辟北方战场的韩信，在俘魏豹、破赵、降燕，连下三国之后，于汉四年，引兵向东攻打齐国，军队还未渡过黄河平原津，韩信恰听说刘邦派了谋士郦食其游说齐国，已经招降齐王田广，遂准备罢兵。

武臣之后，蒯通投奔了韩信。就在韩信打算罢兵之时，蒯通却说："将军受汉王之命击齐，汉王有派使招降齐国之举，却无让将军止兵之诏，大可不必停下。何况郦生以一介儒生之身、三寸不烂之舌而下齐国七十余城，将军以数万之众才下赵国五十城，将军为将经年，功劳反不如一竖儒大啊。"

几句激将之言，说得韩信一脸悻悻然，遂听从蒯通之言，立马渡过黄河东进。恰巧齐国与郦生谈判成功，撤掉了防御汉军的守备，韩信乘虚而入，连下数城，接着又打败了齐楚联军，遂灭亡了齐国。

有人说郦生已招降田广，蒯通之计无异于画蛇添足、忙中添乱，这其实是小看了蒯通。试想，郦生招降，还仅止于口说无凭，纸上谈兵，齐国除撤防外，未降一兵一卒，结局如何，不得而知。蒯通此计，却借齐人撤防之机，不仅一举攻下了齐国多城，还间接促成后来韩信打败齐楚联军，对项羽也好，对齐国也罢，皆为致命重创，致其再无翻身之力，对于楚汉战争的胜败，亦起到了关键性的作用。这才是蒯通真正的韬略、远见和功劳之所在。

而且，自从平定齐国，韩信便由大将一跃成为手握四国之兵、跻身诸侯之林的一方霸主，亦被刘邦立为齐王，就连不可一世的项羽都不得不派特使前来示联盟之好，而这些成效，都是蒯通之计的结果。所以对韩信来说，蒯通厥功至伟。

要说蒯通最著名的谋略，则是他的"参分天下，鼎足而居"论。蒯通清楚地知道，如今韩信手握重兵，称雄于北方，是最有实力与刘、项抗衡的重量级选手，天下大势的走向，取决于他的一念之间，蒯通因此在韩信打败齐楚联军、彻底平定齐国之后，便不失时机力劝韩信道：

"当今两主（刘邦、项羽）之命县于足下。足下为汉则汉胜，与楚则楚胜。臣愿披腹心，输肝胆，效愚计，恐足下不能用也。诚能听臣之计，莫若两利而俱存之，参分天下，鼎足而居，其势莫敢先动。夫以足下之贤圣，有甲兵之众，据强齐，从燕、赵，出空虚之地而制其后，因民之欲，西乡为百姓请命，则天下风走而响应矣，孰敢不听！割大弱强，以立诸侯，诸侯已立，天下服听而归德于齐。案齐之故，有胶、泗之地，怀诸侯以德，深拱揖让，则天下之君王相率而朝于齐矣。盖闻天与弗取，反受其咎；时至不行，反受其殃。愿足下孰虑之。"（司马迁《史记·淮阴侯列传》）

他又为韩信分析说："你自东征以来，俘魏王，擒夏说，率军夺井陉，斩陈余，攻赵国，降燕国，平齐国，向南摧楚二十万大军灰飞烟灭，向东取龙且头如探囊取物，西面向汉王捷报，真可谓'功无二于天下，而略不世出者也'。然而，功高震主者危啊，如果继续忠于刘邦，做王下之王，势必蹈至'兔死狗烹'的下场。"

蒯通滔滔不绝，口水都说干了，但韩信不听。蒯通见劝说未果，知道此事迟早会败露，心底非常害怕，从此装疯卖傻，谋士不做了，做起了巫师。后来，韩信果然因遭刘邦之忌而被斩杀于长乐宫钟室，蒯通可谓一语成谶。

蒯通不仅有先见之明，而且自保有术，他装疯卖傻即其中之一。不过后来刘邦收拾了韩信，顺藤摸瓜清算到了他头上，将他抓来准备烹杀，蒯通毫无惧色，理直气壮地对刘邦说："狗各吠非其主。彼时，臣只知齐王韩信，不知陛下，况且秦失帝位，大家争抢，谁有能谁得。如今天下纷乱，大家都像您一样在争抢，只是力有不逮而已，您能将他们一一杀尽吗？"说得刘邦连连点头，立刻将他无罪释放，蒯通因此一句话便保住了自己的性命。

蒯通确有安邦济世、佐成天下之谋。他不像张良，功成则隐；不像陈平，小计太阴；更不像郦食其，纵横天下最后连自己的小命都没能保住。蒯通不单能说，他还总结战国以来的权变之术，结合自己的思想，写成了专著《隽永》一书。据说，后来名著《战国策》的部分篇章便来自他的《隽永》。所以，真正"略不世出者"，他算一个。其志向之远大、眼光之精准、出手之果敢、招术之狠辣，在秦末汉初那些游走于诸侯军阀间的口舌之士中堪称翘楚。

只是，不知时运不济还是心猿意马，他始终没有遇到一个能让他托付终身、尽心竭力的主公，徒添"我本将心向明月，奈何明月照沟渠"之叹。设若遇到曹操、刘备这等意志坚定、勇往直前的明主，他或许也能成为一代郭嘉、诸葛孔明也未可知呢。

蒯通可以给我们的启示是：跟就要跟定一个目标坚定、能成大事的老板，然后一心一意，百折不挠。

77. "冤大头" 彭越

汉初三大名将韩信、彭越、英布中，结局最冤的恐非梁王彭越莫属。

从彭越的经历和为人来看，他虽然不是一个特别老实的人，但也不是一个有着非分之想的人，更不是一个愚蠢到以下犯上、奢望取而代之的人。但偏偏是他，因为一个微不足道的小节，莫名其妙被刘邦以谋反罪下狱，最后落得个枭首灭族的下场，成了刘邦收拾异姓王过程中的"冤大头"。

彭越，昌邑县人，出身渔夫，后沦为强盗。秦末大乱，豪杰纷起，彭越被一群少年推为首领，拉起了一支千余人的队伍，举起了反秦的大旗。刘邦北上进攻昌邑，彭越曾出手相助，这是他与刘邦正式接触的第一次，相互印象不错。刘邦西征，彭越没有追随，继续留在巨野泽中，收编诸侯逃散的士卒，发展壮大。但在彼时，他既未加入刘邦，也未投靠项羽，就守着自己的一亩三分地，做起了兀自逍遥、其乐陶陶的"草头王"。

彭越正式归附刘邦，是在汉二年春天。当时，刘邦召集各路诸侯攻打项羽，彭越率部三万多人投靠汉王刘邦，成为刘邦麾下一股不容小觑的力量。刘邦随即封彭越为魏国相国。

投靠刘邦后，尤其是楚汉战争期间，彭越至少为刘邦立下过四大功劳。

一是彭越挠楚。彭城之战后，刘邦大败亏输，后收拾残兵败将，加上一部分萧何在关中训练的将士，与项羽对峙。当时，刘邦因彭城一役几乎全军覆没，力量大不如前，与项羽对峙，相当吃力。在这种情况下，彭越率领自己的军队，在梁地一次又一次地破坏项羽的粮道，干扰他的后援，影响他的军心，发挥了巨大的作用，使刘邦在险境中得以生存和发展壮大。

二是刘邦与项羽对峙广武期间，彭越乘机攻下睢阳、外黄等十七城，使项羽不得不挥师向东，有力地牵制了项羽的精力和军力，缓解了刘邦的压力，使他能够腾出手来，从容调配。

三是汉五年秋，项羽南撤至夏阳，彭越又借机攻下昌邑周边二十余城，缴获粮食十余万斛，源源不断地接济给刘邦大军，给予了有力的保障。

四是在决定楚汉最终命运和结局的垓下之战中，彭越及时提兵加入，可以说是刘邦制胜的一个"神助功"。彭越若不加入，项羽或难在此役中覆亡，若此，则楚汉战争结束尚需时日，这是彭越为刘邦立下的最大战功。

可以说，四大功劳，少一功，刘邦就少一成胜算。

不单这四大功劳，在刘邦夺取天下的过程中，彭越还有过其他一些有形和无形的帮助，对刘邦来说，彭越确实功劳卓著。而最为关键的是，彭越没随项羽而投靠了刘邦，这本身就在刘邦的天平上，加入了至关重要的一个砝码。所以，栾布才会说："当是之时，彭王一顾，与楚则汉破，与汉而楚破。"（司马迁《史记·季布栾布列传》）彭越对于刘汉江山和刘邦命运所发挥的作用，由此可见一斑。

然而，在汉十年，陈豨反叛，刘邦征发时为梁王彭越的军队，仅仅因为彭越没亲自率军，从此对彭越怀恨在心，不久将彭越逮捕至洛阳，贬为庶人，流放四川。

汉十一年，在皇后吕雉的撺掇下，刘邦将彭越枭首灭族，一代功臣，就此含冤于九泉之下。而且，据《史记·黥布列传》记载说："汉诛梁王彭越，醢之，盛其醢遍赐诸侯。"意思是枭首之后，刘邦还将彭越的尸体剁成肉酱，遍赐诸侯，其手段何其毒辣，彭越下场又何其悲惨！

其实，纵观彭越一生，他顶多算个狡诈之徒，但说他反叛自立，则万万不可能。项羽西征，那些诸侯跟随其往，内心都打着分一杯羹的如意算盘，彭越却安于梁地，当个草头王就知足了，并不去凑这个热闹。后来时势发展，有了自己的声望和功劳，他也顶多只盼当个梁王，足矣。然而，他这异姓王的存在，早已触动了刘邦和吕雉那敏感的神经，一日不除，终是心腹之患，刘邦无法，最后寻了件小事，终于将他剪除了。

屈居人臣者，决定其命运的，常常不是你做了什么，而是你可能做什么；不是因为你有了美梦，而是让皇帝开始做噩梦。所以，与其让你无休止地在噩梦中放肆，不如快刀斩乱麻，去掉一个，高枕一生，何乐而不为？

78. 莽汉中的义士

　　秦末汉初的大地上，诸侯纷起、群雄逐鹿，他们或来自秦灭六国前的贵族，或是起于绿林之间的草莽。但不论其来路如何，在那个风起云涌的时代，要立足于强林之中，争取一席之地，甚至成为王侯将相，内心必有狐鼠的诈、蛇蝎的毒、虎狼的凶，丛林法则强者胜。然而，天下乌鸦并非一般黑，在这群如狼似虎的莽汉中，毕竟还有一些人在内心深处坚守着本真，坚守着善美，坚守着忠义。他们面对强权威逼，挺身而出，甚至不惜以生命去呵护内心的坚守，成为那段诸侯混战阴天暗地历史中一道亮丽的风景，让人感慨。栾布就是其中显眼的一位。

　　栾布出身不显，经历坎坷。他是梁地人，年轻时家里上无片瓦，下无立锥之地，十分贫穷。栾布受雇于齐地一酒商，靠打工养家糊口。彭越未反时，与栾布结识，因皆为一介庶民，又心性相通，遂成为好友。后来，彭越在巨野拉起了一支队伍，加入反秦行列，成为"草头王"。

　　而此时，栾布遭受厄运，被人贩子掠卖至燕地为奴。一个偶尔的机会，栾布替主人报仇，因行侠仗义而被当时的燕将臧荼赏识，推荐为都尉。臧荼受封为燕王后，又拜栾布为将。刘邦称帝不久，已经投靠刘邦的臧荼，因担心遭到刘邦的清算，第一个以异姓王的身份反汉，结果兵败身死，栾布也被俘。当时已被封为梁王的彭越念及旧情，向刘邦请求赦免栾布，获准后，彭越又任栾布为梁国大夫。对栾布来说，彭越既是朋友，更是恩人。

汉十年，刘邦因为彭越没有率军随自己亲征陈豨，而将彭越逮捕，随后在洛阳将他处死，并下令说："谁胆敢前来收殓，或祭吊，即行逮捕。"那些曾经同彭越一起冲锋陷阵的战友，都因担心受到牵连，纷纷与他划清界限，噤若寒蝉，无一人敢站出来伸张正义。

当时，栾布正出使齐国，当他回来，得到的却是彭越遭刘邦逮捕和枭首的消息。这犹如晴天霹雳，让栾布悲从心中起，不能自己。他疾速赶到洛阳城下，向着彭越高挂于城头的头颅，跪拜祭吊，号啕大哭。

栾布撕心裂肺的哭声，引来了负责此案的官吏，他们立刻将栾布抓捕，层层解至刘邦面前。刘邦骂道："你难道要与彭越一同反叛吗？我下令任何人不得祭吊，你不但违反禁令，还哭闹，这难道不是同伙的证明吗？"刘邦因命人将栾布烹杀，立即执行。

当众人将栾布抬向鼎镬时，栾布回头朝刘邦喊道："陛下请让我说一句话，再死也不迟。"刘邦示意他说。众人放下他，栾布说："当年，陛下困于彭城，兵败如山倒的时候，项羽之所以未能打败陛下，正是因为彭王据守梁地，联汉抗楚的结果啊。在那关键时刻，彭王联楚则汉败，联汉则楚败，但他选择了汉，成就了陛下。而且，垓下之战，倘若彭王置身事外，项羽怎会灭亡？如今天下已定，彭王受封，忠心事汉，信心满满。然而陛下征兵梁国，仅仅因为梁王有病不能亲自随征，就疑心他谋反，并在毫无证据的情况下枭其首、灭其族，剁成肉酱，遍赐诸侯，实乃千古奇冤。长此以往，恐会人人自危，人心大失，谁还愿意为汉真心卖命呢？今彭王已死，我生不如死，是烹是杀，悉听尊便！"

刘邦听了栾布一席披肝沥胆的话语，虽然对杀死彭越之举并无一丝悔恨，但他亦觉得栾布所言句句有理，人心之失是他最害怕的事情啊。所以，他对栾布的恨意顿时烟消云散，且慢慢欣赏起他来。于是，马上下令释放栾布，并拜为都尉。

这个意外的结果，是否远出于栾布的意料，不得而知。然而，有一点是可以肯定的，当时哭祭恩人彭越，栾布是怀着赴死的决心的，就这一点来说，他是丛林法则下的异类，是秦末莽汉群体中的义士。其凛然正气和视死如归的精神，令人感佩，故司马迁评价道："栾布哭彭越，趣汤如归者，彼诚知所处，不自重其死。虽往古烈士，何以加哉！"表达了由衷的赞叹和景仰之情。

79. 谋略家陆贾

在刘邦众多的谋士中，陆贾的名气远不如张良、陈平，甚至还不如郦食其和叔孙通这些昙花一现者。然而，声名不显的陆贾，是刘邦人才库里最博学的多面手：论外交，他不差郦食其；论建制，他不逊叔孙通；论除异己、固皇权的计谋，他亦不输张良和陈平。可以说，他是一个内能齐家、外能治国、帮助刘邦平天下的谋略家，其人其事，大有智者风范。

（1）口舌收南越

郦食其曾凭铜唇铁舌，差点轻取齐国七十余城，结果给韩信搅黄了。不过话说回来，郦食其假如没有韩信从中作梗，是否能下齐国七十余城，还需打一个大大的问号。而陆贾，确实曾凭借如簧巧舌，收复了南越，其口舌之辩、外交之才、纵横之能，让人刮目相看。

陆贾是楚国人，在刘邦反秦击楚的过程中，他以幕僚身份相随，能言善辩，刘邦常派他出使诸侯间。刘邦建立汉朝后，四方初定，唯独岭南赵佗割据一方，刘邦因此派陆贾带着印信，代表自己去招降赵佗，让他归顺汉朝，封南越王。

这个赵佗也是个传奇人物。他本是真定（今河北正定）县人，秦时为南海郡（治今广东广州市，辖境相当今广东瀚江、大罗山以南，珠江三角洲及绥江流域以东）龙川县令，后行南海尉事。秦亡后，赵佗乘北方战乱之机，兼并桂林郡（治今广西桂平市西南古城。辖境约当今广西大部和广东小部）、象郡（治今广西崇左市江州区。辖境约当今广西西部、广东西南部和贵州南部一带），自立为南越武王。当黄河、江淮南北豕突狼奔，硝烟弥漫，鏖战正烈之时，岭南的赵佗却如生活在化外之地，兀自逍遥快活着。

陆贾凭口舌去征服南越，其难度简直难于上青天。为什么？因为刘邦推翻秦朝自立为帝，赵佗征服岭南自立为王，在他的眼里，你称你的帝，我做我的王，咱井水不犯河水，我凭什么要卑躬屈膝地向你俯首称臣呢？倘若兵戎相见，你鞭长莫及，补给不济，孰胜孰负、谁向谁臣服还未可知呢，想"不战而屈人之兵"，做梦去吧你。所以，陆贾此行，凶多吉少。

果然，陆贾到达南越后，赵佗"魋结箕倨"而待之。什么意思呢？他头上结着锥形的高髻，两腿张开，屈膝而坐。显然，赵佗对待作为汉使的陆贾，十分傲慢无礼。

然而，陆贾知道，现在不是在乎赵佗对自己的礼节和态度的时候，否则前功尽弃。眼下最重要的，就是让赵佗分清形势，明晓厉害。因此，陆贾全然不睬赵佗的态度，而是上前对他一字一顿地说："您本是中原人，祖坟还在真定。但您一反国人习俗，弃冠带而结高髻，想以南越弹丸之地对抗朝廷，与天子为敌，果真如此，恐怕要大祸临头了。"

陆贾先以威胁的语气将赵佗镇住，接着，他为赵佗分析说："秦末群雄逐鹿，天下诸侯混战，刘邦脱颖而出，连楚霸王项羽都为其所败，仅仅五年，削平天下，四海归一，虽云人事，岂非天命哉？您南越称王，孤傲不服，汉朝那些文武将相都纷纷建议天子发兵前来征讨。但天子爱惜百姓，暂且罢兵，遣我授您南越王金印，剖符为信，互通使臣。您本应郊外相迎，北面称臣。但您桀骜不驯，打算以这小小的南越作为对抗天朝的资本。朝廷一旦得知，必会掘您祖坟、夷您宗族，再派大军前来清剿，我想南越民众绝不会坐而待毙，一定会对您群起而攻之，那时，您将死无葬身之地啊！"

一番有理有据、软硬兼施的话语，把平时倨傲惯了的赵佗说得一愣一愣的。赵佗思前想后，犹豫了一阵，终于坐直身子，诚恳地向陆贾抱歉自己的无礼。通过这次交谈，陆贾给赵佗留下了深刻的印象，他特意将陆贾留下，款待数月。最后，在陆贾的劝说下，赵佗终于向汉朝俯首称臣。临别，赵佗还以重金酬谢陆贾。

陆贾兵不血刃就收复了南越，刘邦得报后特别高兴，立刻提拔他为太中大夫（官名。侍从皇帝左右，掌顾问应对，参谋议政，奉诏出使等），陆贾从此成了皇帝的高参，位居朝廷诸大夫之首，显赫一时。

（2）《新语》安天下

陆贾本就能言善辩，又恰恰处于太中大夫这么一个皇帝高参的位置，可谓驾轻就熟，得心应手。而且，他履起职来比别人更加积极主动。有一段时期，陆贾常常向刘邦谈论《诗经》《尚书》等儒家经典如何如何好，说上能治国，下可安民，用处大得很呢。

然而大家都知道，刘邦对儒家学说并不怎么喜欢，对儒生更是鄙夷厌恶，凡遇儒生来访，要么把他们的帽子摘下来，往里面撒尿，要么对儒生破口大骂，屡爆粗口。在这样一个皇帝面前谈儒学、讲诗书，好的结果是对牛弹琴，坏一点是招他痛骂，搞得不好还可能惹祸上身，丢官弃爵。

有一次，陆贾又不厌其烦地谈起了诗书，刘邦一听，气就不打一处来，马上呵斥道："这天下是老子马上打下来的，哪里用得着这些破《诗》破《书》？"陆贾没被刘邦的责骂吓倒，而是耐心地解释说："陛下呀，马上得天下，安能马上治之？先圣如商汤、周武，他们皆以武力征服天下，但他们后来治理天下，都是以文佐之，文武并用，这才是国家长治久安的妙法啊。像后来的夫差、智伯，皆因穷兵黩武导致灭亡。而秦王朝更是严刑酷法，不知变更，一二戍卒就轻易将其推翻。倘若秦始皇统一后，能效法先圣，佐以诗书教化，施以仁义之道，必然国泰民安、四方稳固，陛下又怎么可能夺取秦朝的天下呢？"陆贾那样子，简直是在用口舌同皇帝干架呢。

刘邦听后，开始颇为不快，但沉吟片刻后，脸上慢慢露出惭愧之色。随后，他竟然破天荒一改往日的粗暴和霸道，对陆贾说："那就请你试着帮我总结一下秦失天下之因和我得天下之故，以及历代的成败根源吧。"

在陆贾不遗余力的劝谏下，刘邦终于有所醒悟，主动接受他的建议，真是难能可贵，显示出陆贾卓越的口才和智慧。于是，陆贾将历代兴衰征兆和存亡原因，写成十二篇政论文章，上奏刘邦，每上奏一篇，刘邦就赞叹一次，其他文武百官则齐呼万岁。后来，这十二篇文章结集后，取名为《新语》。而这部《新语》和陆贾"行仁义，法先圣"的主张，一起成为西汉前期的施政纲要。

(3) 智慧订协议

陆贾是个综合型人才，不但能言善辩，而且明时势、懂进退。

刘邦去世后，他与吕后所生的嫡长子刘盈继承皇位，是为汉惠帝。刘盈虽贵为皇帝，但软弱无能，造成"女主称制"，权力尽归吕后。当时，吕后要培植家族势力，准备给自家兄弟封王。陆贾看到吕后一手遮天，正是权力日炽之际，如果同她据理力争，无异于以卵击石，非但不能扭转局面，反而可能遭到报复，甚至功败身死，而此时，他也已年近六十。因此，陆贾称病辞官，急流勇退，回家赋闲了。

隐退后，陆贾决定将家事做一番安排。他看到长安东七十里的好畤县地势平坦，土地肥沃，宜于家居，便将全家安顿于此，打算颐养天年。陆贾有五子，自己养老，当然得看这些儿子是否孝顺。然而作为父母，儿子们的孝心又往往与父母对家事的处理方式有关，这不像在外做官，部下食朝廷俸禄，有个职业操守作为规范，对上司必然恭恭敬敬、说一不二。父母倘若厚此薄彼，儿子们会因怨生恨，心有抵触。加上孝顺也没有固定标准去衡量，饭菜按时供应，冷言冷语，孝顺否？事事应承，阳奉阴违，孝顺否？答案当然是否定的，真正的孝顺，需要儿子们对父母真心侍奉，表里如一。

陆贾意识到了这一点，为了老有所养，他在五个儿子面前做到了绝对公平。他把当年出使南越时赵佗赐给他的珠玉珍宝悉数拿出，兑换成金千斤，五个儿子无论长幼，每人分二百金，没有厚薄，不分彼此，儿子们个个欢天喜地。

分完财产后，陆贾又要求同儿子们订个《养老协议》，协议大致有三方面的内容。

一是以后在五个儿子家轮流吃住，十天换一家。

二是无论在哪个儿子家里，父亲和他那一大帮子车骑、侍从甚至歌女的吃喝拉撒睡，此家必须竭力供应，尽力满足。

三是父亲在哪家去世，父亲随身所佩价值百金的宝剑以及车骑、侍从、歌女，都归哪家所有。

契约公平，兼顾长远，儿子们又都高兴地接受了这一约定。从此，陆贾时常坐着马车，佩带着他那昂贵的宝剑，携带着侍从和歌女，轮流在儿子们家吃住，既不要顾虑衣食无继，又无须担心儿子、儿媳们的冷眼，来去自如，潇洒快活。

不过，儿子们还有一丝担心，这么多人的吃喝拉撒，开支必然不菲。陆贾看出了他们的心思，又宽慰他们说："你们不用担心我吃住的开销和花费，我陆贾朋友遍天下，经常走亲访友，大部分时间在外头，你们各家一年轮流下来，也不过两三次。而且，去你们家的次数多了，我都觉得不新鲜，待久了会厌烦呢。"儿子们听后，不但彻底放了心，而且对父亲比以前更加孝顺了。

陆贾在安排自己养老的问题上，做到了处事公平、规划长远，充满智慧。儿子们虽然知道父亲讲排场、好玩乐、花费巨大，但经父亲这么一番科学安排、长远规划，表面奢华的养老，变成了一件费而不贵、劳而不烦的简单事情，这既是儿子们能够做的，更是他们乐意做的，满堂皆欢。

（4）妙计除"诸吕"

刘邦在世时，曾对吕后家族的坐大，隐约有些担心，担心将来某天，天下不再姓刘，故临终前做了一番特殊安排，并说了那句名言：

"安刘氏者，必勃也。"

然而，当刘氏真正到了危急的时刻，单单一个太尉周勃是拿不下"诸吕"的，关键还得"将相和"。"将相和"则朝局稳，朝局既稳，"诸吕"即使觊觎权柄，也有心无法，不但能扼制"诸吕"，甚至机会一到，还能消灭对方，确保天下姓刘。而出妙计促成"将相和"的人，就是陆贾。

刘盈继位时，只是个十六岁的少年，他天性仁弱，吕后权欲极重，正好揽权于己。七年后，年轻的刘盈去世，吕后立刘盈五岁的长子刘恭为帝，大封娘家吕姓兄弟和侄子、侄孙们为王，自己临朝称制，成了历史上太后专政第一人。

陈平时为右丞相，对吕后称制和"诸吕"封王深为担心，但苦于人单力薄，没有解决的办法，只得闲居家中，苦苦思索。一次，陆贾前去请安，在陈平身边坐下了，陈平甚至都没发现。

陆贾奇怪地问："丞相为何深忧至此？"陈平回过头来说："你说呢？"陆贾懂的，他说："我知道，您贵为宰相，食三万户侯，可谓人臣之极，人生夫复何求？您忧虑的，不过是'诸吕'擅权和幼主安危罢了。"陈平频频点头，遂向陆贾求教解决办法。

陆贾献计说："天下安，注意相；天下危，注意将。只要'将相和'，则天下归心，只要天下归心，即使时局有变，则权力不致分散。为刘氏江山社稷计，这些都在您和太尉周勃二人掌握中。我常同太尉谈及这些，他则当成儿戏，不予重视。如今之计，您唯有深交太尉，形成牢不可破的权力联盟，才能确保天下安定。"献出这个安定天下的计谋后，陆贾还为陈平献了几条对付"诸吕"的妙计。

陈平依计而行，以重金结交周勃，与周勃形成了非常牢固的同盟，最后将相二人同心协力，终于在吕后去世不久，铲除了"诸吕"，确保了刘氏政权的稳固。

汉文帝十年（前170年），陆贾安然去世，享年七十一岁。

陆贾随刘邦反秦立汉，纵横于诸侯间，凭的是舌辩之能，故司马迁称他为"当世之辩士"。他带少量随从，远使南越，说服赵佗臣服，不战而屈人之兵，显示出卓越的外交才能。及至劝说周勃、陈平联手剪除"诸吕"，拥立文帝，刘氏江山得以稳固，也显示出他卓越的谋略。班固在《汉书·郦陆朱刘叔孙传》中为他点赞说："陆贾位止大夫，致仕诸吕，不受忧责，从容（陈）平、（周）勃之间，附会将相以强社稷，身名俱荣，其最优乎！"至于陆贾在朝中明时势、懂进退，在家中处事宽容、善待后辈，则更是充满着智慧和远见。

80.多行不义必自毙

在刘邦各个击破并杀害的异姓王中，韩信收留钟离昧、暗通陈豨，自遗其咎，有人称他"找死"；彭越仅因未随刘邦亲征而惨遭屠戮，有人说他"很冤"；淮南王英布兔死狐悲，惊慌失措，最后竟因一宠姬之故而举起了反旗，可谓"不值"。然而，英布之祸，果真是因为争风吃醋吗？

英布是六县人。小时候，有个看相的见了他，惊诧地说，这个小家伙将来会在受刑之后封王。后来，英布果然因犯法而受黥刑，所以后人又称他黥布。受刑之后，英布被押至秦都骊山服劳役，其间，他广交刑徒中的豪强头目，最后逃到长江中，结为群盗。

秦末大乱，义军纷起，英布带着数千兄弟，投靠了项梁，后随项羽。刑徒出身、盗贼经历，头脑中还蓄满着刑后称王的梦想，这在一定程度上促成了他为达目的不择手段的性格特点，而后来的事实也确实证明了这一点。

项羽在巨鹿之战大获全胜之后，带领诸侯大军和二十万投降秦卒，浩浩荡荡杀奔秦都。到达新安县后，项羽因为降卒们心生怨气，担心节外生枝、意外生变，遂将这二十万秦卒坑杀，而奉命大开杀戒，亲自实施这屠戮任务的，就是英布。在英布的指挥下，二十万人或杀或坑，一夜之间化作孤魂野鬼，其内心之毒辣、手段之残忍，由此可见一斑。

英布之毒，还不止于此。汉元年，项羽率诸侯军进入咸阳，杀死秦王子婴，灭亡秦朝，分封诸侯后，虽然封楚怀王为义帝，却开始有了剪除怀王之心。而最后将义帝杀死的，又是英布。当时，项羽将义帝由彭城迁往偏远的长沙郴县，就在义帝快到郴县之前，项羽密令英布暗杀义帝。于是，英布遣将一路狂追，将义帝杀死于郴县。为一己之利而不惜弑君，可谓冒天下之大不韪，说明英布既不仁，亦无德，更不义。

确实，英布的心里只有自己的利益，全然罔顾一切道德行为准则。为了利，他充当项羽的马前卒，无恶不作。而当楚汉之争刘邦渐处上风、刘邦又以更大的利益收买他时，他几乎没怎么考虑就投靠了刘邦。据《史记·黥布列传》记载，英布归汉以后，刘邦接见时十分傲慢，他立即后悔万分，竟"欲自杀"。但看到自己居所饮食侍从皆如刘邦一样豪华时，他又"大喜过望"，其心旌飘摇之状、朝秦暮楚之态毕现。

刘邦灭掉项羽，英布也如愿以偿，被加封为淮南王，显赫一时。他有一宠姬，因病常常就医，中大夫贲赫恰巧住在医生家对面。贲赫希望结交宠姬巩固权位，便以重金打点宠姬，又常常与她在医生家饮酒聊天，不久被英布得知。这种事情，并无多少出格，事情又是宠姬主动向英布说的，更不可能有轻浮之实，对裂地封疆的大王来说，英布大可一笑置之，但毫无判断的他，因妒生恨，固执地认为贲赫与宠姬有染，竟问贲赫之罪，出兵逮捕。结果，贲赫被逼逃至长安，向刘邦状告英布谋反。

刘邦当时将信将疑，并未草率行事，甚至已将贲赫扣押起来，打算进一步核实。而此时，英布又措置失当，竟将贲赫一家老小，全部杀害，然后仓促之下，举起了反旗。当然，恰恰是之前不久，淮阴侯韩信、梁王彭越均以反罪被杀，"汉初三大名将"死了两位，对英布来说，自有兔死狐悲之惧，造反，这也是诱因之一。于是，身为皇帝的刘邦率军亲征，英布最后兵败身死。

英布死前，刘邦与他在阵前曾有一番交谈，刘邦问英布为什么要反，英布竟回答说想做皇帝。由此可见英布的草率与轻狂。当年，刘邦与项羽决裂，新城三老董公就曾以"兵出无名，事故不成"阻止他的草率，建议刘邦以"弑君"之罪讨伐项羽。刘邦从谏如流，听从了董公的建议，得到了各地诸侯的响应和支持，最后将项羽消灭。可见真正成大事者，必须"师出有名"。一个"欲为帝耳"的理由轻易发兵，名不正而言不顺，即便是英布手下将士，也会忍不住要笑的，这虽不能决定他的灭亡，至少加速了他的灭亡。

那么，是什么决定了英布的灭亡呢？司马迁在《史记·黥布列传》中评价他说：

"项氏之所坑杀人以千万数，而（英）布常为首虐。功冠诸侯，用此得王，亦不免于身为世大僇。祸之兴自爱姬殖，妒媚生患，竟以灭国！"

项羽杀人，英布首罪；因爱生妒，竟至灭国。这就是司马迁总结英布最后灭亡的原因。其实，这只是表象。窃以为，英布之灭亡，关键还是他修德不够，作恶太多所致，多行不义必自毙。

81. 神人之助

俗话说"最是无情帝王家"，说明生于帝王之家者，虽然出身高贵，地位显赫，但高处不胜寒，过日子往往如同走钢丝，稍有不慎，便会坠入深渊，甚至万劫不复。而要逃脱这种魔咒一般的劫难，往往需要神人相助，汉初太子刘盈的遭遇便是如此。

刘邦八个儿子，分别为刘肥、刘盈、刘如意、刘恒、刘恢、刘友、刘长、刘建。长子刘肥为曹氏所生，庶出。次子刘盈，刘邦与结发妻子吕雉所生，因为是嫡长子，故刘邦当了皇帝后，立刘盈为太子，自不在话下。只是，作为储君，刘盈这个太子的位子并不牢靠，几次面临刘邦要废他另立的危险，每每吓得他战战兢兢，夙夜忧叹。

事情是这样的：当年刘邦兵败彭城，逃跑的路上得到戚姬，极为欢心，后与戚姬生下一子刘如意，更是宠幸有加。刘邦称帝后，举凡外出亲征、巡视各地，每让戚姬相随，而以吕后留守，且对吕后日益疏远。相对太子刘盈而言，刘邦爱屋及乌，更喜欢幼子刘如意，曾说"太子仁弱"，而"如意类己"，意思是刘盈不像自己而如意像。加上戚姬在侧，日夜啼泣，撒娇相求，希望刘邦立如意为太子，刘邦终于被说动了心，后来多次启动废立程序，在朝中掀起轩然大波。

汉十年，刘邦某次便在朝堂之上抛出了废刘盈立刘如意的动议。此言一出，满朝哗然，大臣们纷纷反对，尤其是有口吃毛病的御史大夫周昌，他面对皇帝激动而愤怒，期期艾艾，据理力争，就连当时侧耳听于大殿东堂的吕后都不禁惊出一身冷汗。废立之事作罢后，吕后对周昌感激涕零，跪谢周昌道："没有您，太子几乎就被废掉了。"可见吕后是多么在乎儿子的这个太子名位。

不过虽然作罢，但吕后和太子也深知这是暂时的，遇到合适的机会，皇帝是不会善罢甘休的，因此整日愁眉不展，忧心忡忡。正在吕后一筹莫展之际，有人给她出主意，说找留侯张良或有办法。为啥？一者张良善于运筹帷幄，有计谋；二者刘邦信任张良，对他言听计从。

一个提醒，让吕后顿时一扫阴霾，拨云见日。当时，张良以多病为由退隐，在家修道，闭门不出，吕后请自己的兄长建成侯吕释之出面。吕释之与张良多年战友，又同朝为侯，在吕释之的反复央求下，张良最后面授机宜——请"商山四皓"前来助阵太子。

"商山四皓"即东园公唐秉、甪里先生周术、绮里季吴实、夏黄公崔广。他们皆是饱学之士，曾任秦朝博士，秦末大乱，他们归隐于商洛深山之中，不问世事。刘邦统一天下后，闻四人大名，曾亲嘱人去征聘，却遭婉拒。故张良让太子写一封亲笔信，委能言善辩之士，携信和重金往聘这四位神人。在太子的诚心打动下，都已年过八十的"商山四皓"终于走出深山，来到长安，成了太子的座上宾。

"商山四皓"到长安后，帮助刘盈做了两件了不起的事情：一是避免了他带兵平叛之险，二是打消了刘邦废他太子名位之念。

汉十一年七月，英布反叛，当时刘邦旧伤在身，本想派太子刘盈率军前去平叛。四人听说后，觉得这是一件对太子极为不利的事情，因为即便平叛有功，从权位来说，太子也还是那个太子；但无功而返，太子之位绝对不保。何况，以刘盈那羸弱的身子和懦弱的性格，去平定身经百战的英布，几无胜算，结果可想而知。因此，他们建议吕后到刘邦跟前哭泣，无论如何不能让太子出征。吕后依计而行，泪眼婆娑，哭泣无已时，刘邦无法，只得带病亲征。

汉十二年（前195年），刘邦亲征英布归来，因战斗中又被流矢射中，病情更重，着手安排后事，便第二次将废立之事提了出来，这又将吕后母子吓得半死。不过，这次"商山四皓"胸有成竹。就在商议废立期间，有一次刘邦在宫中举行宴会，太子随侍，"商山四皓"跟随在太子身后。刘邦看到四位须眉皓白、仙袂飘飘的神人跟随着太子，非常奇怪，忙问何人。当得知是自己当年请而不到的"商山四皓"后，他无奈地对戚姬叹息道："我确实打算废刘盈，立如意为太子，但如今刘盈有'商山四皓'辅佐，他羽翼已丰，再难撼动啊！"立即放弃了废除刘盈太子的打算。废立之意，就此打住。同年四月，刘邦去世，刘盈顺利继位，是为汉孝惠帝。在云谲波诡的宫廷斗争中，吕后母子终于以胜利者的姿态，走向了政治的中心和权力的巅峰。

这件事情说明，凡成大事者，不仅要有天时、地利，还需要人和。机遇重要，但神人之助更重要，否则即便机遇垂青于你，但"东风不与周郎便"也是枉然，最后往往竹篮打水一场空，甚至时运逆转，大祸临头也未可知。

82. 衣锦还乡

　　历史上，很多名重一时的英雄豪杰，在面临同一抉择时，往往在态度和处理方式上不一样。正因为在态度和处理方式上的不一样，从而导致了结局的霄壤之别。比如，刘邦、项羽先后进入秦都咸阳后，他们的态度就完全不一样，因而结局也就完全不一样了。

　　先入咸阳的刘邦，开始也被秦宫的奢华和宫中美女迷乱了眼睛，在樊哙、张良的先后劝说下，虽确有些恋恋不舍，但还是毅然离开了秦宫，并与秦中百姓"约法三章"，然后还军灞上，所部对秦朝府库、宫室、美女弗取不扰，对关内百姓亦秋毫无犯。

　　而楚霸王项羽呢？司马迁《史记·项羽本纪》记载说：

　　"项羽引兵西屠咸阳，杀秦降王子婴，烧秦宫室，火三月不灭；收其货宝妇女而东。"

　　等于是刘邦将咸阳完好无损地交给项羽，而项羽进入咸阳，屠城、杀降、烧宫室、抢珠宝、掳妇女，可谓烧杀抢掠，无恶不作。最后呢？刘邦夺取了天下，项羽则自刎于乌江。态度不一样，结局就不一样，此为一例。

　　对于衣锦还乡亦是。项羽和刘邦在取得阶段性胜利后，其态度也不尽相同，一个稳妥，一个孟浪。进入咸阳后，有人以"关中阻山河四塞，地肥饶，可都以霸"劝说项羽定都关中，建议他依靠关中的天时地利，成就霸业。定都关中，以易守难攻的地理优势和沃野千里、良田万顷的资源优势，足以傲视山东、一统天下，对项羽来说，确为上策。

但是，项羽拒绝了这个不失为良策的建议，他拒绝的理由竟然是：

"富贵不归故乡，如衣绣夜行，谁知之者！"

扫平咸阳，便以为富贵到手。孰不知秦虽灭亡，但诸侯仍虎视眈眈，争斗不已，四方未定，天下随时可重新洗牌，在这种关键时刻却急于衣锦还乡，怎么看都有些小人得志的嘴脸，必然坐失良机。果然，他前脚"衣锦还乡"，刘邦后脚就明修栈道、暗度陈仓、还定三秦，与他争雄天下了。所以，项羽失败的重要原因之一，就是衣锦还乡太早了，缺乏定力，更无远见。

那么，胜利者刘邦就不屑于衣锦还乡了吗？非也，刘邦也盼望着衣锦还乡的光荣。然而，我们可以通过刘邦的时间表，来看看他是在什么情况下衣锦还乡的。汉元年，项羽分封天下十九国，自封西楚霸王，然后就沾沾自喜地衣锦还乡了。也正是这一年，刘邦被封为汉王，也到达了人生的一个高峰，也已然"富贵"，但他没有沾沾自喜，更没有衣锦还乡。

汉五年，刘邦打败项羽，即皇帝位，实现了至高的人生理想，这时，他没有还乡；汉六年，刘邦亲征，灭燕王臧荼，未还乡；汉十年，亲征陈豨，平定叛乱，未还乡；汉十一年，北击匈奴，剿灭韩王信，未还乡；同年，杀淮阴侯韩信，夷其三族，诛梁王彭越，夷其三族，未还乡；汉十二年，淮南王英布反叛，刘邦带病亲征，大败英布的淮南军，英布仅带领百余人逃走，刘邦安排别将追击，自己得胜而归。至此，那些曾经给刘邦造成压力的异姓王，基本被剪除殆尽。于是，在亲征淮南凯旋，刘邦就顺路回到了沛县老家，一行骑从杂沓，车服鲜华，戈甲耀日，旌旗蔽天，真正热热闹闹地"衣锦还乡"了。

家乡父老听说当了皇帝的刘邦荣归故里，无论男女老幼，纷纷拥挤到大街上，争睹圣颜，可谓摩肩接踵，盛况空前。地方官开宴置酒，欢迎皇帝。刘邦邀请乡亲故交，衔酒相乐。酒过三巡，刘邦很激动，亲自击筑，随口吟唱出一首《大风歌》，歌曰：

　　"大风起兮云飞扬，威加海内兮归故乡。安得猛士兮守四方！"

　　之后，刘邦与家乡父老一起聚饮十余日，才打算回长安。乡亲们再三挽留，又喝了三天。大家围绕在刘邦身边，如众星捧月，刘邦十分感动。一高兴，刘邦又免去了沛县和丰邑的赋役，父老更是感恩戴德，山呼万岁。

　　这才是真正意义上的衣锦还乡，而项羽无法实现。他之所以无法实现，是他对"衣锦还乡"概念的理解，没有刘邦的深刻和透彻。衣锦还乡，只能是在劲敌已除、威胁已消、四海已定、江山已稳之时。像项羽那样目光短浅、行事操切，连自己的地盘和性命都保不住，又怎么能实现真正意义上的衣锦还乡呢？

83. 萧何自救

　　历代功臣不得善终的例子不胜枚举，单是汉初的韩信、彭越、英布诸异姓王，就是汉高祖刘邦"鸟尽弓藏，兔死狗烹"的结果。而"鸟尽弓藏，兔死狗烹"，往往是始则"疑"，继则"纵"，终则"除"。臣属不能释"疑"，皇帝夜不成寐，皇帝绞尽脑汁之际，便是臣属大祸临头之时；释"疑"及时，皇帝安然就枕，则或能前嫌尽弃，兔死而狗不烹，甚至成为功狗、功人，高位而富贵善终。

　　对刘邦来说，萧何可谓日不暇给、尽职尽责、一心一意，应该是最忠荩者之一吧？但是，刘邦照"疑"无误，萧何因此三蹈危机，几近罹祸。好在他经高人指点，应对及时，最后幸免于难。然观其过程，也确实惊险万分。

　　刘邦第一次起疑，萧何以"自剖"应对。楚汉鏖战以来，作为丞相的萧何，坐镇栎阳，制定法令，管理郡县，源源不断地为前线战斗的刘邦军众补给粮草军需，可谓日理万机，殚精竭虑。然而，如此拼命为刘邦打算的萧何，莫名其妙地受到了刘邦的猜忌。《史记·萧相国世家》记载说：

　　"汉三年，汉王与项羽相距京索之间，上数使使劳苦丞相。"

　　刘邦与项羽相持于京索一带，战争胜负难料，危机丛生，在此戎马倥偬之际，刘邦却特派专使频回关中，再三"慰劳"萧何。表面"慰劳"，实含"深意"。萧何只顾埋头做事，没觉察出这种异常，但他身边的谋士鲍生对刘邦的态度洞若观火，他因此拜见萧何说：

"王暴衣露盖，数使使劳苦君者，有疑君心也。"

萧何一听，恍然大悟：看似慰劳，实则试探，刘邦在猜疑自己呀！忙向鲍生求教应对之策。鲍生给萧何的计策是：自剖心迹，表明忠心。他说：

"为君计，莫若遣君子孙昆弟能胜兵者悉诣军所，上必益信君。"

萧何依计而行，将子孙兄弟中能够打仗的家人悉数打发到刘邦军前效力，以此表明与刘邦同生死、共存亡的忠心。于是，刘邦大悦。一场危机，迎刃而解。

刘邦第二次起疑，萧何以"自谦"应对。汉十一年，也即刘邦称帝后的第七年，总掌赵代两地兵马的阳夏侯、赵国相国陈豨自立为代王，举兵反叛。刘邦率军出关，亲征陈豨。就在他亲征的这段时间，皇后吕氏借力萧何，将贬为淮阴侯的韩信诱骗至长乐宫钟室斩杀，替刘邦除掉了一大心腹之患。当得到韩信已诛的消息后，刘邦大喜，立即安排特使快马加鞭赶回长安，宣诏嘉奖：

"拜丞相（萧）何为相国，益封五千户，令卒五百人一都尉为相国卫。"

由丞相重用为相国，成为百官之长，并加封食邑五千户，安排一名都尉率五百精兵组成相国卫队，护卫萧何。对萧何来说，可谓加官进爵、优宠无双。所以，文武百官、亲朋好友纷纷登门道贺，萧何亦人逢喜事精神爽。

就在萧何眼笑眉开、踌躇满志的时候，曾任过秦朝东陵侯、如今沦落为一介瓜农的召平却很不识趣，以"哀吊"之名前来拜见萧何说：

"祸自此始矣。"

并陈述理由说："皇上栉风沐雨，征战于外，你作为京城留守，既不用效命疆场、长途跋涉，更无须攻城野战、冲锋在前，然而，皇上独给你加官进爵,还为你配备专门的扈从卫队,这难道真是优宠吗?非也。这是由于韩信刚刚因谋反之罪被诛,皇上由此及彼,开始怀疑你了。前车不远,足为殷鉴,若再疑下去,你必有性命之忧。"召平因此建议说:

"愿君让封勿受,悉以家私财佐军,则上心说。"

萧何听后,幡然醒悟,心服首肯,马上按照召平的办法,以自谦而诚恳的态度,向皇帝上书,坚辞封赏,还把自己的家财悉数捐出,作为朝廷军费。刘邦阅后,马上批准,对其捐出的家财,亦欣然笑纳。

刘邦第三次起疑,萧何以"自污"应对。刘邦对萧何的疑心,并未因为他辞去封赏、捐出家财而完全消释。英布反叛后,刘邦又率军亲征。他在战斗激烈、胜负未卜、需要高度专注的情况下,却不厌其烦地派专使回京,频频询问萧何在做些什么。当然,萧何每次都如实汇报,并且更加努力地安抚百姓,多方筹措钱粮兵源,倾力支援前线,但刘邦依然不断派使者来询问,萧何非常奇怪。就在他百思不得其解之际,又来了一个"报丧"的门客,对萧何说:

"君灭族不久矣。"

萧何大惊。门客解释说:"你位居相国,功高第一(是指刘邦登基后论功行赏,萧何被确定为功劳最大,位次第一),无以复加。但你入关以来的十数年间,一直勤政爱民,深得民心。皇上屡屡派特使来询问,无非怕你的廉洁和勤奋赢得了民心,继而动摇他在朝中的地位。"门客因此建议:

"今君胡不多买田地,贱贳贷以自污?上心必安。"

你何不多买些田宅,并以低价赊购和借贷来自污名节呢?这样,皇上才会对你放心。萧何又依计而行,用低价强买民田、民宅,还放高利贷,自损形象。刘邦听说后,竟然"大说",不仅心安,而且大喜!

刘邦三次起疑，萧何分别以自剖、自谦、自污应对，终于使多疑的皇帝放下了疑心，保全了自己的性命，没有重蹈韩信们"兔死狗烹"的覆辙。纵观萧何"释疑"惊心动魄的过程，说明在帝王时代，一个做臣属的，光有忠心是不够的。有时候光有忠心，哪怕是天地可鉴的忠心，而不能把忠心袒露给皇帝看，用行动，哪怕诸如"自污名节"之类莫名其妙的行动去披肝沥胆，证明给皇帝看，那不测也会不期而至。皇帝要的不是能干，而是忠心。皇帝有时候甚至害怕廉吏，喜欢贪官，其心理之扭曲、内心之阴暗，常常令人匪夷所思。这大概都是对权力的深刻迷恋所导致的吧。刘邦教育臣属最喜欢说的一句话是："有善归主，有恶自与。"意思是臣属凡有鲜花，都要冠之于皇帝；凡有"屎盆子"，都要扣在自己脑袋上。这种逻辑真让人莫名其妙而又瞠目结舌。依此"神逻辑"，所谓"有善归主，有恶自与"，倒真可以成为那个时代功高盖主的名臣名将的升官箴言和自救良方呢！

84. 刘邦临终奇策

　　我们常因张良、陈平的神机妙算而冠以"谋圣"之类的历史褒奖，让今天的人们仍歆慕赞叹不已。不过，张良、陈平固然奇谋频出，但作为汉朝奠基人的汉高祖刘邦，其实也绝非等闲之辈。俗话说，"人无远虑，必有近忧"，刘邦在临终之前，深谋远虑，做出了一系列巧妙决策和妥善安排，竟然使汉室江山稳固数百年而屹立不倒。其谋略与张良、陈平们比起来，有过之而无不及，亦堪称"谋略家"一枚。

　　刘邦在亲征反叛的淮南王英布时，为流矢射中，回长安后，伤势越来越重。为此，吕后请来名医，给刘邦看病。医生探视后，刘邦询问病情如何。医生说："病可治。"刘邦听后却大骂道："我以布衣之身，提三尺剑而取天下，这难道不是天命吗？命既在天，即便扁鹊，又有何益！"刘邦因此拒绝就医，赐医生金五十斤，打发走人。

　　其实，对于自己的病，刘邦是有自知之明的，尽管名医说"病可治"，但哪位医生——即使是庸医——会对病人说"病不可治"？刘邦何等聪明，索性来个敬谢不敏，赠金走人，给这个他曾经南攻北伐、东征西讨的世界留下一个潇洒的背影。然而，正因为刘邦极度聪明，在知道自己去日无多后，他没有急着潇洒地走，而是抓紧临终前的几个月时间，以雷厉风行的手段，对自己的江山，对自己的后辈，做了非常长远而稳妥的安排，扎扎实实办了几件足以让若干后辈安枕无忧的大事。

　　其一，提出"安刘必勃"。刘邦已经拒医，眼看快不行了，吕后择机问起了刘邦的后事说："陛下百年之后，倘若萧相国死了，拟安排谁来接任呢？"刘邦说："曹参可以。"又问："曹参以后呢？"刘邦说："王陵可以，不过他略显戆直，陈平可以辅助。陈平聪明有余，然难以独担重任。周勃厚道，虽文才稍逊，但安定刘家天下者，必是周勃，可令他为太尉。"此为"安刘必勃"的来由。

那么刘邦为什么提出"安刘必勃"呢？这是因为刘邦晚年，吕后干政已深，吕氏族人日渐坐大，倘若无人制约，刘邦的其他子弟恐非吕后家族的对手。周勃既非吕氏一路，亦非心怀觊觎之徒，对自己这个皇帝更是忠心耿耿，授其兵权，任他为太尉，如同在"刘"姓后面筑起了一道牢固的屏障，乃保全宗室、延续汉祚的奇策。

其二，命斩樊哙。刘邦去世前两个月，燕王卢绾反叛，刘邦派樊哙率军北击卢绾。然而，樊哙还在行军路上，重病中的刘邦突然命陈平、周勃前去军中，速斩樊哙，提头复命。樊哙本为刘邦最早的宿将之一，随他征战多年，久历戎行，杀敌无数，有斩将搴旗之功。同时又为吕后妹妹吕媭的丈夫，与刘邦乃连襟关系。亲戚加功臣，刘邦为何要剪除？原来，有人对刘邦进言，说樊哙属吕后一党，吕后与他早有预谋，只待皇帝晏驾，即将引兵诛杀戚氏和刘如意，以报废刘盈太子之仇，刘邦因有此令。

其实，即使无人挑拨，刘邦可能也会有斩樊哙的考量。因为樊哙手握重兵，威望极高，倘他与吕后联手，刘氏子弟不但刘如意，就是其他宗子，亦有性命之忧，斩樊哙，是他保存刘氏江山、子孙后代的关键一棋。尽管后来陈平灵机一动，没有立斩已成阶下囚的樊哙，将樊哙带回长安交刘邦亲自发落，至中途得报刘邦去世，樊哙终被吕后无罪释放，但是，刘邦斩樊哙的这道命令，仍如利剑一样，高悬在樊哙的头上，如影相随。设若他真与吕后联手，对刘氏不利，这把利剑迟早将不偏不倚落到他的头上。所以，樊哙直到去世，始终战战兢兢、如履薄冰，也始终没敢助纣为虐，做出对不起刘邦和其宗室的事情。可见，刘邦这防患于未然的一招实在高妙。

其三，立下"白马之盟"。去世前，刘邦召集群臣，杀白马立誓曰：

"非刘氏而王者，若无功上所不置而侯者，天下共诛之。"（司马迁《史记·汉兴以来诸侯王年表》）

意思是从今往后，非刘氏不得封王，非有功不得封侯。如违此约，天下共杀之！

刘邦之所以立"白马之盟"，是因当年与项羽争夺天下时，为了获得最后的胜利，在战中和战后，分封了一些异姓王，结果渐渐形成新的诸侯，对中央集权和刘邦地位构成极大威胁。当年的分封，确有其不得已的苦衷，后来也是费了九牛二虎之力才基本肃清。为了不再重蹈此一覆辙，确保汉朝永远姓"刘"，同时又为预防吕氏夺权，刘邦遂与群臣歃血为盟。

自有此誓约后，除了吕氏曾以族人封王、东汉末年曹操封魏王外，"白马之盟"在两汉数百年间一直被遵行不误。可以说，刘邦的"白马之盟"，是用制度的形式，确保了刘氏江山的稳固，影响持久而深远。

一个人能安排好逝后数年的事情，已经相当不容易了。能着眼数百年，则为大智慧、大谋略，说刘邦是"谋略家"，丝毫也没有过誉。汉十二年四月，当一切安排妥当后，刘邦在长安长乐宫安然去世，享年六十二岁。

85. 智者樊哙

　　秦末汉初那些英雄豪杰之中，樊哙是最奇妙的一个人。为什么这样说呢？你想，樊哙是什么出身？"以屠狗为事"，是个杀狗卖肉的"狗屠"。刘邦举事，他以旧友相随，从军为将，身先士卒，打仗勇猛异常，而且事刘邦尽忠竭力、从无二心，可谓忠勇两全。然而，这么一个"狗屠"出身的赳赳武夫，做过比张良、陈平更加充满智慧的大事，说过比郦食其、陆贾更加打动人心的辞令，这就不能不让人惊讶而刮目相看了。所以，这里不说他的勇，只谈他的智。

　　体现樊哙智慧的第一件事，就是他不避斧钺，力劝沉醉于温柔之乡的刘邦"还军灞上"。汉元年十月，秦王子婴以绳系颈，拜倒于原为秦朝最基层小吏刘邦的青骢马下，曾经辉煌于世的大秦帝国轰然倒塌，一个历史的新纪元徐徐拉开序幕。然而，创造历史的人在创造历史的同时，并不是人人都那么头脑清醒，所做的决断也不是条条都那么科学，刘邦和他手下那些以杀戮开路的悍将便是。进入咸阳，一群莽汉陡然成为金銮殿的主宰者，如刘姥姥进大观园，鄙陋的性格立即暴露无遗。于是，他们纷纷进入秦朝的府库和后宫，金银、珠宝、美女，他们以胜利者的骄态，抢夺无算，甚至霸王硬上弓。

　　刘邦呢？按照后来范增对他评价"贪于财货，好美姬"的性格特点，自然不能例外于这群哥儿们。果然，他以"宫室、帷帐、狗马、重宝、妇女以千数，意欲留居之"，被闪亮的珠玑、惊艳的美女迷乱了眼睛，一进去就再没见出来。在巨大的物质和美色诱惑面前，几乎人人垂涎欲滴，其态如同扑食的饿狼。但是，唯独樊哙和萧何没有，萧何去了丞相府和御史府，他把秦朝律令、图籍拿到了手中，以备不时之需，这是为刘邦，或者说为汉王朝的大业未雨绸缪。樊哙亦是，他尾随刘邦而来，在宫外徘徊一阵后，终于下定决心，直入后宫，从温柔富贵之乡将刘邦拉了起来，急谏道：

"沛公欲有天下邪，将为富家翁邪？凡此奢丽之物，皆秦所以亡也，沛公何用焉！愿急还霸上，无留宫中！"（司马光《资治通鉴·汉纪一》）

樊哙的话，一则体现出他的忧患意识，二则反映出他的智慧，这都是那群草莽英雄所鲜少具备的素质。而且，即便是学富五车的儒生谋臣，也不一定能说得这么深刻，一针见血：你是想取天下，还是仅仅当个富家翁？秦朝灭亡的前车之鉴，就是因为这等豪奢之物，占有它们只会重蹈亡秦的覆辙，要它何用？请速离宫，还军霸上。刘邦也是醉了，不听。樊哙见说不动，急中生智，又拉来了刘邦言听计从的张良，一起说服刘邦，终于让刘邦接受了建议，恋恋不舍地走出秦宫，还军灞上。

还军霸上，就是后来坐拥四十万大军的项羽没有进攻仅十万之众的刘邦的根本原因，设若刘邦据咸阳、占府库、夺金银、抢美女，以项羽火暴的性格，定然兵戎相见，那鸿门宴上迎接刘邦的恐怕就不是酒杯，而是鼎镬了，结局将不堪设想，可见樊哙此举功不可没。

第二件事，就是鸿门宴上对项羽的一顿义正词严的教训。刘邦到达鸿门，一进入宴会现场，便觉杀气扑面而来：范增频频给项羽使眼色，再三举起玉佩暗示项羽赶快下手，见项羽不睬，又召来项庄，命他借舞剑之由，"击沛公于坐，杀之"。刘邦当时一定如坐针毡，惊恐万状。在这千钧一发之际，樊哙"带剑拥盾"而入，头发上指，怒视项羽，项羽亦惊起，按剑而立。当得知他是刘邦的车夫后，禁不住由衷赞叹道："壮士！"项羽虽有此赞，但霸王的霸气丝毫未敛，"斗卮酒""生彘肩"，轮番"轰炸"，樊哙立而饮之、拔剑切而啖之，一一领受。项羽意犹未足，再逼一步："壮士，能复饮乎？"樊哙应声而答："臣死且不避，卮酒安足辞！"又一饮而尽。

此时的樊哙，一脸红光，满身酒气，但他的头脑是清醒的，遂当面向项羽慷慨陈词道：

"夫秦王有虎狼之心，杀人如不能举，刑人如恐不胜，天下皆叛之。怀王与诸将约曰'先破秦入咸阳者王之'。今沛公先破秦入咸阳，豪毛不敢有所近，封闭宫室，还军霸上，以待大王来。故遣将守关者，备他盗出入与非常也。劳苦而功高如此，未有封侯之赏，而听细说，欲诛有功之人。此亡秦之续耳，窃为大王不取也。"（司马迁《史记·项羽本纪》）

樊哙这段有理有据、鞭辟入里的外交辞令，如同一篇精彩绝伦的演讲，堪称外交史上的经典。何谓理？秦朝灭亡，皆因严刑酷罚，暴虐成性，老百姓水深火热，才纷纷举兵反叛，此为官逼民反之天理。何谓据？怀王作为楚国之王、你项羽拥立的义帝，本与你有"先破秦入咸阳者王之"的约定，如今刘邦先入咸阳，非但没有主动自立为秦王，还封闭宫室，还军霸上，毫毛不取静待你来分享胜利果实，这样一个劳苦功高的人，你不仅没有封赏，反而要诛杀，赏罚不公、任意杀戮，这难道不是准备重蹈秦朝灭亡的覆辙吗？

听了樊哙这段近乎教训和斥责的辞令，项羽无言以对，连连请樊哙入席就坐。这说明，脾气暴躁如项羽者，都被樊哙这套充满智慧的说辞给征服了。同时，樊哙也用这种智慧，为刘邦争取了脱身的时间，救主于不测，使刘邦安然回到了驻地，再立新功。

值得补记一点的是，刘邦借上厕所之名出来后，对张良和樊哙说："未及向项羽辞行，怎么办？"樊哙说：

"大行不顾细谨，大礼不辞小让。如今人方为刀俎，我为鱼肉，何辞为。"

这种智慧而富有哲理的话语，不是"谋圣"张良所言，而出自"狗屠"樊哙之口，真真让人诧异，也不得不佩服。而且樊哙的这个建议，为刘邦的顺利脱险，找到了道德依据，亦是妙计一条。

第三件事，则是樊哙"排闼"进谏。何谓排闼？排闼就是未得到允许而撞开门进去，意即闯宫。《史记·樊郦滕灌列传》载，汉十一年，刘邦旧伤复发，躺在宫中，紧闭宫门，拒绝任何人，大臣中连周勃、灌婴等都不敢擅入。樊哙见刘邦躲在深宫十多日，不见大臣、不理朝政，长此以往，将不利于江山社稷，因而冒死排闼，闯入宫中，却见刘邦头枕着一名宦官，兀自横卧床上，如同一个等待死亡的病人。

樊哙见状，立刻痛哭流涕道：

"始陛下与臣等起丰沛，定天下，何其壮也！今天下已定，又何惫也！且陛下病甚，大臣震恐，不见臣等计事，顾独与一宦者绝乎？且陛下独不见赵高之事乎？"

意思是，当初你沛县起兵，征乱伐暴，廓清天下，何其壮也！如今天下已定，却深卧宫中，何其疲也！皇上病重，朝野震惊，而你拒大臣于宫门之外，却与一宦官独对宫中，难道你只想同宦官诀别吗？何况，赵高作乱，还历历在目啊！

樊哙的话，直如箭，苦如药，一般人听了都会刺耳难受，何况九五至尊的皇帝？但奇怪的是，刘邦不但没有因为这刺耳的话而生气发怒，反而"笑而起"，满脸笑容地爬了起来，接见大臣，处理朝政。可见他对樊哙的话，是真的听进去了，而且认为是有利于自己和国家的药石之言，因而从谏如流。

樊哙闯宫进谏，当是勇者之举。直入深宫，单是窥见了皇帝的私密生活就是死罪一条，但他不管不顾，其勇可嘉。所说之话，亦是智者之言。不见大臣、不理朝政，领导层处于真空状态，于刘氏江山，将十分不利，何况与宦官过于"亲近"，有"阉宦乱政"的危险，更是亡国之兆。刘邦之所以"笑而起"，与樊哙话语中的远见和所深含的道理是分不开的，单有冒死的勇气而没有智慧的言语，樊哙当时的遭遇或许截然不同。

梁启超曾评价樊哙说："若其谏咸阳狗马之爱，纠寝疾倦勤之失，何其明于大体也。"劝谏刘邦还军霸上、出宫理政，还有舌战项羽这些事情，樊哙确实表现出"内有忧患、外识大体"的远见，但这分析还略显不够，因为这些话语所反映出来的，还有樊哙深刻的洞察和超凡的智慧。

86. 陈平第七计

　　陈平身上最让人记住的闪光点，并不是后来位居宰相的地位显赫，而是他在辅佐刘邦的过程中所献出的"六大奇计"。

　　这六大奇计，有的是离间敌军，有的是剪除异己，有的灭敌当前，有的救主危急，总之一句话，他的六大奇计都是为刘邦争雄天下之谋、匡扶社稷之策，无一例外地服务于刘邦的天下统一大业。而且，计计用在了点子上，招招使在关键处，为刘邦统一天下建立了卓越的功勋，陈平因此闻名天下，官至丞相，可谓功成名就。不过，陈平一生并非只有这六条奇计，在刘邦临终之前，陈平还给自己留了一计，可谓"陈平第七计"，叫作"义救樊哙"。因为这条妙计，他保住了自己的退路，确保了最后的平安着陆。

　　汉十二年，刘邦亲征英布，得胜回长安不久即旧伤复发，一病不起。恰在这时，他曾最信任的儿时玩伴、同学，且是他亲封为燕王的卢绾反叛了，这对刘邦是个极大的打击。暴怒之下，他当即派樊哙率军前去平叛。

　　然而，樊哙还在进兵燕国的中途，就有人向刘邦打小报告说，樊哙与吕后勾结一起，密谋商议，在刘邦过世之后，要收拾刘邦的爱妾戚姬和爱子刘如意。樊哙是吕后的妹夫，吕媭的丈夫，二人关系很亲、交往很密，这虽为挑拨离间之语，但不由得刘邦不信，刘邦因此怒道："樊哙看到我病了而有此谋，这不是希望我早死吗？"他马上在病榻前下诏说："陈平速送周勃至军前代替樊哙，并立斩樊哙，提头来见！"

陈平、周勃受命，快马加鞭，星夜奔驰，不日即至军营前。陈平没有草率动手，而是先堆土筑坛，用符节召樊哙前来接诏。樊哙也没怀疑，几乎没带多少亲随就前来听命，随即被捕。抓了樊哙之后，陈平犹豫了，他想，樊哙很早就跟随刘邦，不仅是连襟，亦是发小，兼征战无算，功若丘山，刘邦当时之所以要自己营前斩樊哙，多半是气头之语，倘若真的依诏将他斩杀，回去之后，刘邦倘若后悔呢？我陈平岂不自断后路？再者，樊哙与吕后家族亲如一家，杀樊哙，无异于与吕氏作对。刘邦眼看时日无多，以后就是吕后之子刘盈继位，吕后一旦掌权，我陈平岂不自寻死路？而如果不杀樊哙，又怕担上抗旨不遵之责，那也是死罪一条。如何处理，真是难杀人也。

陈平思来想去，最后想到了一条妙计，那就是缓兵之计，也就是暂时将樊哙关于囚车之中，载至长安，届时刘邦要杀便杀，那是皇帝要杀，与陈平无干。迨将樊哙逮至刘邦跟前，自然也无抗旨之罪。这样，既能保樊哙暂时不死，又能将自己的责任推得一干二净，实乃万全之策，妙计一条。

果然，陈平押解樊哙还在回京的路上，就得到了刘邦驾崩的消息。于是，陈平将樊哙继续押解回京，交给吕后发落。吕后见陈平未杀樊哙，非常感动，在儿子刘盈继位成为皇帝后，便提拔陈平当了郎中令，陈平因此成了孝惠帝的近侍大臣，从此尽心辅佐刘盈，后来官至丞相，富贵善终。同时，樊哙被吕后赦免，官复原职，也是虚惊一场，他得以保命，全赖有陈平相助。

陈平虽然为刘邦出了不少妙计，但最后一条妙计，他留给了自己，从屠刀举起瞬间的灵光一现，不但为自己留了一条后路，保住了自己，还保全了樊哙，利己利人，善莫大焉。

87. 当"仁弱"遇到"狠毒"

　　权力斗争总是伴随着刀光剑影,拼杀间每每将人的人性消灭殆尽,仅留下兽性。哪怕亲如兄弟,面对权力,也常常反目成仇,不是你死,就是我亡,像秦二世胡亥,杀死兄弟姐妹数十人;像唐太宗李世民箭射兄弟,喋血玄武门,争的都是头上那顶耀眼的皇冠。然而,事有例外,像汉惠帝刘盈,不但不与弟弟争,反而在母亲吕后要巩固自己皇位三番五次加害弟弟时,设法阻止,出手相援,体现出骨肉情深。

　　刘邦去世以前,争储的斗争早已在戚姬、吕后之间拉锯一样展开,且磨刀霍霍了。刘盈作为直接受益者,反而悠然事外,不见他有任何参与或推动的迹象。刘盈的太子名位本已早定,皆因戚夫人得宠于刘邦,经常吹"枕头风",甚至"日夜啼泣",央求刘邦废除刘盈,改立自己与刘邦所生的如意为太子。刘邦宠幸戚夫人,又认为刘盈与自己性格相异,"如意类我",因此对戚夫人的要求颇为心动,甚至几次动用朝堂公议程序,推动废立之事,但最后并未成功。

　　刘邦废立太子一事之所以没有成功,原因一是朝臣的普遍反对,尤其是御史大夫周昌拼死廷争;二是吕后的竭力争取。为打消刘邦的废立动议,吕后不但说动了张良帮自己出主意,还拉来"商山四皓"助阵,最终让废立之事不了了之,可见吕后并非普通柔弱妇女。司马迁在《史记·吕太后本纪》中评价她说:"吕后为人刚毅"。史家很少会评价一介女子"刚毅",而且说"所诛大臣多吕后力"。这就不是一般的坚忍、刚强,还有果断和狠毒。

刘邦去世后，刘盈在母亲的操持下，顺利继位，是为汉惠帝。然而，尽管成为九五至尊的皇帝，但在吕后看来，皇帝也不过是她的"下饭菜"而已。刘邦对儿子刘盈的评价是"仁弱"，而在这样一位强势的母亲面前，其"弱"就更加放大了，幸好，他还有"仁"。

所以，当母亲与戚夫人之间为太子名位争得剑拔弩张的时候，刘盈从未表达过任何意见，他以沉默来表示对争斗的不屑。而当父亲驾崩，母亲因怨恨戚夫人而要对弟弟如意施以毒手时，他非但没有帮助母亲去"斩草除根"，反而处处照顾和保护这个同父异母之弟。刘盈明知母亲从赵国召回如意是要对他下手，但他在如意来京的路上，亲自到霸上去迎接，到宫中又与弟弟同吃同睡，使母亲无下手之机，消弭阋墙之衅。以此观之，刘盈并不"弱"，而且见智见勇，只不过，他没有母亲那么"狠"罢了。

然而，百密一疏，一天刘盈清晨出去射猎，因为不想年幼的弟弟早起，没叫醒他。吕后得知，乘刘盈未归，一杯毒酒将这个不到十岁的无辜孩子毒死了。刘盈射猎归来，见如意已死，悲痛不已。

吕后的狠毒，恰与惠帝刘盈的"仁弱"形成鲜明对比。杀死刘如意之前，吕后因为最恨戚夫人，早已罗织罪名，将戚夫人囚禁在永巷（宫中狱名。永，长也。宫中长巷，为幽闭宫女之所），让戚夫人"髡钳衣赭"，剃去她的头发，以铁圈束颈，逼她穿上囚衣，命她日夜舂米，给予非人折磨，使其求生不得、求死不能。从宠妃到囚犯，戚夫人整日以泪洗面，作歌一首曰：

"子为王，母为虏，终日舂薄暮，常与死为伍！相离三千里，当谁使告女？"（班固《汉书·外戚传》）

吕后一听，大怒，还敢仗儿子之势？！于是便有了后来毒杀刘如意之举。

毒死如意，吕后仍不解恨，又对戚夫人断其手足，挖去眼珠，熏聋耳朵，药哑喉咙，做成"人彘"，处以极刑，最后活活折磨致死。而这位变态的母亲，竟然还在戚夫人未死之前，特意把身为皇帝的儿子领到戚夫人的囚禁之所，让他目睹这人不人鬼不鬼的"人彘"。刘盈看到这惨不忍睹的一幕后，呆若木鸡，后来派人转告母亲说：

"此非人所为。臣为太后子，终不能复治天下！"

意思是说，母亲你所做的这些事，皆不是人所能做出来的，我虽为儿子，母亲狠毒至此，我还有什么脸面去治理普天之下的百姓呢？

刘盈为此伤心不已，随即惊忧成疾，竟年余不起。后来，吕后变本加厉，揽权用事更加肆无忌惮，刘盈干脆百事不管，整天以酒买醉，纵情声色，透支身体，短短几年就去世了，年仅二十三岁。

孟子虽有言"仁者无敌"，但从吕后诛杀如意和戚姬的过程，以及此过程中刘盈的痛苦和无奈来看，在"狠毒"面前，"仁"常常是不堪一击的。

88. 田生之谋

　　封建官场，虽然也有一定的组织程序，升官封爵一般凭借才干、资历和业绩，但由于官由人任、爵为人封，故多有变数。正因为存在变数，让许多善于钻体制空子的民间人士看到了生财之道，因而出现了一些善于在幕后"运作"官爵的人。这些人懂得揣测，善于钻营，往往四两拨千斤，每能做到连王公大臣都无法实现的事情。西汉的田生，大概就是这么一位幕后运作者。

　　汉惠帝刘盈早逝后，吕后先后扶持了两个不谙世事的幼童为帝，实为傀儡，自己借机一揽大权，临朝称制。吕后大权在握，老想着给自己的娘家人加封，在丞相陈平等人的阿谀下，吕后诸多侄辈封王拜侯，吕家一时成为望族，气焰十分嚣张。

　　吕后曾划齐国的济南郡（治今山东济南市章丘区西。辖境约当今山东济南、章丘、邹平、济阳、莱芜、沂源、新泰、平邑等市、县、区地）为吕国，分封侄子吕台为吕王。吕台去世，其子吕嘉袭封，不想吕嘉继承了王位，却为人傲慢、颟顸专横、德不配位，在朝野声名狼藉，人人为之侧目。吕后不得已，拟废吕嘉，而另立侄儿吕产为吕王。不过，吕后怕人说闲话，希望有人主动奏请，以便顺水推舟促成之。这件事，吕后身边人都没有觉察，田生倒洞若观火。

　　田生是齐国的一个游士，以结交权贵、游说诸侯、献计献策为生。当时，田生正游历于长安，川资用完了，便以献策为由，托关系拜见了刘泽。刘泽是刘邦的堂兄弟，曾随刘邦亲征叛将陈豨，因功得封营陵侯。刘泽虽受封为侯，但他的理想不止于侯，一直盼望着在官爵上再上层楼，争取更加显赫。但刘邦去世后，刘氏大权旁落，吕氏声威日涨，刘泽的希望也就越来越渺茫。刘泽知道田生善于谋划，得之大喜，以祝寿之名，赠田生金二百斤。不想，田生获此巨资，兴奋过度，立即携资归齐，将刘泽之托抛于脑后。第二年，刘泽仍未听到田生对自己升迁有任何谋划，取得任何进展，不得已派人到齐国，给田生捎了一句话说："咱们的关系，到此为止吧！"一语惊醒健忘人，田生随即火速赴京。

再入长安之后，田生没有去刘泽府上解释，而是租了一座占地广阔、装修豪华的大宅子，安排儿子想方设法找关系，以接近吕后宠幸的大谒者、阉人张子卿，经过一段时间的送钱送物，田生的儿子终于成了张子卿的座上宾。到了关系能够请动对方吃饭的火候，田生准备了丰盛的酒席，请动这位吕后面前的大红人亲临家里来吃饭。张子卿如约而至，只见田生宅第帷帐奢华，陈设贵重，与长安城里那些王侯将相府相比有过之而无不及，对田氏父子顿时刮目相看起来。

酒过三巡，田生屏去左右，单独对张子卿说："臣看这京都胜地，豪门大宅皆高祖功臣之家，高祖得天下，吕氏宗族功绩不菲，理应优待。吕后如今春秋已盛，家族势弱，吕后深为忧虑，如今吕王吕嘉或将废置，吕后欲立吕产为王，然恐群臣谣诼，你受宠于太后，群臣敬服，何不借此机会，暗示群臣奏请封吕产为王？倘若吕产封王，太后一高兴，你或许还能水涨船高地封个万户侯呢，可谓一本万利。但是，如果太后有此一念，你作为身边人却不能及时谋划、运作，当祸不旋踵啊！"

张子卿一听，先是一惊，转瞬大喜。于是，他游说了一番，大臣们果然纷纷上书，请求封吕产为王，吕后乘机了却了这桩心事，光明正大地封了吕产为吕王。吕后知道此事乃张子卿从中斡旋，功不可没，赏其金千斤。张子卿几句话便轻易获此重赏，遂对田生感激万分，将吕后所赏，大方地分给田生一半，田生却坚辞不受，张子卿大为诧异，敬重之情油然而生，二人从此成为最亲密的朋友。

田生抓住机会，趁热打铁对张子卿说："吕产封王，吕后满意，但大臣们因为吕后重吕轻刘，对此亦有口服心不服者，长此以往，恐生祸端。现营陵侯刘泽，乃刘氏宗族中年龄最长者，虽兼大将军一职，不过一侯爵，心生怨望，你何不面奏太后，列土十余县，给刘泽也封个王？刘泽得封，必对吕后感恩戴德，诸大臣看到吕后对待刘、吕家族一视同仁，不分轩轾，必当心服口服，吕氏地位，也会随之巩固，你贵宠的地位亦将坚如磐石。"

张子卿闻言大喜，如法炮制，再奏吕后。吕后觉得言之有理，加上刘泽还是吕后妹妹吕媭的女婿，也算半个吕家人，因此马上封刘泽为琅邪王。刘泽直到受封以后，才知道这天上之所以突然掉下个琅邪王，是拜田生这民间人士的运作所赐，遂对田生感激涕零，奉为上宾，并准备携他一起到封地，共享人间富贵。田生受聘后，反复劝说刘泽立即动身，火速赴任，令刘泽莫名其妙。然而，刘泽还是从其言绝尘而去。在疾驰奔出函谷关后，他才知道吕后已经派人在后面死命追逐而来。

原来，吕后刚封刘泽为王，旋即后悔不迭，遂派人快马加鞭追赶，想收回成命，最后因刘泽已经出关才作罢。也幸亏田生及时提醒督促，使刘泽不但受封为王，而且安全出关，得以保住王位，更重要的是保住了性命。

田生之谋，真是妙不可言。

89. 刘章的章法

　　唐朝骆宾王在他那篇气撼山岳、大义凛然的《为徐敬业讨武曌檄》中有这样两句话："霍子孟之不作，朱虚侯之已亡。"

　　文中的朱虚侯，就是刘章，汉高祖刘邦庶长子刘肥的第二个儿子。骆宾王在此处感叹唐朝没有像刘章一样敢作敢为、勇于担当的皇子皇孙，导致了武则天的临朝称制，后宫篡位。可见，在后人眼里，刘章是一个挽狂澜于既倒、扶大厦之将倾的有能力、有胆识、有本事的人。

　　刘邦起于草野间，以秦朝一介小吏举事，数年就灭亡了秦朝，打败了项羽，统一了天下，位居至尊，其胆识和能力，自是旷代少有。但这样一个勇敢而驾驭能力极强的皇帝，生出来的儿子大都懦弱不堪，像他的嫡长子、继位的汉惠帝刘盈，身上就看不到一点父亲洒脱英武的影子，在母亲吕后的面前，更如一只沉默的羔羊，面对母亲，既不敢言语，更不敢反抗，如同玩偶，最终自暴自弃，年仅二十三岁便一命呜呼，悒悒而终。

　　刘邦的第六子淮阳王刘友也是。赵王刘如意被吕后毒杀后，吕后右迁刘友为赵王。为笼络刘友，吕后将自己一个娘家侄女嫁给了他，因刘友宠爱其他姬妾，吕后侄女醋意大发，状告刘友谋反，刘友乖乖被吕后抓到京城关了起来，活活饿死。

　　刘友死后，吕后又徙刘邦第五个儿子梁王刘恢为赵王。吕后故技重演，又将侄子吕产的女儿许配给刘恢。吕后的这个侄孙女更加妒悍，刘恢宠爱的姬妾，被她一一毒死，而刘恢呢，因为爱妾已死，了无生趣，竟然服毒自杀而亡。

刘邦的儿子们，真如秋后的韭菜——一茬不如一茬，不是弱智，就是多情，唯独缺乏英雄气概，被吕后一个一个铲除，哀声一片。

幸好，还有刘章——刘邦孙子中机警而强悍的代表。

吕后晚年，威权日炽，她外有吕禄、吕产等侄儿掌兵权，内有吕媭、审食其、张释等妹妹、亲信掌内庭，陈平、周勃等名为丞相、太尉，却只有仰其鼻息的份儿，战战兢兢以求自保。

但就在吕后一手遮天、刘氏子弟接连被处死的情况下，刘章竟不惧危险，蹈死不顾，在一片风声鹤唳中奋力一搏，表现出刘邦后人中少见的胆识和豪气。

刘章开始也是吕后笼络的对象，吕后将她侄子胡陵侯吕禄的女儿嫁给了他，并与他弟弟东牟侯刘兴居一起，任用为宫廷宿卫。当时，刘章二十岁，少年老成，威风凛凛，对吕后铲除宗族子弟的行为愤愤不平，总想寻找机会发泄一下。

愤总是要泄的，但要讲究章法，否则愤还没泄，人头就落了地，则前功尽弃。所以，刘章泄愤，讲究章法。

那日，刘章在宫中值勤，恰逢吕后置酒会、宴群臣，百人大宴，却多是吕后娘家人，也是朝廷掌实权的一群人。酒宴开场，吕后唤过刘章，命他为酒吏，主持酒政，负责监酒。这也是个临时的官儿，刘章借机向吕后请示："臣乃将种，既奉命监酒，请太后允许我军法从事。"吕后以为他玩儿，开心之事，无可无不可，满口答应。

迨酒过三巡，刘章安排歌舞进献，他借着酒兴，向吕后请求唱支耕田歌，吕后笑道："你父亲或知耕田，你出生即为王子，怎知耕田？"刘章说知，于是唱道：

"深耕穊种，立苗欲疏；非其种者，锄而去之。"（司马迁《史

268

记·齐悼惠王世家》）

这唱的哪是耕田歌，明明是说吕氏子弟非帝王种啊，还放言"锄而去之"，好大的胆子！

还好，吕后对于刘章的放肆，表现出极为少见的宽容，竟不追究。

须臾，吕氏子弟中有个人喝得东倒西歪，不行了，离席要逃。刘章追出宫门外，立刻手起剑落，将对方斩杀，回来报告吕后说："适才有人违反酒令，擅自逃席，臣已执法，将他斩首。"吕后脸上挂不住了，左右更是吓得一片哆嗦。但奇怪的是，吕后对刘章斩杀自己娘家亲人一事，竟仍未予以追究。

吕后之所以一再宽容刘章，其原因可能有二：一是刘章作为宫廷宿卫，平时尽忠职守，让吕后比较放心，有偏袒之意；二是刘章对她安排的婚姻满意，夫妻恩爱，更像吕后的自己人，有眷顾之私。

但不管是什么原因，刘章总算为一直受压制和排挤的刘氏宗室出了一口恶气，从此，吕后势力开始忌惮刘章，而刘氏宗室和倾向于刘氏的大臣们则仰慕刘章，唯其马首是瞻，他因此而成了刘邦后人中最有影响力和号召力的人物。

吕后去世后，吕禄、吕产准备作乱宫中。刘章听说，毫无畏惧，一方面派人通知兄长齐王刘襄发兵，自己和弟弟刘兴居则在京城内应。不久，刘章联合陈平、周勃，合力将诸吕一举铲除，刘章还亲手杀死了吕氏的侄子、时为梁王的吕产，最后迎立代王刘恒为帝。

可以说，平定诸吕、扶助新帝，不但计策由刘章所出，就是行动，也是刘章冒死亲为，幕后谋划，台前拼杀，刘章厥功甚伟。可见，刘章并不是一个冲动的少年，而是一个智勇双全的帅才，既有勇气，又有章法，故唐朝史学家司马贞由衷赞叹道："朱虚仕汉，功大策长。"

90. 比金钱更昂贵的是名节

孔子说："一箪食，一瓢饮，在陋巷，人不堪其忧，回也不改其乐。"（《论语·雍也》）

颜回缺衣少食，居于陋室，穷得叮当响，人不堪其忧，他却成天乐乐呵呵。为什么？子曰："贤哉，回也！"因为颜回贤，有修养，有德行，有操守，良好的品格铸就了他干净的灵魂。而且，他一时如此，一生如此，所以颜回成了孔子最得意的弟子，美誉千年。然而，有些人立志要做个贤人君子，做个有修养有德行有操守的人，在坚持到"最后一公里"时却被"糖衣炮弹"击中软肋，因而坍塌了节操，以致悔恨终生，汉初的名士朱建便是如此。

毫无疑问，朱建是一个有精神洁癖的人。虽然遭逢乱世，屈居人下，在一群毫无仁义道德的滥赌莽汉手下讨生计，但他没有近墨者黑，反而显出一种遗世而独立的品格。

朱建本是楚人，有辩才，曾任淮南王英布的相国。英布与韩信、彭越一起，并称"汉初三大将"，刘邦剪除了韩信、彭越之后，英布兔死狐悲，惶惧不安，有了反叛之心，便向朱建征求意见。对此，朱建极力反对。英布未听朱建的药石之言，最后还是反了，刘邦于是亲征，平定了叛乱，英布伏诛。因朱建既反对叛乱，又未与谋，更没参加，为刘邦所赏识，被封为平原君。

后来，朱建迁家于长安。长安是西汉之都，到处是吸人眼睛的轻裘肥马，到处是惹人心动的乌纱皂履，但朱建作为名士，名动京师，始终坚持自己的操守。司马迁在《史记·郦生陆贾列传》中记载说："平原君为人辩有口，刻廉刚直，家于长安。行不苟合，义不取容。"意思是朱建能言善辩，口才很好，为人廉洁无私，刚毅正直，从不随声附和，从不攀龙附凤，做人有操守，做事有底线。

因此，朱建成了朝野间最著名的清流。

但让人意外的是，平原君"刻廉刚直"的金字招牌，最后在金钱的诱惑面前倒下了，更直接的说是在"孝心"的推动之下坍塌了。

朱建在长安期间，离群索居，清苦度日，既不与朋友吃吃喝喝，也不与朝士拉拉扯扯，除了那位同样有辩才、曾招降过南越武王赵佗的太中大夫陆贾。

朱建的清名，为朝中众臣仰止，吕后男宠、辟阳侯审食其久闻其名，多次欲结交，但均为朱建婉拒。审食其保护刘邦家小有功，被刘邦亲封为侯爵，地位高而身份贵。审食其纡尊降贵想来拜见他，朱建却自命清高，羞与辟阳侯为伍，不肯见。审食其因此怅恨不已，却也莫可奈何，间或向朱建的好友陆贾表露出不解、不平、不快。

不久，老母亲去世，朱建家徒四壁，无钱下葬，故一筹莫展。陆贾听此消息，兴冲冲赶往审食其的侯府，向他大声道贺说："告诉你一个好消息，平原君的母亲去世了！"审食其奇了怪："平原君母死，为何向我祝贺？"陆贾说："你不是三番五次欲结交平原君吗？天赐良机啊。他母丧无钱下葬，你倘若雪中送炭，必得一死士！"审食其一想，茅塞顿开，立即给朱建馈赠赙仪（送给丧家的礼）百金。

朱建正愁肠百结，审食其雪中送炭，他几乎想都没想就欣然笑纳了。而其他平日里想结交朱建的权贵，看到他连审食其这种无耻小人的"贿赂"都受之无愧，纷纷前来吊唁，送钱送物，朱建共收礼五百金，果然为母亲办了一个"风风光光"的丧事，尽了自己的孝心。然而，孝心尽了，人情不尽，欠下了那么多"人情债"，纠缠不清，没完没了。

刘邦去世后，刘盈继位，但大权抓在母亲吕后手中，刘盈内心颇有不平。他多次听说审食其与母后关系暧昧，污秽后宫，因而羞愤难当，怒火中烧。审食其入汉多年，身上这样那样的"疮疤"自然不少，刘盈随便找了个事由，将他抓捕入狱，而且刀已磨好，只待择时。

审食其资历老、地位高，平日里高头大马，前呼后拥，风光惯了，如今沦为阶下囚，且面临杀身之祸，遂惊惧不已，惶惶不可终日。他托人求吕后说情，但吕后倘若出面，莫非此地无银三百两，自证二者间果有其事？因而遭拒。求同僚，但大臣们早就对审食其侧目而视，没有落井下石已经够对得起他了。万般无奈之下，审食其安排专人上平原君朱建府上，请那擅长辞令、正欠着自己"人情债"的朱建为自己想办法，朱建连连摆手，借口推辞。

就在审食其两眼望天、等待末日之际，刘盈忽有一天竟然将他放了。审食其后来才听说，是朱建凭他那如簧巧舌，最终帮助自己逃出生天。原来，朱建就在婉拒为审食其当说客后，尽管他对审食其为人不齿，但因为背负着他的"人情债"，内心不安，经过很长时间的思想斗争之后，终不得已，开始为营救审食其而奔走。

方法说复杂复杂，说简单又简单。刘盈因为吕后擅权，自己憋屈，遂沉迷声色，不仅近女色，而且蓄男宠。他有一男宠叫闳孺，深得其宠。朱建找到闳孺说："皇帝宠幸你，天下皆知，审侯因太后宠幸而下狱，命悬一线，今日倘若他被杀，他日太后发怒，也将杀你。不若你去求皇帝，救下审食其，救人如同救己，你看着办吧。"闳孺一听，魂飞魄散，飞奔似的拜见惠帝，一把鼻涕一把泪，苦苦哀求皇帝释放审食其。人言万语不如男宠一泪，刘盈果然将审食其无罪释放。

世事总是这般蹊跷，审食其因为成了吕后的男宠而下狱，却又因皇帝的男宠而捡回一条命。对审食其来说，总算万幸，他的脱罪之日，定是心花怒放之时。而阉孺又何尝不暗自庆幸？唯一做了好事还伤心不已的，只有为审食其上下疏通的朱建了。一个正人君子，却要为自己厌恶的无耻小人说项，那感觉比吃下一只肮脏的苍蝇更难受。最让他痛心的是，一世追求身洁名高、清廉自处，到头来却因小失大，玷污了节操，留下了骂名。对于当时"受贿葬母"之事，朱建在后来的漫长岁月中，恐怕肠子都悔青了吧。

到了汉文帝的时候，审食其终因罪恶深重被杀，文帝因朱建曾营救审食其，派官吏去抓捕他，朱建不堪其辱，官吏还未进门，他就自杀了。为了一个阴险的男宠，朱建不仅丢掉了名节，还牺牲了性命，让人感慨。

蔡东藩先生在《前汉通俗演义》中，曾对朱建失节一事感叹道："百金足以汙（同污）节，贫穷之累人实甚！"评价虽无不当，但没说到关键处，一个人决心要做一辈子贤人君子，需要战胜的不是贫穷，而是自己的内心。只有内心足够强大的人，才能真正做到守节志不移。

91. 天子也要好家风

汉文帝刘恒之所以能够顺利即位，当上大汉朝的天子，关键的原因只有一条，他是薄姬的儿子。为什么这样说呢？因为在清除了吕后家族势力，废除了吕后所立少帝，需要重选一位新皇帝的时候，大臣们左商量右商量，最后鉴于薄姬家族背景好，朝野对薄姬的评价高，他们迎立了刘邦与薄姬所生的儿子刘恒，继任为皇帝。

我们知道，汉朝的第一个皇帝是刘邦，而接刘邦皇位的，是刘邦与吕氏所生嫡长子刘盈，是为汉惠帝。因为吕后霸道而狠毒，经常拉着皇帝儿子去看被她折磨的罪犯（比如，拉着他去看被做成"人彘"的戚夫人）。惠帝仁弱，看多了"恐怖电影"后，吓得心理出了毛病，在位才七年，便抑郁而终。惠帝死后，由于没有儿子，吕后便找了个小孩，对外说是惠帝的儿子，把这个不知哪里来的孩子立为皇帝，但这个儿皇帝不过一傀儡，吕后从此临朝称制，中外威权，尽掌其手。

过了四年作威作福的日子，吕后又废掉了这个少帝，另立常山王刘弘为帝，也是个年幼无知的小孩。小孩易于掌握，吕后遂一手遮天。再过四年，吕后去世，太尉周勃、丞相陈平、朱虚侯刘章等举兵讨伐吕后诸侄，将吕氏家族无论男女老幼，全部杀掉，又将吕后所立的少帝废除。朝野震荡之际，大臣们开始择立新的汉室天子。

立谁呢？自然是刘邦之后。然而，刘邦之后，子子孙孙不乏其人，选择颇难。当时，刘邦的后代中，最有资格继位的几个人，分别是刘邦长子刘肥的长子——齐王刘襄，他是刘邦的长孙；另一个，则是刘邦与自己女婿张敖的美人所生的儿子——淮南王刘长，他也是刘邦最小的儿子；再有就是刘邦与薄姬所生的儿子，代王刘恒。

到底立谁？这成了大臣们争议的焦点。于是，经过反复商讨，确定了一个立帝的准则，为了不重蹈吕后专权的覆辙，所立新皇帝的母亲必须低调谦让，在朝野必须有良好的口碑。

大臣们商量道：

"今皆已夷灭诸吕，而置所立，即长用事，吾属无类矣。不如视诸王最贤者立之。……吕氏以外家恶而几危宗庙，乱功臣。今齐王（刘襄）母家驷，驷钧，恶人也，即立齐王，则复为吕氏。"（司马迁《史记·吕太后本纪》）

如果按照继嗣的伦序而言，当立刘邦的长孙——齐王刘襄，但是齐王的母亲家人横行霸道，声名狼藉，尤其是刘襄的舅舅驷钧，臭名昭著，妇孺皆知。倘若立刘襄，诸吕之乱又会重现。由于母亲家口碑不好，刘襄继承皇位的资格就给否定了。

而淮南王刘长呢？刘长母亲虽然早逝，但他一直跟着吕后，由吕后抚养成人，如同吕后的儿子，与吕后有着千丝万缕的关系，加上他不遵法度，心狠手辣，故也被排除在外。

那代王刘恒呢？其母"薄氏谨良"，为人谨慎、心地善良，从不觊觎权力，从不干扰政事，刘恒一旦为帝，绝不会出现外戚干政，甚至作乱的现象。于是，因为母亲贤惠的好名声，刘恒成为继承皇位的最终人选。汉高后八年（前180年），刘恒被大臣们从代地迎到长安，立为皇帝，是为汉文帝。

可见，家风良好、为人谦逊，在平时或许会受到一些冷遇甚至委屈，但一旦放置于公正的台面作为某种抉择条件之时，这些因素常常会使平时受到冷遇和委屈的人脱颖而出，成为至尊权位的不二人选。

92. 王者不受私

　　如果说刘恒得帝位，是因为母亲薄姬善良、谨慎，那么他当上皇帝后之所以能够震住刘邦那些位高权重的老臣，顺利登基，并从容立足、树威，避免受制于人，则是他潜邸旧臣宋昌的功劳。

　　宋昌说过一句最有名的话："王者不受私。"这句话，让权大如太尉周勃者，都不禁为之一惊，屈膝拜服；其他群臣，更是因为宋昌这句话受到震慑，真心服了这个即将上位的新皇帝。可以说，是宋昌的这句话，收服了人心，树立了刘恒作为皇帝的威信。

　　宋昌是刘恒任代王时的中尉，代国卫戍部队的总指挥。他虽是一个带兵打仗的武夫，却精通谋略，有一双慧眼，明白是非、善辨真相。

　　当时，群臣经过决议，公推刘恒为继任皇帝后，陈平、周勃派专使前往代地，恭迎代王入京，继承大统。代王一贯隐忍谦和，从不参与朝廷或诸侯争斗，突然来了一群人要接他入京做皇帝，刘恒不相信自己的耳朵，身边的臣僚也不相信。

　　刘恒问左右："怎么办？"

　　郎中令张武等绝大多数大臣是不相信天上会掉馅饼的。他们分析说："如今朝中大臣，大都还是高祖时的宿将，素习军事，擅长诈谋，吕氏子弟刚被他们悉数剿灭，怎会舍近求远立一外藩呢？其中必然有鬼，大王不如暂时称病，借故不往，静观其变。"

　　诸大臣中，只有宋昌持异议，他说："大臣们所议都不对，那些人是不敢打刘姓江山的主意的。原因有四。第一，秦朝暴政，群雄并起，哪个不想称王称帝？但高祖以布衣提三尺剑取天下，四海归心，天下一统，群雄拜服，不再心存奢望。第二，高祖统一天下后，将天下分封子弟，地如犬牙相制，坚如磐石，谁有造反的能力？第三，秦亡汉兴，除苛政、申法令、施德政、惠兆民，人心咸服，江山稳固。第四，吕后称制，立弟侄为王，擅权专政、威权无比，但太尉振臂一呼，应者云集，迅速将诸吕剿灭，此乃天意，并不单靠人力。如今即便大臣犯上作乱，百姓不从，如何能成？何况，内有朱虚侯刘章、东牟侯刘兴居，外有吴、楚、淮南、齐、代诸国，相互制约，谁可撼动？而高祖诸子存世者，只有淮南王刘长与大王二人，大王年长，又有贤仁之名，自然是不二人选，朝中大臣们应天意而顺人心，选择大王为帝，自是情理之中的事情，所以大王大可前往，不必多疑。”

宋昌一番细致而合情合理的分析，说得刘恒连连点头，他马上力排众议，听从宋昌之言，报知母亲薄氏，准备入朝继位。

为了确保万无一失，刘恒出发的同时，请舅舅薄昭先行入京，向太尉周勃打探实情。周勃再次表明，迎立代王，乃大臣们一致提议。薄昭反身报告，刘恒听后，笑着对宋昌说：“一点未差，果如公言。”

于是，刘恒携宋昌、张武等数位大臣，一起入都。

一行到达渭桥，朝中群臣全部跪在渭桥旁，迎接新皇帝入京，刘恒下车答谢，请大家起来。这时，周勃抢先一步走到刘恒身边，声明有要事报告，请刘恒屏去左右。

宋昌听后，立刻正色对周勃道：

“所言公，公言之。所言私，王者不受私！”（司马迁《史记·孝文本纪》）

意思是太尉所言是公事，就当众明言；是私事，则帝王无私事可言。吓得周勃马上闭嘴，赶快跪地，然后，恭恭敬敬将天子符玺进献刘恒。

在刘恒继位的过程中，宋昌的作用是十分重要的。他无论是在判断群臣所请的真假上，还是在入都的礼节上，均做到了精准审慎、有礼有节，充满了智慧，尤其一句"王者不受私"掷地有声，把刘恒的帝王之威立马就给树起来了。

王者有私，公正立失，皇帝治国，难免因此掣肘；王者不受私，光明正大，确保了独立性，不会内外异法，左右偏私，从而确保了处理国家大事过程中的权威性和公正性，做到陟罚无碍，进退自如。

所以，宋昌这句"王者不受私"说得准时又准确，既维护了刘恒的帝王之尊，又避免了皇帝与大臣因恩怨或会导致的纠缠与拉扯，消弭了扶他登上帝位的功臣集团恃功矜宠，"挟天子以令诸侯"而让他沦为傀儡的可能，为刘恒更加公正地治国理政，甚至为他后来开创"文景之治"，都奠定了坚实的基础，可谓智者之言。

刘恒登基后，立拜宋昌为卫将军，统率南北军。后来，宋昌还因功封为壮武侯，荣贵一生。